谨以此书献给

为上海高速公路发展事业作出贡献的决策者、建设者、管理者

Record of Expressway Construction in
— Shanghai —

图1　1988年10月，中国第一条高速公路——沪嘉高速公路建成通车

图2　1996年9月，沪宁高速公路上海江桥收费站建成运营

图3 2001年12月，沈海高速公路上海徐泾立交建成通车

图4 2002年10月，外环高速公路（二期）浦东段工程建成通车

图5　2004年2月，外环高速公路信息诱导系统

图7　2007年10月，交通部省际互查组检查公路桥梁

图6　2005年12月，沪渝高速公路上海朱枫立交建成通车

图8 2009年12月,申嘉湖高速公路上海闵浦大桥建成通车

图9　2010年1月，公路路政治理双超

图10　2010年5月，迎世博高速公路绿化小品

图11 2011年10月，沪陕高速公路上海长江隧桥建成通车

图12 沪陕高速公路崇启通道工程施工

图13 上海长江隧桥工程获得"国家科技进步二等奖"

"十三五"国家重点图书出版规划项目

中国高速公路建设实录

Record of Expressway Construction in
Shanghai

上海高速公路建设实录

上海市交通委员会

人民交通出版社股份有限公司
China Communications Press Co., Ltd.

内 容 提 要

本书是《中国高速公路建设实录》系列丛书之上海卷，内容包括总论，上海高速公路发展历程，中国首条高速公路——沪嘉高速公路建设，上海高速公路建设项目、建设管理、运行管理、管理法规制度建设、建设和养护科技成果、行业文化建设以及上海高速公路建设大事记、上海高速公路管理相关文件目录等附录。

本书全面、系统地记述了上海高速公路规划、建设、运行、养护等方面的历史沿革和发展历程，辩证总结了上海高速公路建设的经验与体会，同时展示了至2020年上海高速公路建设、管理的发展蓝图，具有很强的史料价值。本书可供交通运输建设行业相关人员阅读、学习与查询参考。

图书在版编目(CIP)数据

上海高速公路建设实录 / 上海市交通委员会组织编写. —北京：人民交通出版社股份有限公司，2017.12
ISBN 978-7-114-14172-0

Ⅰ.①上⋯ Ⅱ.①上⋯ Ⅲ.①高速公路—道路建设—上海 Ⅳ.①U412.36

中国版本图书馆 CIP 数据核字(2017)第 224696 号

"十三五"国家重点图书出版规划项目
中国高速公路建设实录

书　　名：	上海高速公路建设实录
著　作　者：	上海市交通委员会
责任编辑：	吴有铭　刘永超　周　宇　丁　遥
出版发行：	人民交通出版社股份有限公司
地　　址：	(100011)北京市朝阳区安定门外外馆斜街3号
网　　址：	http://www.ccpress.com.cn
销售电话：	(010)59757973
总 经 销：	人民交通出版社股份有限公司发行部
经　　销：	各地新华书店
印　　刷：	北京盛通印刷股份有限公司
开　　本：	787×1092　1/16
印　　张：	16.75
字　　数：	308千
版　　次：	2017年12月　第1版
印　　次：	2017年12月　第1次印刷
书　　号：	ISBN 978-7-114-14172-0
定　　价：	150.00元

(有印刷、装订质量问题的图书，由本公司负责调换)

《上海高速公路建设实录》
编 委 会

主　　任：谢　峰
副 主 任：刘　军　李俊豪
委　　员：戴敦伟　丁　凌　金宏松　肖　辉　周　英
　　　　　曹秀峰　叶　兴　刘　斌　李　俊
主编单位：上海市交通委员会
参编单位：上海市路政局
　　　　　上海市公路学会
　　　　　上海城投公路投资(集团)有限公司
　　　　　上海沪宁高速公路(上海段)发展有限公司
　　　　　上海申渝公路建设发展有限公司
　　　　　上海路桥发展有限公司
　　　　　上海嘉浏高速公路建设发展有限公司
　　　　　上海莘奉金高速公路建设发展有限公司
　　　　　上海城市建设设计研究总院(集团)有限公司
　　　　　上海市政工程设计研究总院(集团)有限公司
　　　　　上海隧道工程股份有限公司
　　　　　上海建工(集团)总公司

《上海高速公路建设实录》
编纂工作委员会

主　　任：刘钧伟

副 主 任：赵志文　顾　瑾　林海榕　李志明
　　　　　单志强　丁国忠

顾　　问：戴晓坚　张蕴杰

参编人员（以姓氏笔画为序）：

　　　　　王维凤　田虎南　田海洋　朱新达　刘满才
　　　　　李志明　李哲梁　吴　清　吴菊蕙　宋一玫
　　　　　宋润嘉　陈颐青　林海榕　金永福　俞志明
　　　　　徐进晨　彭建荣

根据交通运输部的工作部署,在中国公路建设行业协会指导下,在各方共同努力下,由上海市交通委员会组织编写的《上海高速公路建设实录》,作为《中国高速公路建设实录》的地方卷出版发行了。本书第一次较为全面、系统地反映了上海高速公路建设的社会、经济背景,客观记述了上海高速公路规划、建设、运行、养护等方面的历史沿革和发展历程,辩证总结了高速公路建设的经验与体会,阐述了高速公路建设对促进上海乃至长三角地区经济社会发展的历史贡献,也展示了到2020年上海高速公路的锦绣蓝图。

1988年,在交通部的统一规划和上海市委、市政府的决策领导下,上海建成了中国第一条高速公路——沪嘉高速公路。随着浦东开发开放大潮的涌起,上海高速公路进入跨越式发展阶段。按照"153060"高速公路网规划,经过市交通行业干部职工和广大建设者的艰苦奋斗,上海用30多年时间,在6340km²的区域内建成了825km的"枢纽型、功能性、网络化"高速公路网,密度达到0.13km/km²,展示了一幅中国交通发展史上壮美的画卷。

上海地域小,在全国高速公路总里程中占比不高,但是,上海高速公路建设更注重质量上出精品,管理上求创新,服务上创品牌,以质取胜,以优创新。上海在高速公路投融资、管理体制和项目建设模式、运行管理、养护市场等改革创新上,在高速公路建设的软土地基处理、新工艺、新材料等科研技术创新上,都有着自身实践探索的体会和成果,在全国率先实现了设施现代化、运行网络化、管理信息化、服务人性化,为上海加快"四个中心"和科创中心建设作出了贡献,也为推进长三角地区一体化发展起到了基础支撑作用。

"温故而知新",将上海高速公路30多年发展积累的实践经验升华至理性认识,提炼为行业发展的本质与规律,不仅是对过去工作的回顾和总结,也为今后上海高速公路建设或其他项目建设提供了借鉴。"百丈竿头须进步,十方世界是全身",上海市交通行业要始终牢记自身肩负的时代责任与历史使命,不断提升服务水平,加快创新发展,为我国高速公路网建设和经济社会发展作出更大贡献!

上海市交通委员会主任

2017 年 9 月

根据交通运输部的统一部署,在中国公路建设行业协会的指导下,上海市交通委员会组织编写了《上海高速公路建设实录》。

《上海高速公路建设实录》是《中国高速公路建设实录》的地方卷,本书约30万字,较为全面地反映了上海高速公路建设的社会和历史背景、经济和自然环境历程,客观记录了上海高速公路规划、建设、运行、养护、科研、管理等方面的历史沿革和发展,为上海高速公路建设和其他项目建设提供了借鉴。

上海市交通委员会于2015年7月成立了以委主要领导为主任、相关分管领导为副主任的《上海高速公路建设实录》编审委员会,由上海市路政局具体承担编写任务,并成立了由上海市公路学会、相关行业单位和从事高速公路投资、建设、设计、施工、养护等工作的专业人士组成的编写办公室,开展了《上海高速公路建设实录》的编写工作。

在《上海高速公路建设实录》的编写中,紧贴上海高速公路建设和发展实际,以着重突出上海高速公路30多年建设运营的特点、重点和亮点为目标,形成了《上海高速公路建设实录》编写大纲;广泛开展信息和资料收集汇总工作,以确保《上海高速公路建设实录》编写所需资料的完整性、翔实性和权威性;同时,在编写过程中,及时吸纳兄弟省市的方法和经验,认真听取业内专家的意见和建议,以精益求精的治学精神不断进行调整和完善。

本书在编写过程中,得到了交通运输部、中国公路建设行业协会等各级领导的指导和支持;高速公路建设运营行业专家给予了具体指导,并提供了史料方面的帮助;相关高速公路建设单位也给予了密切协助和配合。本书引用和参阅了《上海市政工程志》《上海公路史》《腾飞之路——我国高速公路社会经济效益透析》等相关书籍资料，在此一并向相关编写单位和人员表示真诚的敬意和衷心的感谢！

  《上海高速公路建设实录》的编写，力求资料准确、内容完整、体例规范，但由于编写人员的写作水平所限，且建设年代跨度较大，缺憾之处在所难免，敬请读者批评指正。

《上海高速公路建设实录》编写组

2017年9月

目录

第一章　总论	1
第一节　上海城市基本情况	1
第二节　上海综合交通发展	2
第三节　上海高速公路建设进程	3
第四节　上海高速公路发展成就	5
第二章　上海高速公路发展历程	7
第一节　高速公路建设起步阶段(1981—1990年)	7
第二节　高速公路建设稳步发展阶段(1991—2000年)	7
第三节　高速公路建设跨越式发展阶段(2001—2010年)	14
第四节　高速公路建设协调发展阶段(2011—2016年)	19
第五节　高速公路建设品质提升阶段(2016—2020年)	23
第三章　中国首条高速公路——沪嘉高速公路建设	27
第一节　建设背景	27
第二节　前期规划	29
第三节　资金筹措	31
第四节　建设管理	32
第五节　技术攻关	33
第六节　运营管理	35
第七节　环境保护	36
第八节　沪嘉延伸	36
第九节　投资效益	38
第四章　上海高速公路建设项目	41
第一节　沪宁高速公路(上海段)建设项目	41
第二节　沪杭高速公路(上海段)建设项目	45

第三节	迎宾高速公路建设项目	51
第四节	外环高速公路建设项目	54
第五节	沪金高速公路建设项目	62
第六节	新卫高速公路建设项目	64
第七节	沪芦高速公路建设项目	66
第八节	亭枫高速公路建设项目	68
第九节	沪渝高速公路(上海段)建设项目	70
第十节	沈海高速公路(上海段)建设项目	73
第十一节	上海绕城高速公路建设项目	76
第十二节	申嘉湖高速公路(上海段)建设项目	81
第十三节	沪常高速公路(上海段)建设项目	84
第十四节	沪陕高速公路(上海段)建设项目	86
第十五节	沪翔高速公路建设项目	92
第十六节	闵浦大桥建设项目	94
第十七节	大型立交建设项目	96

第五章 上海高速公路建设管理 ······ 103

第一节	高速公路建设管理体制概述	103
第二节	高速公路建设投资主体	104
第三节	多元投资建设高速公路概况	106
第四节	高速公路项目管理模式	108
第五节	经营性高速公路项目经营权管理	110
第六节	高速公路建设制度保障	111

第六章 上海高速公路运行管理 ······ 113

第一节	高速公路养护管理	113
第二节	高速公路收费运行管理	117
第三节	高速公路路政管理	129
第四节	高速公路专项整治	135
第五节	全国干线公路养护管理检查	138
第六节	高速公路运行管理案例	147

第七章 上海高速公路管理法规制度建设 ······ 157

| 第一节 | 高速公路地方性法规和政府规章 | 157 |
| 第二节 | 高速公路管理规范性文件 | 163 |

第八章　上海高速公路建设和养护科技成果·······173
第一节　高速公路科技成果概述·······173
第二节　高速公路建设科技成果·······173
第三节　高速公路养护科技成果·······182
第四节　高速公路运行管理科技成果·······184
第五节　高速公路标准规范体系建设·······193

第九章　上海高速公路行业文化建设·······198
第一节　高速公路行业文化的孕育·······198
第二节　高速公路行业文化的特点·······199
第三节　高速公路行业文化建设的具体实践·······201
第四节　上海高速公路行业文化建设的理论创新·······208
第五节　公路行业文化"六个一工程"建设·······210
第六节　高速公路行业文化建设的具体案例·······212

附录一　上海高速公路建设大事记·······218
附录二　上海高速公路管理相关文件目录·······233
附录三　上海高速公路建设获奖工程一览表·······238
附录四　上海高速公路设计获奖工程一览表·······240
附录五　上海高速公路建设科技成果一览表·······242

第一章
总 论

第一节 上海城市基本情况

一、自然地理特点

上海位于北纬31°14′、东经121°29′,地处太平洋西岸、亚洲大陆东沿、长江三角洲前缘,东濒东海,南临杭州湾,西接江苏、浙江两省,北界长江;因属北亚热带季风性气候,四季分明、日照充分、雨量充沛,气候温和湿润;作为长江三角洲冲积平原的一部分,平均海拔在4m左右,大金山为境内最高点,海拔高度103.4m。2016年末,上海全市土地面积6340.5km^2,占全国总面积的0.06%;境内辖区水域面积697km^2,相当于全市总面积的11%;常住人口2419.7万人,其中具有上海市户籍人口1439.5万人。

二、城市历史沿革

上海简称"沪",别称"申"。元朝至元二十九年(公元1292年)上海县立、辖于松江府,标志着上海建城之始。1949年5月27日,上海解放,上海市人民政府成立,设黄浦、老闸等20个区和新市、江湾等10个郊区。经过近70年的岁月洗礼,上海的行政区划和社会经济面貌发生巨大变化。特别是1978年以来,上海不断扩大开放、深化改革,率先走出一条具有特大型城市特点的科学发展之路,为长江经济带乃至全国发展作出积极贡献。

三、经济发展现状

进入21世纪后,上海始终围绕国际经济、金融、贸易、航运中心和社会主义现代化国际大都市建设,持续开创城市发展新局面。尤其在成功举办2010年世博会后的"十二五"时期,上海坚持以改革创新统领全局,加大稳增长、调结构、转方式、惠民生力度,创新驱动发展、经济转型升级取得重要阶段性进展。在这一时期,全市生产总值年均增长7.5%;以服务经济为主的产业结构基本形成,第三产业增加值占全市生产总值的比重超过67%;经济发展的质量和效益不断提高,一般公共预算收入年均增长13.9%;城市创新能力进一步提高,全社会研发经费支出相当于全市生产总值的3.7%。作为长江经济带的龙头城市,2016年上海城市生产总值突破2.7万亿元,达27466.15亿元;居民人均可支配收入54305元,社会消费品零售总额10946.57亿元。

第二节　上海综合交通发展

一、完善综合交通体系

"十二五"时期,上海在综合交通体系建设上,坚持"交通引导、管理优先、服务提升、城乡统筹"的基本思路,交通基础设施建设有序推进,交通综合管理水平逐步提高,交通运输服务能力持续提升,且基本形成"枢纽型、功能性、网络化"的综合交通体系架构。其中,国际航运中心建设取得重大突破,洋山深水港四期工程开工建设;虹桥、浦东两大机场建成4座航站楼、6条跑道,旅客吞吐总量达9919万人次,航空货邮吞吐总量达370.9万t;上海港集装箱吞吐量达3653.7万标准箱,连续6年保持世界第一。京沪高速铁路建成开通,形成上海站、上海南站、上海虹桥站三个铁路主客运站。轨道交通9号线三期南延伸、轨道交通11号线二期和轨道交通16号线通车运营,轨道交通基本成网。同时,全市公共交通日均客运量达1820万乘次。

二、推进城市道路和公路建设

改革开放后,上海城市道路设施建设进入提速期,其道路标志性工程主要体现在"申"字形高架道路和越江大型桥梁建设方面。1994年底至1999年9月,内环线高架、南北高架、延安路高架(图1-1)相继全面建成,标志着上海市区高架道路网络基本成形。同时,为完善过江出行,上海先后建造南浦大桥、杨浦大桥、奉浦大桥、徐浦大桥等一批跨越黄浦江的大型桥梁。2000年后,上海城市道路在路网建设上实现"四级辐射"的跨越发展,即由城市开埠之前沿苏州河布局、改革开放后延伸至黄浦江,又从黄浦江战略延展到长江战略,并进一步发展至"越江跨海"。这一时期,上海先后建成包括中环线、卢浦大桥、东海大桥、外滩通道在内的许多重大城市道路设施。

上海公路建设在经历了1949—1957年的初步发展、1958—1966年的公路骨架初步形成、1966—1978年的曲折历程三个阶段后,于1979年起进入一个加快发展的新阶段。1986年,根据国务院批复的《上海市城市总体规划方案》要求,上海公路建设认真贯彻落实"调整、改革、整顿、提高"和"对内搞活,对外开放"等一系列方针政策,并结合城市建设总体规划,着手编制上海市郊区公路"六五""七五"计划和2000年规划,有计划、有重点地加快国道干线公路技术改造,新建联络线,逐步完善公路网络。至1990年,上海公路总里程达3300.34km,其中已建有高速公路36.38km,占1.1%;二级公路232.89km,占

7.06%；三级公路1698.60km，占51.47%；四级公路1314.03km，占39.81%；等外公路18.44km，占0.56%。高级、次高级路面2178.22km，公路密度0.558km/km²。桥梁总数2552座，计81355延米，平均每100km 83座桥梁，百米以上大桥40座。自此，上海基本形成以国道、市道为骨架，县道为支脉，乡村公路为连接线的公路网络，这也为持续推进上海高速公路建设奠定了坚实基础。1990年后，上海公路进入快速建设发展阶段。

图1-1　南北高架、延安路高架立交

第三节　上海高速公路建设进程

一、在城市现代化建设中起步

上海高速公路建设与上海在中国经济建设中的地位和作用密不可分，与上海实施浦东开发开放和长三角经济一体化的国家战略相伴相成。30多年来，上海高速公路建设伴随着上海经济的快速发展取得显著成就。上海外向型的经济拓展和辐射性的拉动需求，使高速公路建设突破了狭小地理区域的束缚，在高速公路建设里程和路网密度上得到最大限度的释放。同时，上海"四个中心"建设和服务全国的定位，使高速公路管理始终坚持高标准、规范化，在体制改革创新、信息一体化建设、技术要素优化升级等方面，始终聚焦于世界先进、国内一流水平。可以说，上海高速公路建设在中国高速公路建设史册上具有重要的历史地位和里程碑意义。

回溯"七五"计划期间，上海承担着改革开放后服务和拉动全国经济发展的"龙头"使命，同时自身在道路设施建设上也面对"还历史欠账"的严峻挑战。根据国家高速公路建设规划和上海加强城乡经济联动的需求，上海在城市基础设施建设资金十分短缺及高速公路建设经验几近空白的历史阶段，于1984年起兴建沪嘉高速公路，历时近4年，于1988年10月建成中国❶第一条高速公路。其重要意义在于为以后中国高速公路建设提供了

---

❶ 此处不含香港、澳门、台湾，余同。

经验与参考,也跨出了上海乃至中国在高速公路建设上追赶国际先进水平的第一步。

二、在浦东开发开放中持续推进

"八五"与"九五"计划时期,伴随着上海积极实施浦东开发开放的国家发展战略,上海高速公路建设整体进入了持续推进、稳步发展的阶段。1991年,根据交通部和上海市政府对公路建设提出的目标计划,编制完成《上海市公路建设"八五"计划和十年规划设想》,确立了上海公路建设的三大目标。1994年,根据上海"九五"期间重点建设以"三港两路"为核心的现代化城市基础设施系统目标,又组织编制了《上海市公路交通"九五"计划和2010年长远规划》,明确了"九五"期间建成市区至各区(县)以"三环十射"(城市放射线)为骨架的交通便捷公路网络目标。1996年9月,上海第一条通往外省的高速公路即沪宁高速公路(上海段),与江苏段同步建成通车。1998年12月,上海第二条通往外省的高速公路即沪杭高速公路(上海段),与浙江段同步建成通车。两条向外省市辐射型高速公路的投入运行,不仅进一步密切了上海同长江三角洲地区的交通联系,促进了沪、浙、苏经济社会的规模化、一体化发展,同时也使上海更为清晰地感受到高速公路建设对国民经济、社会发展的推动力,以及对区域建设、服务民生的拉动作用和支撑效应。

1999年,上海依据国家高速公路建设的规划目标,借鉴苏、浙两省高速公路建设的成功经验,组织编制了《上海市高速公路规划方案》,提升了上海高速公路建设的发展定位,第一次系统地提出"153060"(即重要工业区、重要集镇、交通枢纽、客货主要集散地15分钟进入高速公路网,中心城与新城、中心城至省界30分钟互通,高速网上任意两点间60分钟内到达)的高速公路网规划目标,力争在"十五"计划期间在郊区形成高速公路网,并同长江三角洲地区高速公路连成一体。

三、在"四个中心"建设中跨越式发展

"十五"计划与"十一五"规划时期,为应对亚洲金融危机对我国经济形成的冲击,国家采取积极的财政政策,大规模地投入高速公路等基础设施建设,全国高速公路年均建设里程由20世纪90年代末期的5000km,前所未有地提升至10000km。上海适时抓住这一发展契机,依托"四个中心"建设的大平台,紧紧围绕举办世博会等国际性活动,整体规划、强势推进,高速公路建设进入跨越式发展的新阶段。

在此期间,上海建成多个在全国范围乃至全世界都具有影响力的高速公路设施。2009年10月建成的上海长江隧桥工程,是国家重点公路建设规划中上海至西安高速公路的过长江通道之一,是当时世界上最长的隧桥结合工程,工程建设创下了多个具有世界水平的纪录。它的建成,改善了上海市交通系统的结构和布局,为加速长三角地区经济一体化,并为更好地带动长江流域乃至全国经济发展提供了有力支撑。

四、在"当好排头兵"引领下完善功能

"十二五"规划与"十三五"规划开局时期,上海全面推进创新驱动发展、经济转型升级,特别是在"当好全国改革开放排头兵和科学发展先行者,为打造中国经济升级版发挥示范作用"的国家战略发展引领下,上海高速公路建设进入整体功能完善、全面协调发展的又一全新阶段。截至2016年底,上海高速公路通车里程达825.5km(含外环线),其中国家高速公路6条、省级高速公路10条,高速公路网得到有力扩展和完善,基本形成了以高速公路为交通运输主干的"枢纽型、功能性、网络化"综合交通体系网络框架。

第四节 上海高速公路发展成就

一、高速公路路网优化成形,全面实现"153060"目标

在项目建设上,上海历经30多年持续投入和强势推进,使建设管理和投融资体制不断得到优化完善,高速公路建设也收获令人瞩目的发展成果。高速公路网形成"两环、九射、一纵、一横、多联"的网络格局。其中,"两环"即S20外环高速公路、G1501上海绕城高速公路;"九射"即S1迎宾高速公路、S2沪芦高速公路、S4沪金高速公路、G60沪昆高速公路、G50沪渝高速公路、G2京沪高速公路、S26沪常高速公路、G40沪陕高速公路、S5沪嘉高速公路;"一纵"即G15沈海高速公路;"一横"即S32申嘉湖高速公路;"多联"即S19新卫高速公路、S36亭枫高速公路、嘉闵高架路、崧泽高架路、北翟高架路等。自此,上海提出的"153060"目标全面实现。

二、高速公路通行能力提升,保障城市交通服务需求

2000年上海城市建成区面积549.58km^2,2016年为1563km^2,16年间增长近2.84倍;2000年上海常住人口为1608万人,2016年为2419.70万人,增长50.5%;2000年上海市生产总值为4771亿元(按可比价格计算,后同),2016年为27466.15亿元,增长475.7%。16年来,随着上海高速公路通行能力的提升,机动车保有量增长243.1%。2010年上海市高速公路全路网日均交通量57.8万车次,日均周转量2209万车/km;2016年又在此基础上比分别增长79%和80.5%,高速公路全路网日均交通量达到103.44万车次,日均周转量达到3988万车/km。上海市高速公路路网承载的交通运输功能,为城市经济社会的快速发展和市民多元化的出行需求作出了重要贡献。

在上海世博会举办的184天内,全市交通经受住了7308万参观人次、单日最高103万人超大客流的考验。高速公路路网快捷便利的交通服务,为举办一届"成功、精彩、难

忘"的上海世博会提供了坚实保障,充分演绎了"城市,让生活更美好"的主题。

三、高速公路促进经济增长,带动社会相关产业发展

上海高速公路较好地满足了城市发展过程中对交通运输提出的与时俱进要求。2016年,上海港货物吞吐总量达7亿吨左右,集装箱吞吐量达3700万标箱左右,上海航空枢纽货邮吞吐量达370万吨左右,80%的集装箱运输和货物中转由高速公路承担。

上海高速公路的发展,有效地起到了运输大通道拉动沿线产业大布局的经济发展促进作用。上海创建国际一流的航运枢纽港、航空枢纽港,以及建设铁路、公路货运枢纽,整体围绕并依托高速公路路网谋篇布局;同时,洋山深水港、浦东机场、外高桥码头、上海大众汽车厂等许多重大项目的运营服务,也建立在高速公路路网交通服务功能之上。上海高速公路的发展,强势推进了物流运输行业的发展,拉动了钢结构加工产业的升级、壮大;拓展了建筑制品行业的产能,提高了机械需求和国产加工水平,拓宽了电子信息技术应用领域;加速了城乡发展一体化进程,促进了长三角城市群的有机对接,推动了旅游经济的发展。

四、高速公路建设改革实践,优化规范行业管理体系

通过近30年的高速公路建设实践,上海形成了完整的高速公路建设技术体系,通过引进"菲迪克条款"强化建设管理,引入市场竞争机制(设计招投标、施工招投标、监理招投标、代建制招投标、运营养护招投标),提升建设效率。先进的工程建设和运营经验得到积累,行业规划、设计、建设、施工、管理、科研、养护团队的综合素质得到提高。同时,上海形成了高速公路投融资体系,通过引进外资拓宽了建设资金来源渠道,BOT专营模式的实行增强了建设活力,创新了由政府单一投资的传统方式向社会多元融资的模式转变,为大规模、高效率实施高速公路建设提供了资金来源。此外,推进了高速公路运行养护管理市场化进程,增强了养护企业活力,调动了行业员工整体积极性,对以后的高速公路建设和运行产生深远影响。在近30年高速公路运营管理中,上海基本建立起高速公路依法管理体系和服务体系,形成高速公路运营养护管理科学模式。

"十三五"时期,上海进入创新驱动发展、经济转型升级的更高阶段,对于2020年基本建成现代化国际大都市的总体目标,"十三五"是决胜阶段。由此,对高速公路的综合服务能力和承载能力提出更高要求。上海在加快建成约1000km高速公路路网,完善上海与江苏、浙江两省高速公路衔接的基础上,将进一步以满足城市综合实力和发展能级加速提升需求为导向,在扩大总量、提升功能、强化管理、内涵发展上下功夫;同时,将主动适应经济发展从要素投入为主转变为创新驱动、服务经济为主的产业结构转型,加快建成系统衔接、安全高效、低碳绿色、城乡一体化的高速公路运行体系,为率先实现长江三角洲地区公路交通运输现代化作出应有的贡献。

第二章
上海高速公路发展历程

第一节　高速公路建设起步阶段（1981—1990年）

一、概述

"六五"和"七五"计划期间，上海公路建设速度明显加快，特别是"七五"计划期间，上海公路建设投资逐年增加，累计达9.15亿元，其中1990年的建设投资为6.5亿元。根据国家高速公路建设规划和上海加强城乡经济联动的需求，上海于1984年开始兴建沪嘉高速公路，与此同时，上海对沪杭、沪宁高速公路建设的可行性研究也加紧进行，并列入了上海公路建设的"八五"规划。

二、高速公路建设起步开局

1984年12月21日，沪嘉高速公路破土动工，1988年上海市政府将该项目列入市实事工程。1988年10月31日，沪嘉高速公路建成通车，实现了中国高速公路"零"的突破，改变了当时上海公路对外出入口中交通量最大的西北门户的交通拥塞状况，降低了综合运输成本，加强了上海城乡之间进而与外省的经济联系，促进了地区经济的发展。1990年12月，规划中的沪杭高速公路（莘松段）建成通车。两条高速公路的相继建成，不仅使上海高速公路总里程在短时期内有了较快增长，更使上海初步锻造了一支具备良好素质的高速公路建设团队，基本形成了一整套高速公路建设的管理规范和技术标准，为上海持续、高效推进高速公路建设奠定了坚实基础。

第二节　高速公路建设稳步发展阶段（1991—2000年）

一、概述

"八五"和"九五"计划期间，是上海公路建设稳步发展阶段。1990年4月，党中央、国务院作出开发开放浦东的战略决策。1992年10月，党的十四大确立了上海"一个龙头、三个中心"的战略地位,上海城市功能定位发生根本性转变。上海紧紧抓住浦东开发开放和邓小平同志要求上海"一年一个样,三年大变样"的契机,加大改革力度,充分发挥各方面的积极性,为城市基础设施建设注入强大的动力和活力,上海公路迎来新的发展机遇。

二、编制公路行业发展总体规划

1991—2000 年的 10 年,为适应与配合上海城市功能定位的根本性转变,上海公路行业编制完成《"八五"计划和十年规划》《"三环十射"快速干道规划》《"九五"计划和 2010 年长远规划》《1991—2010 年上海市公路网规划》《"153060"高速公路网规划》《"十五"计划和 2015 年远景规划》,明确了上海高速公路发展战略、路网骨架和线路布局,为上海高速公路稳步发展确立了目标。

1. 编制《"八五"计划和十年规划》

1991 年 5 月,根据 1989 年 2 月交通部对编制"八五"公路建设计划和十年公路建设规划的要求,上海市政府制定了城市基础设施"三年初见成效、五年基本缓解、十年改变面貌"的总体目标。上海市公路管理处按照上海市市政工程管理局要求,编制完成《上海市公路建设"八五"计划和十年规划设想》(以下简称《"八五"计划和十年规划》),提出了上海公路建设三大目标:即"八五"小翻身,"九五"跻身国内先进行列,2010 年居全国领先地位,达到中等发达国家城市水平。规划的主要建设项目包括:"八五"期间新建沪宁高速公路(上海段)、沪嘉高速公路(东、西段)工程等,建设总投资为 16.9 亿元;沪杭高速公路(上海段)"八五"后期起步,"九五"时期建成,总投资 6.5 亿元。《"八五"计划和十年规划》的编制,增强了实际操作的前瞻性、指导性和可行性,从而有力地推动了上海高速公路的发展。

2. 编制《"三环十射"快速干道规划》

"三环十射"是 1992 年由上海市建设委员会批复同意的三条环线和十条放射线国省快速干道,组成上海国省快速干道的主骨架,增强上海向长三角地区的辐射能力。改革开放以来,上海的交通已从主要集中在城市市区延伸到郊区,公路网逐步向环线、放射线和局部网格化的趋势发展。

1991 年 6 月,《浦东新区总体规划》出台,上海公路网规划的编制对浦东地区川沙县、南汇县和奉贤县的公路作了相应的调整。1992 年 5 月,上海市城市规划设计研究院完成了报告,经由上海市城市规划管理局上报市建设委员会,并获原则同意。至此,以国道、省道为骨架的上海快速干道系统,即《"三环十射"快速干道规划》正式形成。快速干道行驶速度快、通行能力大,是市区连接郊区卫星城镇、省(市)际间城市联系的快速交通系统,是公路网的核心和主骨架。

(1) 三条环线。内环线是沿中心城边缘的一条城市快速干道,外环线是上海中心城规划区外围的一条快速干道,郊区环线是连接郊区8个区(县)的一条不闭合的快速干道。

(2) 十条放射线。一号线：由内环路经逸仙路、同济路至宝山钢铁总厂,它是市中心通向宝山区和宝山钢铁总厂的干道。二号线：由内环线沿漕溪路、沪闵路至莘庄经外环线(后称外环高速公路)接沪杭高速公路(上海段),它是市中心通向上海县、闵行工业区和金山区的干道。三号线：由外环线(后称外环高速公路)向北至罗泾港区,它是市区通向罗泾港区的干道。四号线：由外环线(后称外环高速公路)向南经闵行区跨过黄浦江,接奉贤县城至金山石化总厂,它是市区通向金山卫星城的干道。五号线：由内环线的龙东路、建平路交叉口,向南经奉城,接四号线(后称沪金高速公路)至金山石化总厂,它是浦东地区通向星火工业区和金山卫星城的干道。六号线：由汶水路向西接沪嘉高速公路,是上海中心城北缘的一条干道。七号线：由内环线的龙东路,向东接郊区环线(后称上海绕城高速公路),是市区通向川沙县的一条干道。八号线：由内环线经武宁路接沪宁高速公路(上海段),是市区通向安亭卫星城和江苏省的一条干道。九号线：由内环线的中山西路沿延安西路、虹桥汽车专用路至虹桥机场,接318国道,它是市区通向虹桥国际机场及青浦县、淀山湖风景区的干道。十号线：由外环线(后称外环高速公路)向东至浦东国际机场,是市区通向浦东国际机场的干道。《"三环十射"快速干道规划》是上海20世纪90年代公路建设的重点,形成了上海公路网发展的基本格局。图2-1所示为上海市"三环十射"公路系统规划图。

3. 编制《"九五"计划和2010年长远规划》

根据上海市十届人大常委会四次会议批准《上海市国民经济和社会发展"九五"计划与2010年远景目标纲要》的总体要求,上海市市政工程管理局按照上海市"九五"计划和交通部的要求,于1994年9月完成上报《上海市公路交通"九五"计划和2010年长远规划》。"九五"计划总结了"八五"计划执行情况：累计投资102.15亿元,先后建成沪杭高速公路(莘松段)、沪嘉高速公路(东延伸段)、奉浦大桥(为沪金高速公路组成部分)。截至1995年底,上海高速公路达到39.37km。

"九五"期间公路干线建设主要项目：高速公路、国道、环线共6条,计划投资465亿元。其中：沪宁高速公路(上海段)长25.99km,投资18.7亿元,"八五"期间已完成5亿元,其余13.7亿元列入"九五"计划,1996年建成；沪杭高速公路(上海段)长27.73km,投资25.07亿元,1995年4月开工,"九五"计划投资21亿元,1998年建成；嘉浏公路(西段一、二期)长17.1km,投资3.82亿元；同三国道(上海段)66.49km,投资46亿元；外环线97.5km,投资240亿元；郊区公路环线189km,投资131亿元。

图 2-1　上海市"三环十射"公路系统规划示意图(1992 年)

4. 编制《1991—2020 年上海市公路网规划》

1991 年 10 月 11 日,交通部下达《关于编制 1991—2020 年全国公路网规划的通知》。1992 年 3 月 8 日,市建设委员会下达《关于开展上海市公路网规划编制工作的意见》。同年 7 月 2 日,市建设委员会组建市公路网规划编制工作小组。《1991—2020 年上海市公路网规划》(以下简称《30 年公路网规划》)编制工作由此开展。其间,交通部编制的《国道主干线系统布局规划》明确,国道主干线系统是国道网的重要组成部分,由"五纵七横"12 条路线组成,必须列入全国 30 年公路网规划中的第一层次,其中涉及上海市的有"一纵"(同江至三亚)、"二横"(上海至成都、上海至畹町)3 条路线。《30 年公路网规划》将上海市干线公路分为快速公路、主要公路、次要公路,由快速公路构成公路网主骨架,包括上海市对外高速公路和市域内中心城与郊区新城(县城)间的快速联系通道,与中心城快速干道组成"三环十射"的快速交通网。

《30年公路网规划》主要内容：列出从1995年至2020年末，上海公路网里程由3786.97km增至5823km，其中：高速公路由39.37km增至179km。分别以"八五"、"九五"、2001—2010年、2011—2020年为期限作了《30年公路网规划》分期实施计划，并提出实施对策与措施（包括公路网规划研究、市高速公路网规划图和沪宁杭地区高速公路系统示意图的绘制）。《30年公路网规划》的编制，为高速公路建设计划的逐年制订及建设项目的实施奠定了基础。

5. 编制《"153060"高速公路网规划》

1998年末，上海市委、市政府领导实地考察江苏和浙江两省，对市高速公路建设进行重新定位，提出：加快"三港两路"（航空港、深水港、信息港和高速铁路、高速公路）、外环线以及十条放射线等辐射长江三角洲的枢纽性基础工程建设，尤其对跨省、市区域间的高速公路要优先考虑、重点建设，争取"十五"期间在郊区形成高速公路网络，并同长江三角洲地区的高速公路连接起来。

根据上海市委、市政府意见，上海市市政工程管理局负责高速公路网规划编制工作，并成立规划编制小组，这是上海首次系统性地编制高速公路网络的长远规划。1999年1月18日，上海市市政工程管理局召开高速公路网规划初步方案专家研讨会。规划编制小组根据专家提出的意见，基本确定高速公路网"一环十射两联"布局形态。同年2月9日，上海市市政工程管理局在《上海市高速公路规划（2020）》汇报稿中，第一次系统地提出"153060"的高速公路网规划目标。同年4月，《上海市高速公路网规划（1999—2020年）》送审稿编制完成，并通过上海市市政工程管理局、市规划局联合组织的专家评审；7月28日，上海市市政工程管理局和市规划局联合向上海市政府办公厅上报《上海市高速公路网规划（1999—2020年）》；8月17日，市政府原则同意，市委七届四次全会将高速公路建设列为"三大战役"（高速公路、轨道交通、环保）之一。

上海市高速公路网规划布局"一环十射两联"，形成一个均衡、快速、高效的高速路网，作为干线公路主骨架（图2-2）和市区已建成的内环高架与外环线，组成上海"三环十射两联"快速道路网。上海市高速公路网规划至2020年，总里程将达到650km，比1996年的179km增加约4倍，密度达到0.11km/km^2。高速公路承担的车公里比例达到36%。除已建成并纳入高速公路网规划的85km外，需新建343km，已建道路改建成高速公路220km。

2000年11月，市政府办公厅转发由市计划委员会等七部门制定的《加快本市高速公路网建设的若干政策意见》，对高速公路建设中的财税、用地、对外招商及其他有关政策，作了比较细致的规定和说明。此轮"153060"高速公路网规划的编制与实施，为上海高速公路的长期稳定建设绘就了宏伟蓝图，为上海经济发展提供了强有力的支撑。图2-2所示为上海市高速公路规划图（2020年）。

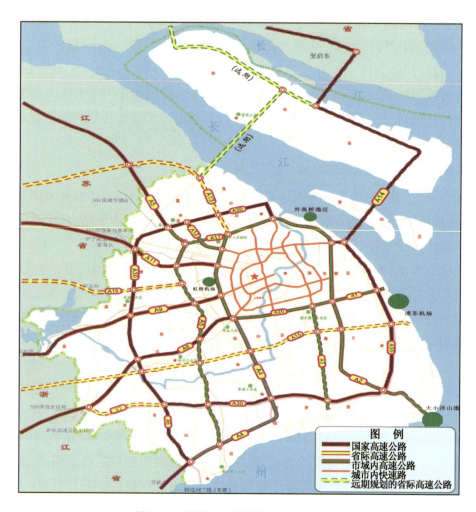

图 2-2　上海市高速公路规划示意图(2020 年)

6. 编制《"十五"计划和 2015 年远景规划》

2000 年 1 月 2 日,根据交通部《关于编报公路水运交通建设"十五"计划的通知》精神和市建设委员会关于编制《上海市建设系统"十五"计划和 2015 年远景目标纲要》要求,上海市市政工程管理局编制完成《上海市公路建设"十五"计划和 2015 年远景目标》。回顾了"九五"计划执行情况:五年间上海公路建设累计完成投资 213.38 亿元。建成高速公路和一级公路共 488km,其中高速公路里程由"八五"期末的 39km 增加到"九五"期末的 98km,提高了公路网技术等级和服务水平。沪宁、沪杭高速公路(上海段)建成通车,改变了上海对外交通形象,加强了上海和相邻地区及长江三角洲地区间的联系;外环线(一期)工程建成通车,缓解了市区交通压力;建成嘉浏公路(一期)、大亭公路、远东大道、四号线等一批高等级公路,初步形成干线公路网络,明显改善市民出行条件,推进了区(县)经济、社会发展。

"十五"计划建设目标是建成沪嘉浏、沪青平、莘奉金(西段)、崇海大桥四条高速公路对外通道,完成一条由崇明越江工程、郊区环线(后称上海绕城高速公路)浦东段和南汇段组成的沿江区域经济连线,全面建成郊区环线(后称上海绕城高速公路),完成莘奉金南段和北段(后称沪金高速公路)改建及亭枫、新卫、沪芦和迎宾大道(后称迎宾高速公路)等高速公路建设,2002年建成外环线(后称外环高速公路)。"十五"计划期末,高速公路累计586km。

"2015年远景规划"建设目标是建成高效、快速、便利的干线公路网。干线公路网以高速公路、一级公路为主骨架,建设中心城区至新城(县城)、中心镇及重要交通枢纽、重要工业区的快速公路系统。建设以高等级公路为主、干线公路为辅的对外公路干线。建设规模是干线公路网达到2438km,比"十五"期末增加598km;干线公路网由高速公路、一级公路、二级公路构成,其比例约为1∶1∶1.6;高速公路里程占比约为27.3%。

三、高速公路建设主要项目

1993年12月建成沪嘉高速公路东延伸段工程,促进了地区经济和社会的发展。1996年9月建成的沪宁高速公路(上海段),成为华东地区经济发展的一条"黄金大道"。1997年6月建成的外环线一期项目徐浦大桥工程,为缓解市中心区的交通压力,加强浦东和浦西的联系与周边地区的交通辐射起到了十分重要的作用。同年8月建成的大亭公路(上海绕城高速公路南环段前期工程),是"三环十射"中郊区环线的一部分,它的建成有力地促进了沿线地区经济和社会的发展。1998年11月建成的外环线上第一座特大型交通枢纽莘庄立交桥,提高了外环线及莘庄立交桥周边道路的通行能力,对闵行、松江、奉贤等区(县)的发展产生了良好的促进效应。1998年12月建成的沪杭高速公路(上海段),对上海、杭州等地经济、文化、旅游业的发展产生巨大的推动力,被誉为一条"希望之路、发展之路、繁荣之路"。1999年8月建成的嘉浏公路(一期),为市西北区域跨省市高速公路的建成打下了良好的基础。同年9月建成的浦东国际机场疏港公路迎宾大道(迎宾高速公路前期工程),为上海航空枢纽港的形成发挥了重要的交通疏导作用。同时建成的外环线一期工程,为缓解市中心区的交通压力,加强浦东、浦西的联系和周边地区的交通辐射起到了十分重要的作用。2000年12月建成的同三国道(上海段)新卫段、北段、港新段及码头段(上海绕城高速公路同三段前期工程),不仅推动了周边地区农村城镇化建设,而且对完善国家干线公路网络具有十分重要的意义。

四、公路建设取得主要成就

截至2000年底,上海公路总里程由1990年的3300.34km增加到5894.05km,增长78.59%。其中高速公路97.93km,一级公路389.89km,二级公路980.06km,三级公路

1659.02km；国道266.92km；省道704.95km；县道1807.36km；乡道3046.43km。全市干线公路971.87km；全市公路绿化3384.37km；特大桥36座，36038延米；大桥173座，30298延米；中桥2323座，87728延米。公路密度为92.96km/100km^2。

1991—2000年，上海高速公路稳步发展，提高了公路网技术等级、路网通达性、运行效率和总体服务水平，使城市的集聚辐射功能明显增强，为上海"一年一个样，三年大变样"发挥了重要作用。公路管理体制改革，公路设施管理事权下放、事企分开、管养分开等一系列改革举措，给公路的建设与管理注入了新的活力。

第三节　高速公路建设跨越式发展阶段（2001—2010年）

一、概述

"十五"计划和"十一五"规划期间，上海高速公路进入跨越式发展阶段。上海以国际经济、金融、贸易、航运"四个中心"为引领，推动了经济、社会事业的迅猛发展，公路交通围绕"四个中心"建设继续保持着旺盛的发展势头。

二、编制21世纪公路发展总体规划

2001—2010年的10年，上海公路行业编制完成了《长三角高速公路网规划》《上海公路"十一五"（2006—2010年）发展规划》《上海公路"十一五"养护管理发展规划》《上海公路交通信息化发展规划》以及《上海市干线公路网规划修编》（规划期至2020年）、《上海市域骨干道路网规划深化研究》和《上海市省界连接道路规划》。

1.编制《长三角高速公路网规划》

2004年，上海市市政工程管理局会同江、浙两省交通厅开展并完成《长三角高速公路网规划》。2004年1月，中央在上海主持召开了长江三角洲交通发展座谈会，专门听取了两省一市、国家发改委、交通部负责人关于加快长三角地区交通发展的意见和建议。

长三角都市圈高速公路网络规划理念：高速公路网络规划建设应与经济发展相协调，与都市圈城镇体系和产业空间布局相协调；支持综合运输发展战略，着眼于建立现代化多方式多层次的综合交通运输体系；改变适应性规划为引导性规划，建立更具宏观性和前瞻性的战略规划；都市圈交通体系应按可持续发展的理念进行规划。

根据长三角都市圈产业、城镇布局和高速公路功能，形成"十横七纵"路网布局。长三角都市圈规划高速公路网络总里程7153km，密度达到7.1km/100km^2，适应长三角地区较高的经济和人口密度，高速公路规划的规模水平达到了国家高速公路网对一类地区

4km/100km² 以上的规划要求。长三角地区中心城市间多通道、通道多线路的高速公路布局保证了全路网有较高的可靠性。

规划路网实现了"321"可达性目标:14 个城市都能纳入核心城市上海的"三小时都市圈"内,中心城市沪宁杭甬之间实现 3 小时互通;规划节点全部纳入 20 分钟高速公路网的范围;长三角都市圈内可以 1 日往返。图 2-3 所示为长三角地区高速公路网规划图。

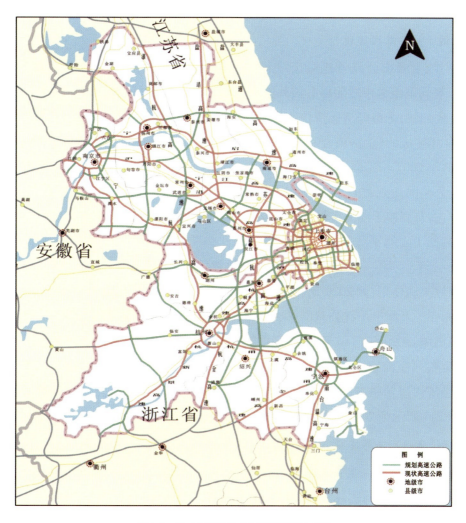

图 2-3　长三角地区高速公路网规划示意图

2. 编制《上海公路"十一五"(2006—2010 年)发展规划》

2006 年,根据上海市发展和改革委员会《关于上海市国民经济和社会发展"十一五"专项规划和区县规划的编制要求》,上海市市政工程管理局组织编制完成了《上海公路"十一五"(2006—2010 年)发展规划》。

上海公路"十一五"发展总体目标主要内容为:增加对外高速公路出入口数量,布局上对外辐射形态由过去的向西发展为同时向西、向北和向南辐射,以一体化的高速公路体系促进长三角"三小时都市圈"的形成。高速公路建设重点:沪崇苏高速公路(包括越江通道)、机场高速公路(包括越江通道)、沪金高速公路及其出入口接浙江杭浦高速公路、外环线西延伸段、沪宁高速公路拓宽、沪杭高速公路(莘松段)拓宽。提高干线网技术等级和国省道干线在全路网中的比例,并提高通达性和可靠度指标。路网密度达163km/100km^2,路网规模超过10000km。此外,也提出了"十一五"管理总体目标。

3. 修编干线公路网规划

1999年,上海市公路管理处会同同济大学编制《上海市干线公路网规划(1999—2020)》。规划范围为市域除中心城外所有区域,即外环线以外的区域。由于长三角地区一体化进程加快,全市经济保持快速发展,郊区工业化、城市化进程加快,上海市公路管理处对1999年完成的《上海市干线公路网规划(1999—2020)》进行了进一步的审视、调整与修编,并于2007年编制完成规划期至2020年的《上海市干线公路网规划修编》。

干线公路网规划修编目标具体为"1+2",即远期实现1000km左右高速干线和2000km左右非高速干线的市域干线公路总体规模。其中,高速公路网实现"153060"目标的同时,高速干线的平均行驶车速不低于设计车速的80%。到2020年,高速干线形成"两环、十一射、一纵、一横、多联"布局形式,总规模达1075km。

预期效果和作用:到2020年,上海干线路网平均车速为66km/h,高速公路平均车速为84.5km/h。上海市干线公路网形成网络化、多通道的路网布局形态。

保障措施:2020年前用于高速干线建设700亿元,保证干线公路网建设土地预算约为10万亩❶。《上海市干线公路网规划修编》的编制与实施,适应了加快长三角地区一体化,上海经济快速发展,郊区工业化、城市化进程的新形势和社会公众对日益增长的交通需求。图2-4所示为2007年完成的上海市干线公路网规划布局图(2020年)。

4. 编制《上海市省界连接道路规划》

上海市对外联系通道中高速公路共9条,60条车道。但存在部分道路等级低、局部地区通道间距过大的问题。江苏、浙江、上海两省一市在规划建设的道路等级及线位上由于时间先后、地形条件、社会经济发展等原因不能形成良好对接。为使两省一市干线公路形成对接,促进长三角地区"3小时都市圈"形成,2008年,上海市公路管理处会同上海市政规划设计研究院编制完成《上海市省界连接道路规划》。该规划期限与《上海市干线公路网规划修编》保持一致,即近期至2012年,中期至2020年。

规划布局为:一是江苏方向。高速公路对接有5条,共38条车道。其中S7沪崇高速

---

❶ 1亩=666.6m^2,全书同。

公路6条车道;G15 沈海高速公路嘉浏段6条车道,嘉金段6条车道;G42 沪蓉高速公路8条车道;S26 沪苏高速公路(后称沪常高速公路)6条车道;G50 沪青平高速公路6条车道。二是浙江方向。高速公路对接有4条,共22条车道。其中G15 莘奉金高速公路6条车道,S36 亭枫高速公路4条车道,G60 沪杭高速公路6条车道,S32 浦东机场高速公路6条车道。《上海市省界连接道路规划》的编制与实施,将使两省一市公路形成有效对接,更好地对上海与周边省市的人流、物流往来发挥重要的基础性作用。

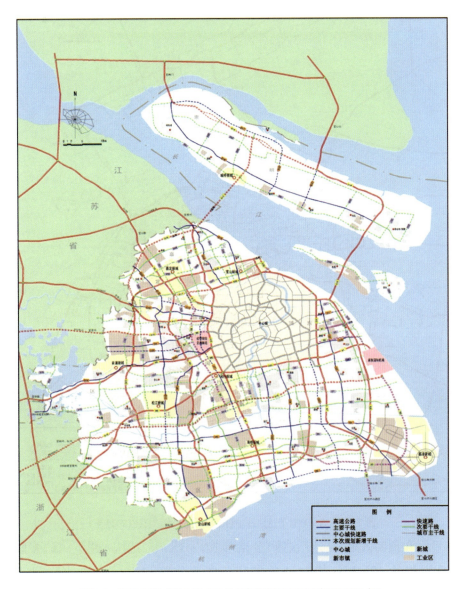

图2-4 2007年完成的上海市干线公路网规划布局示意图(2020年)

5. 深化研究骨干道路网规划

2009年,由市规划国土资源局和市建设交通委共同组织相关单位完成了《上海市域骨干道路网规划深化研究》(图2-5)。骨干道路网即城市干道网,包括快速路、主干路和次干路。外环线以外市郊区域,骨干路网可限定为国省干线公路网,包括高速干线公路(高速公路与中心城外快速路)和其他国省干线公路(主要干线公路和次要干线公路)。

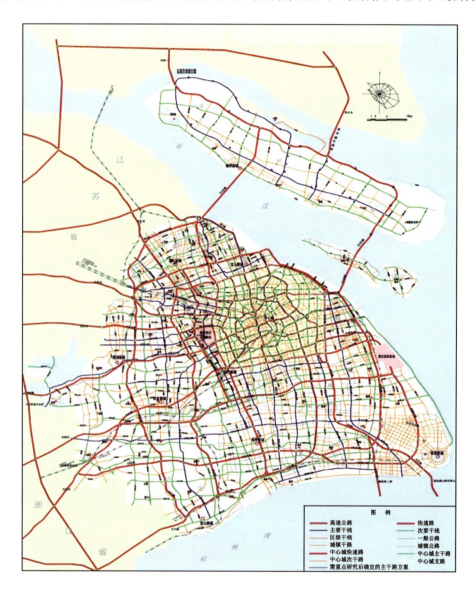

图2-5 上海市域骨干道路网规划深化研究方案示意图(2020年)

具体目标和预期效果:高速(快速)公路形成"一环、十二射、一纵、一横、多联"布局形态,规划总里程达1061km,其中包括925km高速公路和136km快速路,路网密度为17.8km/100km²。预期效果是公路网平均饱和度力争达到0.70以下。

《上海市域骨干道路网规划深化研究》与《上海市干线公路网规划修编》相比,增加了一条放射线,形成十二射:即北蕴川路至沪太路高速:起于郊区环线北段(后称上海绕城高速公路北环段),沿北蕰川路经过宝山罗泾镇接沪太路,出省与江苏省沿江高速公路二期连接,长约17km。"多联"增加一条,即申江路高架(现度假区高架):布宜诺(迪士尼乐园)与中心城联系的专用快速通道,东接布宜诺主要出入口,北与A20(后称外环高速公路)南段、中环浦东段相连;路网规划总规模为2462km,路网密度为38.8km/100km²。图2-5所示为上海市域骨干道路网规划深化研究方案图(2020年)。

三、公路建设发展主要成就

2001—2010年末,公路建设累计投资约709.67亿元,其中建成高速公路208km,拓宽改建41km,推动了高速公路建设体制由政府主导管理模式逐步向市场转变。投融资模式转为政府、国企、民企投资的多元化,促进了上海高速公路跨越式发展。沪渝高速公路(上海段)、沈海高速公路(上海段)、外环高速公路、上海绕城高速公路、沪金高速公路、沪芦高速公路、新卫高速公路、亭枫高速公路、沪宁高速公路(上海段拓宽改建)、沪杭高速公路(上海段拓宽改建)、申嘉湖高速公路(上海段)、沪常高速公路(上海段)、闵浦大桥(S32申嘉湖高速公路越江)、松浦二桥(G15沈海高速公路越江)建成通车。

截至2010年底,高速公路里程为775.18km,比前十年增长691.57%,完成"153060"目标。上海市与江、浙两省高速公路出口达7处42个车道;国省道973.5km,比前十年增长27.63%,上海公路密度比前十年提升103.16%,达188.86km/100km²。总体上超额完成"十一五"规划目标。

第四节 高速公路建设协调发展阶段(2011—2016年)

一、概述

"十二五"规划期间至"十三五"规划开局阶段起,上海公路建设进入统筹协调、科学发展阶段。世博会后的"十二五"时期,上海城市建设的战略重点向郊区转移,公路成为郊区社会经济发展的重要支撑。国务院《关于长三角发展的指导意见》和《长三角区域规划》提出,要把长三角地区建设成为亚太地区重要的国际门户、全球重要的先进制造业基地、具有较强国际竞争力的世界级城市群;形成以上海为核心,以沪宁和沪杭甬、沿宁沪杭线、沿江、沿湾、沿海、沿湖为发展带的"一核六带"为主的区域总体布局框架。

围绕上述战略目标与总体部署,长三角地区基础设施与交通一体化发展态势将是以枢纽型、功能性、网络化、跨省市的重大基础设施建设为重点,以稳定性、均衡性、智能性为特征,形成以铁路(城际轨道)、水运和高速公路为主的区内快速交通(通勤)网。因此,积极开展区域一体化的都市圈公路网规划建设管理是上海"十二五"期间重要工作内容之一。

二、编制公路行业发展总体规划

2010年,上海市公路管理处先后编制完成《上海市公路"十二五"行业发展规划》《上海市公路"十二五"交通信息化发展规划》《上海市公路"十二五"养护管理发展规划》。

1. 编制《上海市公路"十二五"行业发展规划》

指导思想是以人为本,城乡统筹,市区联合,协调发展。基本原则是坚持科学发展原则,坚持区域统筹原则,坚持空间引导原则,坚持建管并举、重在管理原则。

(1)建设策略和管理策略。建设策略是高速公路全面完成"两环、十二射、一纵、一横、多联"的高速公路网布局建设,稳定高速公路网与长三角地区对接通道规划方案,扩大高速公路网的服务范围,基本实现"153060"的畅达目标。管理策略是在公路行业管理方面完善联动和监管机制,探索有效监管手段,不断完善高速公路管理法规体系。在公路设施管理方面:加强养护市场培育,完善激励机制,加大现代化公路管养技术研究应用和人才培养,始终保持公路及其附属设施完好,保障公路安全畅通,服务全面高效,管理科学动态,运营规范达标。在公路路政管理方面:逐步转变现有高速公路"一路一中队"的管理模式,稳步推进高速公路路政区域性管理。在公路节能管理方面:推进公路节能减排,推广低碳交通。加快ETC建设,提高道路通行效率,注重预养护以及减少建设和养护过程中的污染排放,并探索提高汽车使用效率的相关管理办法。

(2)建设目标与重点任务。建设目标是全面完成陆域高速公路建设,高速公路总里程达到830km以上,形成"两环、十二射、一纵、一横、多联"布局。加快长三角地区一体化高速公路建设。主动对接江苏、浙江两省,完善高速公路网布局。进一步加密市域高速公路网,基本完成高速公路出省道口布局,加快建立以"环线高速公路和出省段射线高速公路为主"的港口集疏运通道。重点任务是确保实施G40、S6、S26东段和沿江通道浦西段4项工程,里程56km;争取实施沿江通道浦东段、G1501同三和北环段改建及节点改造4项工程,里程80.2km;预备S16高速公路1项工程,里程17.3km。支撑重点区域重大项目发展的配套路网建设,构筑迪士尼及商飞基地等配套道路。加快虹桥综合交通枢纽配套道路建设,连接S26高速公路,以贯通各条东西向通道集散交通。高速公路(包括快速路)投资855.6亿元,越江设施投资181.8亿元。

(3)管理目标与重点任务。管理目标是在公路行业管理方面,抓住高速公路国有化成分增加等有利契机,加强对高速公路规划、设计、建设、养护和运行管理的行业监管和指导力度,进一步完善对市场化运作主体的管理手段和监管机制,不断完善公路管理的法规体系,规范管理行为,进一步加强高速公路行业监管手段,积极探索新形势下高速公路行业管理新机制。重点任务是进一步研究和解决高速公路投资主体多元化所带来的问题,制定《上海市收费高速公路管理规定》,加强公路管理部门对高速公路的行业管理,逐步形成规模化、集约化的高速公路管理模式。同时根据交通部的"低费率、长周期"的收费思路,探索适合上海特点的高速公路收费还贷政策和模式。

至"十二五"期末,高速公路网发展基本成熟,路网形态基本完善。公路总里程达到13000km左右,公路网密度为204km/100km², 综合密度107km/$\sqrt{100km^2 \times 万人}$。高速公路网总里程830km,形成"一环、十二射、一纵、一横、多联"布局形态。路网结构形成以"环线高速公路和出省段射线高速公路为主"的港口集疏运通道网络和"高速公路为骨干"的机场集疏运通道体系。在市域范围内形成一个以高速公路为主干,以一般干线公路为支干、农村公路为基础,在平面形态上由东北向西南呈扇形的"环线+射线+局部方格网"状的四通八达的公路网体系。

上海对外交通衔接顺畅,中心城到省界30分钟可达,使以上海为中心的1小时出行圈扩展到苏州和嘉兴,促进长三角区域一体化进程;公路管理体制进一步完善,公路养护技术、服务能力等有所改善;公路管理法规体系健全,依法行政、依法决策、依法管理、依法行政能力和水平全面提高;公平竞争、规范有序的公路养护作业市场体系进一步确立;公路管理的信息化程度与发达国家的差距明显缩小,信息化、智能化管理水平处于国内领先地位。《上海市公路"十二五"行业发展规划》的编制,为上海公路建设和管理步入科学协调发展轨道提供了保障。

2. 编制《上海市公路"十二五"交通信息化发展规划》

(1) 主要任务和预期效果。主要任务:一是路网管理与运行状况实行动态监控,基本建成市级路网管理与应急处置平台,并与部级平台联网互通。高速公路全部路段运行状况动态监控覆盖率100%;二是推进电子不停车收费(ETC)系统建设,到2015年底,确保高速公路收费站100%有ETC车道,ETC车道占总车道的比例达到30%以上,ETC流量占路网总流量的30%以上;三是完善科学养护决策体系,到2015年底,基本建立国省干线公路科学养护决策体系,主要路况技术指标检测100%自动化,路况评价及养护决策实现信息化和制度化;四是加快路政信息化建设进程,建立完善公路路政信息化管理体系;五是建立气象监测和预报预警服务体系,到2015年底,建成具备24小时内预报、6小时预警的国省干线公路气象监测网络和预报预警服务体系。实施预期效果为:至"十二五"期末,上海公路信息化管理水平处于国内领先地位,为包括长三角地区出行者在内的社会公众提供较为全面的公路出行信息,服务水平得到进一步提高。

(2) 信息化发展保障措施。一是加强领导,进一步提高对科技创新和公路信息化重要性的认识;二是完善制度,建立推进信息化进程的领导机构、公路网信息化过程中各岗位职责制度、信息技术推广应用制度以及公路网信息化安全制度等;三是增加投入,加大对技术创新的投入力度,从交通税费、交通重大建设项目中安排一定比例的经费用于技术创新活动;四是标准化建设,加强公路信息化标准化建设,着重进行网络与信息安全、监控信息定义与编码、图像控制、信息系统可靠性、安全性、有效性的监查等方面的技术标准和管理办法的编制;五是科技队伍建设,强化科技人才的培养,全面提高公路科技人员的素质;六是学习和借鉴,积极开展国际交流与合作,有针对性地引进外资和技术。《上海市公路"十二五"交通信息化发展规划》的制定,为促进上海公路交通信息化水平的不断提高提供了有力保障。

3. 编制《上海市公路"十二五"养护管理发展规划》

(1)公路养护管理目标。一是公路技术标准:到2015年底,全部公路(包括高速公路)无等外公路。其中:国省干线公路(含高速公路)100%达到二级及二级以上技术标准,同一省际通道相邻省市公路技术等级基本匹配。二是公路路面铺装技术状况:到2015年底,全部公路100%为沥青混凝土或水泥混凝土路面。三是公路技术状况评定:到2015年底,高速公路(含高速公路的国道和省道)公路技术状况指数(MQI)≥95,优良路率≥99%,路面使用性能指数(PQI)≥93。四是公路桥梁改造和管理:到2015年底,国省干线公路一、二类技术状况桥梁比例≥98%,无四、五类桥梁。五是公路养护维修力度:逐步建立干线公路养护维修工程项目库。国省干线公路每年计划安排大中修工程里程的比例不低于国省干线公路总里程的17%。六是节能减排:继续推进温拌沥青的应用,到2015年底,国省干线公路养护中废旧沥青路面材料循环利用率达100%。七是应急处置:高速公路应急救援到达时间不超过15分钟,公路应急抢通24小时完成。八是应急维修和应急防护:发现危及行车、行人安全的公路损坏,立即采取警示、维护等应急措施,尽快实施维修,其中路面坍塌、坑槽(洞)、隆起等损坏,在24小时内实施维修。九是预防性养护经费:国省干线公路每年的预防性养护经费比例不少于小修保养经费的8%。十是管理制度和技术标准:到2015年底,形成基本完善的养护管理制度规范化体系以及养护技术标准规范化体系。十一是安全隐患路段处置:到2015年底,国省干线公路的安全隐患路段处置率达100%。

(2)公路管理目标。一是公路行业管理:加强市区(县)两级政府管理部门联动机制,加强对高速公路、区管干线公路的规划、设计、建设、养护和运行管理的行业监管和指导力度,进一步完善对市场化运作主体的管理手段和监管机制,不断完善市公路管理的法规体系,规范管理行为,管理手段科学化、规范化、法制化。重点任务为:进一步加强高速公路行业监管手段和服务能力,完善相关法规体系,严格依法管理。二是公路路政管理:依据《中华人民共和国公路法》《上海市公路管理条例》及其他公路管理法律法规的规定,通过实施行政许可、行政检查、行政处罚和行政强制等行为依法保护路产、维护路权,确保公路安全和畅通。重点任务:加强队伍建设,创新管理模式;运用科技手段,提升服务水平;监控整治结合,健全长效机制;强化基础管理,优化公路环境。路政案件查处率90%以上;执法案件结办率大于95%;执法人员持证率100%;执法形象建设做到"四个统一",即:执法标志和标识统一,执法证件统一,执法服饰统一,执法场所外观统一。实施预期效果:公路管理体制进一步完善,公路养护技术、服务能力等均有所改善;依法决策、依法管理、依法行政的能力和水平全面提高;公平竞争、规范有序的公路养护作业市场体系进一步健全。

三、公路建设和管理主要成效

2011—2016年,上海一系列高速公路规划的付诸实施,促进了上海公路建设和管理的统筹协调、科学发展。

1. 高速公路建设发展

2011年12月24日,沪陕高速公路(上海段)全部建成通车;2012年4月30日,沪嘉高速公路改建工程(一期)完成;2015年2月16日,沪嘉高速公路改建工程(二期)全面完成。截至2016年底,高速公路总里程为825.465km,进一步完善"两环、十二射、一纵、一横、多联"公路网,高速公路路况水平得到全面提升。

2. 高速公路管理成效

2013年9月,上海市政府第22次常务会议通过了《上海市高速公路管理办法》,对上海高速公路(包括非收费高速公路)的建设、养护、经营、使用和管理进行了全面规范。2016年底,上海高速公路网开通运行的ETC车道达294条,实现ETC系统路网全覆盖目标,全市ETC用户已超过98万,缓解了高速公路道口拥堵现象。此外,"四新技术"推广运用取得显著成效,提高了高速公路网运行管理水平,在上海"四个中心"建设中发挥了作用。

第五节　高速公路建设品质提升阶段(2016—2020年)

一、概述

根据2016年初完成的《上海市公路行业"十三五"发展规划》,"十三五"时期,上海高速公路将进入设施建设和品质提升并重的发展阶段。当前,上海正处于创新驱动发展、经济转型升级的关键时期。到2020年,上海要在基本建成"四个中心"和社会主义现代化国际大都市的基础上,努力建设成为具有全球资源配置能力、较强国际竞争力、影响力的世界级城市群核心城市,特别是经济全球化、区域一体化和新型城镇化都对上海公路网络提出了更新、更高的要求。同时,城市机动化和交通需求增长的趋势仍会延续。上海已明确提出规划建设用地"负增长"的要求,可供大量交通设施建设的土地十分有限。因此,"十三五"期间,上海市公路行业将逐步进入"完善功能、注重管理、提升服务"的设施建设和品质提升并重的发展阶段。

二、公路建设实施总体目标

1. 不断提高公路网络服务能力

优化与江苏、浙江两省的公路衔接,加强新城与周边城镇、郊区城镇干线公路建设。整合优化对外客运、货运通道的规划建设。

2. 大力完善新城公路交通网络

按照全市重大功能性项目、重大产业项目、重大基础设施等向新城倾斜的要求,进一步加强新城自身公路网络建设。强化松江新城、嘉定新城、青浦新城、南桥新城、南汇新城等长三角地区城市群综合性节点城市交通枢纽和支撑能力,提升金山新城、城桥新城等交通基础设施建设标准。构建新城与中心城、新城之间、新城与近沪地区多层次公路网络通道,完善射线高速公路和国省干线建设。加强新城与周边工业园区、大型居住区的交通联系,结合各新城土地利用规划、发展特点,因地制宜完善新城交通系统。

3. 持续推进镇村交通体系发展

进一步突出镇在城乡发展中的重要地位,完善镇内外公路联系。中心城周边镇加强交通基础设施资源配置;新城范围内的镇按照中等城市标准配置公路设施;一般镇按小城市标准配置公路设施。加强农村基础设施建设,完善农村公路网,改善出行条件。

4. 优化完善公路网络和功能

至2020年,上海公路里程达到15000km,其中,高速公路通行里程超过900km,普通国省干线通行里程超过1200km。完善港口、机场集疏运高速公路和市域对外联系高速公路,基本建成高速公路网,将实施建设高速公路总长约90km;将实施建设国省干线公路总长约400km;优化普通国省干线公路布局,提高公路建设等级;形成中心城与新城、新城与新城之间的多通道布局;完善与江、浙两省多层次通道的对接联通,加快上海出省县乡公路的规划和建设,支持区域一体化协同发展。

三、主要任务和重点项目

1. 完善高快速路网体系,提升枢纽地位和辐射能力

高速公路在实现长三角地区城际间陆域人流和物流快速机动化交通,支撑国际航运中心建设,保持和提升上海枢纽地位和辐射能力方面起着重要作用。"十三五"期间,上

海发展重心进一步向郊区转移,新型城镇化的建设也对高速公路网络设施以及功能提出了新的需求。

(1)高速公路网重点项目。S16 蕰川高架(G1501—S7),沿江通道西接线段西延伸(江杨北路—富长路),S7 公路北段(月罗公路—宝钱公路),S3 公路(S20—S4),S4 交大段改建(主线收费站—东川路),高速公路节点改造类项目等。"十三五"期末,高速公路网规划基本形成"两环、十二射、一纵、一横、四联"格局,网络规模、密度、间距较为合理,总体上能够适应 2040 年新总体规划对城市定位和城镇布局的要求,能够满足"153060"的交通出行目标。

(2)快速路建设。郊区新城发展不断加快,嘉定、青浦、松江、南桥、临港等郊区新城与中心城之间联系的道路交通流量持续快速增长。2015 年郊区进出中心城日均出行总量增长明显,与 2010 年相比增长 48%。中距离交通目前多利用高速公路出行,引发了 G50 入城段、S4 闵行段、G60 松江段等高速公路的拥堵,早高峰饱和度均超过 0.95,制约了新城的进一步发展。"十三五"郊区快速路省道项目:崧泽高架西延伸(漕盈路—G15)。此外还进行一系列郊区快速路项目的前期储备研究。

2. 大力建设普通国省干线,提高道路交通保障度

"十三五"对普通国省干线网络建设提出了新的要求,主要目标为增强区域间联系能力,支撑各重点和新城、新市镇地区发展;完善省际通道和集疏运通道;为高速公路构建分流通道,均衡区域交通压力;改善区域通达性,促进城乡一体化和区域融合发展。

重点普通国省道干线项目:G320 车亭、亭枫段改建(浙江省界—北松公路),G228 新沪杭公路—新四平公路(市界—浦东区界),G346 江杨北路(G1501—S20),浦星公路(芦恒路立交、环城北路—人民塘路)、叶新公路—大叶公路(浙江省界—朱枫公路、新工路—浦东区界)等。

3. 加强对重点地区配套道路建设

包括建设奉贤海湾大学城的配套道路和完善迪士尼国际旅游度假区的配套道路。

4. 完善越江通道,提升两岸一体化程度和出行便捷度

随着黄浦江两岸新城、新市镇的开发建设,浦江两岸联动发展将进一步加深,现有郊区越江通道布局还需同步进行完善。"十三五"越江重点项目:芦恒路越江、昆阳路越江、嘉松公路越江。

5. 加强省界对接道路建设,促进近沪区域发展与融合

进一步完善省界对接道路路网规划研究,加强青浦区与昆山花桥等地区的连接,建设省界连接道路 6 条。

公路规划效果评估(表 2-1):至 2020 年底,上海市高速公路可由 825km 增长至

911km;普通国道由167km增长至304km,基本建设完成;普通省道由707km增长至900km;县道和乡村公路分别由2800km、8446km增长至3200km和9685km。上海市公路网长度达15000km。

"十三五"公路规划效果评估表　　　　　　　　　　　表2-1

类　　别	"十二五"期末	"十三五"新改建	2020年
高速公路(km)	825	86	911
普通国道(km)	166.7	137.7	304
普通省道(km)	706.8	264	900
县道(km)	2800	400	3200
乡村公路(km)	8446	1300	9685
总计(km)	12944.5	2188	15000

第三章
中国首条高速公路——沪嘉高速公路建设

第一节 建设背景

一、项目意义

高速公路属于高等级公路，是一种道路容量大、能满足大交通流运输需要的基础设施。它的诞生和发展得益于经济发展对于交通运输的需求，这也是高速公路为何在20世纪中期在世界一些工业发达国家率先孕育和迅速发展的依据所在。德国于1932年建成通车的波恩到科隆的高速公路，业内普遍认为是世界上第一条符合相关技术规范的高速公路。

中国高速公路的建设，得益于国家改革开放后现代化建设进程的催生和推动，起步虽晚，发展很快，整体上形成了与国家经济建设相一致的中国特色。在20世纪70年代初期，中国启动了建设高速公路的课题论证，几经曲折至80年代初期，最终确定了广州—深圳、北京—天津—塘沽、沈阳—大连、上海—南京、西安—临潼、广州—佛山等第一批高速公路项目建设。

1984年，上海在城市基础设施建设资金十分短缺和高速公路建设经验几近空白的历史阶段，开始兴建沪嘉高速公路，历时近4年，于1988年10月31日建成通车。它的重要意义在于为以后中国高速公路建设积累了经验、提供了借鉴，也跨出了上海乃至中国在高速公路建设上追赶国际先进水平的第一步。自此，中国用短短30多年的时间，实现了由高速公路零的突破至总里程13万km的飞跃。图3-1所示为沪嘉高速公路20世纪90年代初祁连山路立交。

二、建设背景

中国第一条按高速公路标准设计并建成的沪嘉高速公路，南起上海市西北祁连山路，北迄嘉定南门嘉戬公路，长15.9km，后由祁连山路向东延伸2.7km至真北路、汶水路交叉口，接入两端入城道路，全长18.6km。沪嘉高速公路是上海通往江苏省的一条干线公路。

图 3-1　沪嘉高速公路 20 世纪 90 年代初祁连山路立交

该高速公路被交通部列为"七五"期间大中型基建项目。1980 年 8 月委托设计。经过多方案技术经济比较论证后,1983 年 5 月上海市人民政府批准了计划任务书,该工程正式立项。1984 年 12 月 14 上海市计划委员会和建设委员会批准初步设计文件,同年 12 月 21 日奠基动工,1988 年 10 月 31 日建成通车。1989 年 7 月,由上海市组织的沪嘉高速公路单项工程建成验收工作结束,并报请交通部主持国家级验收。

沪嘉高速公路兴建前,上海市区通往嘉定卫星城及与江苏省陆路交通连接的主要干线公路是沪宜公路,前身为锡沪公路,1935 年建成,当时号称江南第一大干线公路。中华人民共和国成立后几经翻修,车行道从原来的 3.5m 加宽到 7~9m。国家实施改革开放政策以后,沿海城市经济发展提速,交通流量增长加快,原有的公路设施已不能够满足日益增长的交通流量需要,交通拥堵很严重。沪宜公路在上海市与外省市连接的 6 个公路出入口中交通流量占比达 37%,在上海 4 条国道交通流量中占比达 40% 以上。1982 年统计资料表明,上海沪宜公路杨家桥、嘉定南门和葛隆出口的年平均日交通量已经分别达到 5479、3619 和 1624 辆次,交通流量的年增长率为 12%~14%,远超公路的承受能力(饱和度为 1.8~2.7 倍)。图 3-2 所示为沪宜公路平均车速统计图。

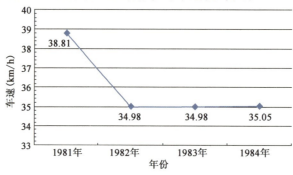

图 3-2　沪宜公路平均车速统计图

由于沪宜公路穿越桃浦工业区、杨家桥、南翔和马陆等集镇,线形较差,小于二级公路技术标准的弯道有16处,沿线又有188处工厂出口。农村道路、其他公路与该公路相交,交通事故频繁,仅1981年1月至1987年6月,平均每月死亡1.5人。交通堵塞日趋严重,服务水平每况愈下,从市区到嘉定的30多公里路程,往往需要2个小时,严重影响了运输效率,延误了旅客在途时间。对此,沿线企事业单位、大专院校、科研机构通过来信上访,纷纷要求解决这一地区的交通问题。图3-3所示为沪宜公路交通死亡人数统计图。

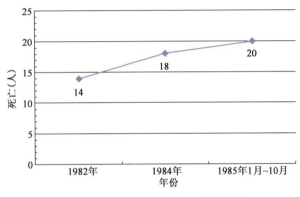

图3-3　沪宜公路交通死亡人数统计图

改革促进了经济的大发展,通行拥堵凸显出交通设施的短板,建设一条大容量、高效率的城乡大通道势在必行。

第二节　前期规划

一、工程选线

沪嘉高速公路的规划走向,最早有两个方案,一是利用沪宜公路老路进行拓宽改造;二是避开市区至嘉定的沿线集镇,另辟路线新建工程。

上海市市政工程管理局确定,这条公路改造以后要保证15～20年仍能够适应交通需求。当时沪宜公路杨家桥、桃浦出入口交通流量已经达到1万辆次,并根据测算今后20年交通流量要翻两番,即达到4万辆次。由此,即使把老路改造成一级公路也不能满足交通需求。交通部规定公路等级和适应交通流量的匹配范围:一级公路的流量适应是1.5万～3万辆次。交通流量预测,20年后要达到4万辆次,这就大大超过一级公路的流量负荷。以后的交通流量比原来预测的流量值还要大,达到了每天4.6万辆次。上海市政府及时组织专家进行了论证,认为修建高速公路将从根本上提高车速、减少交通事故、提高经济和社会效益。经过多方面比较,从节约土地、地方规划、减少施工难度、缩短建设周期、避免大量动迁等诸方面考虑,选择第二方案。

二、项目决策

沪嘉高速公路建设项目经历了沪宜公路拓宽改建、新辟沪嘉一级汽车专用路、建设沪嘉高速公路几个阶段的演变。

1979年,嘉定县政府向上海市政府呈送了将沪宜公路按45m规划红线拓建为四快两慢车道的一级公路的报告。据此,上海市公路管理处委托设计单位进行了设计。在对国内沈抚、京密和宁六公路调研的基础上,经过技术经济比较后,除按45m规划红线拓宽改建的设计方案外,还提出了另辟一级汽车专用路的补充方案,并建议采取部分控制出入口,在与公路相交处保留立交用地,以备日后建设需要。市建设委员会召开专家讨论会,原则同意了辟筑汽车专用路的方案。

1982年11月12日和1983年4月5日,上海市城市建设局(上海市市政工程管理局前身)、嘉定县政府分别行文向上海市计划委员会、上海市建设委员会呈报了《关于改善上海至嘉定公路建设的联合报告(代计划任务书)》,提出了按规划走线和一级公路技术标准另辟沪嘉公路和相应的连接线。

1984年3月13号,上海市分管市长专门听取了上海市公路管理处的汇报,同意先实施沪嘉高速公路。为此上海市市政工程管理局领导班子召开专题会议进行决策,把一级公路改成了高速公路的方案。

1983年4月21日,上海市计划委员会行文向上海市政府呈送了《按照国家道路规划改建三条公路的请示》。市政府于1983年5月19日,以沪府〔1983〕55号文批复,同意该项目计划任务书,所需投资在公路养路费和城市建设费中解决,并报请国家计委纳入国家计划。1984年7月,上海市市政工程管理局以沪市政基〔84〕第597号文下达了"关于重新编制沪嘉公路工程初步设计的通知",对于沪嘉公路按照设计车速100km/h和120km/h进行方案比较,分别作出初步设计。

1984年9月27日和11月15日,上海市市政工程管理局分别以沪市政基〔84〕第756号、沪市政基〔84〕第871号文,向上海市建设委员会、上海市计划委员会提交了《关于沪嘉高速公路初步设计的初步审查意见的报告》和《关于沪嘉高速公路建设方案的补充报告》,提出了沪嘉公路分期建设高速公路和全封闭的一级汽车专用道路的两个方案。1984年12月14日,上海市计划委员会和上海市建设委员会以沪建成〔84〕第1174号文,批复同意上海市市政工程管理局上报的设计文件,沪嘉公路按计算行车速度120km/h、路基宽度26m的高速公路标准组织实施。

第三节 资金筹措

一、建设投资

1983年4月21日,上海市计划委员会以沪计综〔83〕265号文上报该建设项目,提出资金来源在"城市建设费"和"公路养路费"中解决。同年5月19日,市政府以沪府〔83〕55号文批复同意上海市计划委员会的意见,并要求报请国家计委纳入国家计划。

1986年起,交通部对列入"七五"期间的大中型基建项目进行补助,沪嘉高速公路先后得到补助共3300万元,另外还得到贷款500万元。该工程建设资金来源情况:地方财政拨款700万元;公路养路费18381.6万元;交通部补助3300万元;交通部贷款500万元。合计金额为:22881.6万元。

二、收费还贷

在深化改革过程中,为加速城市基础设施建设,国家有关部门推出了有偿使用贷款建设道路的改革举措,制定了有偿使用城市道路、高速公路的政策。为此,1988年9月,上海市市政工程管理局向市政府有关部门作了专题请示,因沪嘉高速公路建设投资中有银行贷款,要求按照国家有关部门出台的政策,批准沪嘉高速公路向通行社会车辆收费。经过多方面协调,市物价局正式同意沪嘉高速公路向社会车辆收费(表3-1)。

沪嘉高速公路通行费收费标准　　　　　　表3-1

车辆吨位	≤2t	2~5t	5~10t	10~25t	25~40t	>40t
收费金额	2元	4元	8元	14元	20元	20元+1元/t
合全程(元/km)	0.13	0.25	0.50	0.88	1.26	

由于沪嘉高速公路开通带来的舒适、快速、便捷,社会车辆逐渐由沪宜公路转向沪嘉高速公路行驶,高速公路的车流量不断增加,社会效益和经济效益日渐显现。依靠向高速公路通行车辆收取通行费归还银行贷款,是加快建设高速公路、拓宽融资渠道的一种有效尝试,它为以后上海高速公路路网大建设起到了引领作用。表3-2所示为沪嘉高速路通车后两年交通流量和收费情况。

沪嘉高速公路通车后两年交通流量和收费一览表　　　　　　表3-2

年 份	交通量(辆次)		增长率(%)	收费额(元)		增长率(%)
	绝对值	日平均		实收数	日平均	
1988年11月—12月	256871	4211		586837	9620	
1989年1月—12月	1705280	4672	11	431048	11809	23
1990年1月—12月	2058970	5641	21	564242	14459	31

第四节 建 设 管 理

一、建设体制

沪嘉高速公路建设项目由上海市市政工程管理局和嘉定县政府联合组成的沪嘉高速公路工程建设指挥部组织实施,指挥部的领导班子由上海市建设委员会任命,指挥部下设日常工作班子和沿线各乡工作组。

指挥部领导班子由总指挥、副总指挥和指挥部成员组成,总指挥由市政局副局长兼任;副总指挥由嘉定县副县长、上海市市政工程管理局的局长助理、嘉定县建设局局长担任;指挥部指挥由上海市市政工程管理局的副总工程师、计划财务处处长、施工处处长、公路处总工程师、副总工程师等组成,并由上海市市政工程管理局副总工程师担任总工程师。

指挥部下设五科一室:包括工程科、技监科、用地科、资金科、物资科、办公室。沿线各乡镇工作组由分管副乡长兼任工作组组长,乡建设助理任副组长,负责各乡的前期动迁和施工队伍进场的配合工作。1990年初,沪嘉高速公路工程建设指挥部的工作转入扫尾阶段,由上海市公路管理处财务部门负责人担任副总指挥,下设留守组,负责工程决算、验收、审计等工作。

二、前期配合

沪嘉高速公路工程建设始终得到了市政府领导的高度重视和嘉定县政府的积极响应。1984年10月开始了高速公路试验路段(桃浦)的土方施工,并着手进行工程动拆迁。嘉定县政府在工程前期工作中,对沿线用地采取了"边征边用""先用后征"等办法;对影响工程进度的民房,采取"先拆后建"办法,50000多平方米的房屋整个动迁,仅用了三四个月时间顺利完成。同时,还自行就地安置了1000多名劳动力。沪嘉高速公路共征地1504.86亩,动迁房屋面积5.83万m^2,迁移各类管线140km,完成土方136.6万m^3。

三、工程招标

沪嘉高速公路建设阶段,正值我国工程建设市场推行招投标,市场竞争给施工单位带来了生机,也给建设单位选择合适的施工队带来了转机。沪嘉高速公路建设选择施工单位的方式有以下三种:

第一,邀请招标。沪嘉高速公路的蕰藻浜大桥、新槎浦大桥采用这种形式。建设单位选择几个企业等级高、施工经验丰富的施工单位进行竞争。通过公开招投标,工程造价约降低了14%,工程质量分别被评为部优和市优良工程。

第二,议标。高速公路的中小桥梁、横穿孔施工普遍采用这种形式。一般由两支施工队伍同时对一个工程报价,最后由低于概算较多的单位承建。这样有利于控制总造价,也能保证工程质量。

第三,指令标。高速公路的路面工程由建设单位和上海市市政工程管理局指定上海第一市政工程公司、上海第二市政工程公司承建。

四、工程管理

建设单位推行目标管理。在工程启动阶段,首先抓住施工组织设计这一重要环节,编制工程网络计划,并以此为工程实施的纲要,建设单位采用计划会、专题会和现场办公会等形式,根据各阶段的工作重点,采取了"走上门"的方法,检查督促落实各施工单位的工程进度,协调交叉施工中的问题。

项目实施加强合同管理。建设单位将工程造价、质量进度要求用合同形式固化下来,并采取在达到质量前提下按照工程进度拨款,提前建成有奖的措施,调动了施工单位的积极性。

第五节 技 术 攻 关

由于高速公路建设项目在上海首次兴建,有许多技术难题摆在建设者的面前,其中主要有:沥青面层的防滑问题、软土地基的沉降问题、交通监控问题、桥梁伸缩缝问题、半刚性基层与沥青路面的开裂问题、高速行驶的夜间引导问题。交通部和上海市的各级领导一直关注着工程建设和运行管理中的一些技术难题,要求把这些技术难题纳入工程投资,先予研究,用科研成果来指导工程建设。

一、沥青防滑面层的研究

用国产沥青作为高速公路防滑面层材料的研究,是国家"七五"攻关项目。从1984年开始,就由上海市政工程研究所在沪闵路上进行实体试验。1987年又用国产单家寺稠油 AH-70 号沥青修筑了试验路段。经实体试验,路面平整坚实,无裂缝。为此选定了沥青、材料、级配和结构组合,在沪嘉高速公路上全面应用。

沪嘉高速公路防滑面层全部选用了单家寺 AH-70 沥青,选用了磨光值47的浙江砂岩(骨料),掺入了0.4%左右有机酸胺类 A 型沥青表面活化剂进行处理。拌制的沥青防滑面层,经测定粗糙度指标摆值大于56(规范要求大于52),纹理深度大于0.84mm(规范为0.6mm)。经过近1年使用后衰减很小,并无车辙、裂缝,满足了高速公路粗糙度的要求。这项成果通过了部级鉴定,并为国家节省了几百万元投资。

二、利用粉煤灰填筑高等级公路路堤

沪嘉高速公路粉煤灰路堤试验研究,是国家经委、城乡建设部和上海市建设委员会联合下达"利用粉煤灰修筑高等级公路研究课题"的一个组成部分。它在20世纪80年代初奉贤公路实践的基础上,于1984—1987年,先后在沪嘉高速公路K1+450和K7+300的两个试验路段进行了粉煤灰间隔填土和纯粉煤灰的试验和研究。通过室内测试和外场实施,提出了粉煤灰路堤有关设计参数、设计要点、施工工艺和施工暂行规定等文件,为路堤施工工艺和实用性能的研究奠定了坚实基础。

粉煤灰用于填筑高路堤具有施工简便、减少软基路堤沉降、较高的模量可减薄路面厚度、节省农田及减轻水质污染等优点,同时吸纳了当时难以处理的发电厂等产生的工业废料,通过试验取得了成功,这是一个变废为宝的典型案例。本项目研究由上海市政工程研究所、沪嘉高速公路工程建设指挥部、上海城建设计院等单位共同进行。该成果1989年获得了"上海市科技进步一等奖",并被《科技日报》评为1988年我国十大科技新闻之一。

三、交通监控系统的研究

1985年上海市科委将市"七五"科技攻关项目"交通监视和控制模拟系统"的研究交于上海市市政工程管理局,具体由上海城建设计院和上海科技大学研制。该项目的挂靠项目是沪嘉高速公路监控系统。1988年6月5日,在上海市科委的组织下,通过了研究项目的室内模拟试验,并于1988年11月在沪嘉高速公路通车的同时投入了试用。这是中国高速公路上第一个试用的交通监视控制系统,解决了控制策略、系统网络结构、数学模型、专用设备等关键技术,达到了国际上20世纪80年代的水平。

四、软土地基问题的研究

针对沪嘉高速公路沿线地质状况,1984年10月(即正式开工前)对软土地基问题的研究项目立项,由上海市政工程研究所、沪嘉高速公路工程建设指挥部和上海城建设计院共同进行。试验路段选择在软土层较厚的桃浦新开河两侧各100m,填土高4m。通过连续观测取得的大量沉降资料,有效指导全线施工,为诸如"砂井""粉煤灰填筑路基"和"堆载预压"的研究和应用,提供了技术支撑。

五、桥梁橡胶伸缩缝

橡胶伸缩缝由钢板作为骨架,桥梁的温度变化和施工时所需调整的伸缩量依靠上下钢板和橡胶剪切及高弹性来完成。接缝的平顺度直接与施工工艺有关。沪嘉高速公路工程建设指挥部与上海市政工程研究所合作研究提出的平板式橡胶伸缩缝安装工艺,即按先桥面沥青混凝土铺装、切缝、绑扎钢筋、放置橡胶板伸缩缝、浇捣高强度水泥混凝土的程序,取得了显著效果。它优于延吉、哈尔滨等城市桥梁上先期安装的伸缩缝。安装后接缝平顺,有良好的吸振作用和变形适应性,得到了公路同行的一致好评。该项目获得1988年"上海市科技进步三等奖"。

六、利用土工布防止半刚性基层沥青路面裂缝及软湿地基处理的研究

这是由上海市市政工程管理局立项,同济大学道路与交通工程研究所、沪嘉高速公路工程建设指挥部联合研究的课题。用土工布处理软湿地基,适用于路堑(下穿立交道路)路面下土基的处理,有着良好的效果,它可省去井点措施和减薄砂垫层,且施工工艺简单、造价低廉。半刚性基层沥青路面的研究,也是国家教委的科技攻关项目、指挥部与同济大学的合作项目。1988年在真南路二灰碎石基层上铺设土工布后,再铺沥青混凝土面层,防治了二灰碎石基层收缩引起反射裂缝进而导致沥青面层的裂缝,并且减薄了面层厚度,降低了工程造价。该科研项目1990年获得了"国家教委科技成果一等奖"和"国家科技进步二等奖"。

第六节 运营管理

一、管理立法

在沪嘉高速公路通车之前1年里,上海市公路管理处高速公路运行筹备组就已经开始编写高速公路管理办法以及运行养护管理制度,为运行养护工作的正常开展打好了基础。经过多次讨论修改,1988年10月18日,上海市市政工程管理局颁布了《上海市高速公路管理办法》(1988年11月1日起执行),为高速公路运行养护管理工作正常开展提供了基本的法制保障。与此同时,上海市公安局于1988年10月14日也颁布了《上海市高速公路交通管理办法》,作为高速公路交通管理的执法依据。

二、管理架构

1986年,上海市公路管理处成立了高速公路管理所。1988年3月,高速公路管理所与上海市公路管理处机修厂合并,成立了高速公路管理部,负责沪嘉、莘松(筹备)高速公路的运行养护管理,下设养护、收费、监控、路政、设备、行政等职能部门。

在上海市市政工程管理局的直接领导下,运行养护方面的管理机构有计划地在高速公路通车前提前启动,参与了工程建设过程中的一些活动,提前筹备运行养护管理工作,包括建章立制、组织架构、养护基地、设备配置、供方对接、人员招募等,为高速公路投运以后纳入正常管理创造了良好条件。

第七节　环境保护

一、首创高速公路路基使用粉煤灰成功案例

经过沪嘉高速公路1.3km路堤试验,大量数据证明采用粉煤灰具有强度高(是纯土的1.4~1.7倍)、均匀性好的优点,且对环境基本无污染。经过环境部门检测,填筑近4年的粉煤灰路堤,因大部分以玻璃体存在,因此很难溶解出来,其化学特性稳定,其地下水质仍能达到饮用水的标准。同时,消纳了工业污染源,化废为宝,节约了大量土方,减少了对附近农田的破坏,为后续高速公路建设提供了技术依据。在上海以后几年的高速公路建设工程中,应用沪嘉高速公路粉煤灰填筑路堤的成功经验,消耗了大量的粉煤灰材料,为上海环保事业作出了贡献。

二、首次大规模使用沥青摊铺机

为了满足高速公路路面平整度要求,建设指挥部决定在沪嘉高速公路全部使用摊铺机摊铺沥青混凝土。为了保证施工力量,施工单位抽调了精兵强将,组成了20多人的管理团队,组织了3个施工路段、6条施工流水线、约1000余人投入施工会战。为了确保路面平整度,施工单位做了630m沥青面层试铺试验,以采集数据,统一操作工序流程。在施工过程中,重点做好冷接缝处理,大规模使用沥青摊铺机,提高了公路路面平整度。

三、大幅提升高速公路绿化建设水平

为美化高速公路通行环境,同时减少车辆通行中废气排放污染和降低噪声,建设指挥部决定在沪嘉高速公路绿化配套建设上加大投入并突破原先普通公路的建设标准,在高速公路两侧的绿化平台上种植大量香樟树和其他植物,使建成后的沪嘉高速公路既是一条高效率的大通道,又是一条相伴而成的绿色风景线。公路两侧的绿化在降低噪声、减少空气污染、美化通行环境等方面发挥了重要作用。沪嘉高速公路通车运行近30年来,公路养护部门始终将公路两侧香樟树和绿篱植物养护作为本项目品牌塑造,保证绿化成活率和良好长势,使沪嘉高速公路绿化的养护水平一直名列行业前茅。

第八节　沪嘉延伸

一、东延伸段工程

沪嘉高速公路东延伸段工程,由沪嘉高速公路延伸段、汶水路段、真北路段、真大路段

4个路段工程组成,共计7.53km。

进入20世纪90年代,随着上海经济的快速发展,城市基础设施建设加大了力度。为完善高速公路入城道路系统,打通与"八五"期间实施的上海市20世纪重大市政工程项目内环线高架道路的连接瓶颈,充分发挥公路效益,1990年12月,上海市计划委员会同意沪嘉高速公路东延伸段工程立项,要求工程在内环线地面道路改建前建成。设计车速100km/h,道路横断面为双向四车道,路幅宽40～45m,车行道宽26.5m;桥梁设计荷载除真大路为汽车—20级,挂车—100级外,其余均为汽车—超20级,挂车—120级。工程包括全长997.84m的祁连山路立交跨线桥,汶水路真北路交叉口以西进口处设收费站1座。

东延伸段工程于1991年12月8日开工,1993年12月28日完工。由嘉定县建设局和上海市公路管理处共同组成指挥部负责建设,上海市城建设计院设计。工程主要由上海市市政工程管理局和上海市公路管理处所属单位及嘉定县、宝山区公路所实施,部分江苏、浙江省的施工企业参建,工程质量被评为优良级。工程总投资2.11亿元,由市公路养路费支出。

二、大修工程

2012年1月1日零点起,沪嘉高速公路停止收费,于2月7日开始分为两期实施大修。一期工程是为闭合高速公路联网收费系统而进行的收费站迁建工程,于2012年4月30日完工。二期工程自2012年11月15日开工,2015年2月16日交付使用。工程范围自S5—G1501互通立交至中环线真北路分离式立交,长16.06km,按双向六车道拓宽,新建中分带硬隔离,增加3个港湾式停车带,同步实施监控、照明、供配电、绿化、交通安全设施改建等项目。新增路灯713根、高清监控摄像头22个、电子情报板3块,更换了防撞等级更高的防冲护栏。总投资3.67亿元。图3-4所示为沪嘉高速公路大修后的路况。

图3-4 沪嘉高速公路大修后的路况

随着一、二期大修拓宽改建工程的相继实施完成,全长18.6km的沪嘉高速公路在上海经济建设和与江苏省经济联动发展中的作用更为显现。

第九节 投资效益

一、运行效益

沪嘉高速公路的建成,为上海经过嘉定、通往江苏增加了一条安全、舒适、高速的通道,它对于改善上海北部地区的投资环境,缓解这一地区的交通拥堵状况均有明显效果。同时也吸引了一部分其他公路上的车流,改善了邻近的曹安公路、沪太公路、沪宜公路的交通拥堵状况(表3-3)。主要体现在:

一是吸引了流量。根据统计资料,沪嘉高速公路通车以后,交通流量每年增长为11%~21%。不仅如此,与沪嘉高速公路相关的几条公路,其交通流量增长放慢,表明沪嘉高速公路吸引了其他公路上的车流。

沪嘉高速公路与相关公路1987—1990年平均交通量变化表　　　表3-3

项　　目		交通量(辆)		增长率(％)	交通量(辆)		增长率(％)	交通量(辆)		增长率(％)
		1987年	1988年		1988年	1989年		1989年	1990年	
曹安路	真北路	8627	10266	19.00	10266	10586	3.12	10586	9922	-6.27
	省界	3768	4879	29.48	4879	4777	-2.09	4777	4591	-3.89
沪宜公路	绿杨桥	4900	4960	1.22	4960	3940	-20.56	3940	3742	-5.03
	省界	6154	7079	15.00	7079	7308	3.23	7308	6874	-5.94
沪太路	罗店	3350	3335	-0.45	3335	3108	-6.81	3108	2968	-4.50
	省界	1923	2030	5.56	2030	1931	-4.88	1931	2120	9.79
嘉黄路	方太	1929	3090	60.19	3090	2382	-22.91	2382	—	
沪嘉高速公路	全线	—	—	—	4211	4672	10.95	4672	5641	20.74

二是提高了车速。沪嘉高速公路建成以后,由于通车的便利性、快速性,吸引了越来越多的车流,相对减少了沪宜公路的流量,提高了沪宜公路的车速(表3-4)。

沪嘉高速公路、沪宜公路汽车平均运行车速(km/h)　　　表3-4

汽车类型	路　　别		比　　较
	沪嘉高速公路	沪宜公路	
小客车	87.8	35.1	150％
面包车	79.4	32.9	141％

三是减少了交通事故。沪嘉高速公路由于其全封闭运行,通车两年后在交通流量大于沪宜公路的情况下,交通事故却明显减少,没有发生一起交通死亡事故(表3-5)。

交通事故统计 表3-5

年份	沪嘉高速公路				沪宜公路			
	事故(次)	死亡(人次)	受伤(人次)	物损(元)	事故(次)	死亡(人次)	受伤(人次)	物损(元)
1987年	—	—	—	—	200	15	91	382100
1988年	—	—	—	—	167	11	79	301650
1989年	40	0	8	188105	83	19	115	341750
1990年	36	0	3	230849	77	8	36	341000

二、经济效益

运营期内部收益率按20～30年计算,分别为14.79%～16.6%,均超过了国内当时投资的机会成本(基准贴现率)10%。

三、财务效益

在沪嘉高速公路建设可行性研究中,测算本项目运行期30年,财务的内部收益率达到6.31%。收益成本比在贴现率为6%时为1.05,以此说明该项目投资是合理的。2016年统计分析得出的数据,印证了该项目在投资效益上的高增长率。

四、社会效益

一是促进了地区的经济发展。1988年下半年起,国家开展治理经济环境和整顿经济秩序,收紧银根,紧缩信贷,有些地方经济发展放慢,甚至出现滑坡。但是,沪嘉高速公路建成通车后,给沪嘉高速公路沿线的马陆、南翔、桃浦等乡镇带来了经济繁荣和发展。1993年嘉定区先后建成了嘉定工业开发区、上海希望私营经济城。1989年马陆乡工农业总产值为3.8亿元,与1988年同比增长4.8%;南翔镇工农业总产值达3.36亿元,与1988年同比增长26.6%;桃浦乡工农业总产值为1.33亿元,与1988年同比增长14.7%。

二是改善了区域的投资环境。沪嘉高速公路的建成改善了投资环境,嘉定县吸引了大量的企业投资。至1993年,注册企业304家,占历年总和的58.7%;投资额达到56692万美元,占历年总和的41%;引进外资28226.6万美元,占历年总和的53.8%。

三是带动了沿线高技术产业的兴起。推动了上海嘉定民营技术密集区、上海复华高新技术园区和沿线民营科技企业的兴办,为加快发展嘉定高新技术产业插上了翅膀。

四是加快了沿线乡镇企业的迅速崛起。沪嘉高速公路通车后,沿线乡镇企业无论在数量、规模及职工就业人数、地区经济效益等多方面,都比其他非沿线地区"多""大""强"。

五是促进了旅游事业的发展。嘉定县有许多名胜古迹,沪嘉高速公路开通以后,不少旅行社专辟了南翔至嘉定的高速公路一日游,促进了旅游业的发展。

六是改善了路域环境质量。沪嘉高速公路对大气的综合评价指数为0.45,而沪宜公路为0.54,沪嘉高速公路沿线大气质量明显优于沪宜公路。

七是带动了沿线土地增值。沪嘉高速公路通车后,每平方米土地批租价达30~80美元,越是靠近高速公路的乡镇批租的地块就越多。土地价值的提升为地区经济迅速发展打下了良好基础。

第四章
上海高速公路建设项目

第一节 沪宁高速公路(上海段)建设项目

一、项目概述

沪宁高速公路(上海段)是同为12条国道主干线中的G2京沪高速公路终点段和G42沪蓉高速公路的起始段。沪宁高速公路(上海段)长26.04km,自上海市普陀区的大渡河路武宁路口起,经嘉定、闵行、青浦区后至江苏省昆山市花桥镇与江苏段沪宁高速公路相接。

沪宁高速公路建设前,上海通往江苏南京的公路运输主要依赖312国道,其上海境内段的曹安公路,路窄技术标准低,虽经改建成二级公路,但机非混行、平面交叉口多,不能适应沪宁地区交通运输的需要。沪宁沿线城市化密度高,却没有一条贯通苏州、无锡、常州、镇江的捷达公路,上海、苏州等6个大中城市是我国经济增速最快的一批城市,年增长达12%左右,生产总值占全国的10%。预测的上海至南京平均断面交通量在2000年将达27500辆/d。沪宁地区的铁路、公路、水运交通也处于十分紧张的状态,严重制约着地区经济发展和对外开放。而且,沪宁沿线城市间40～80km的距离,是发挥快速、灵活、门到门公路运输特点的经济合理运距。因此,建设沪宁高速公路不仅顺应沪宁地区经济高速增长的发展需求,也成为外省市通向上海市中心和开发的浦东新区的最短、最便捷的一条通道。

二、规划方案

1984年,上海在《上海市城市总体规划》中提出,建设沪宁高速公路(上海段)对上海带动长江三角洲和整个长江流域地区经济飞跃有很大的促进作用。1985年11月,交通部与日本协力事业团(JICA)方面协作,由日方、江苏省和上海市组成调查组进行沪宁高速公路建设的可行性研究。1988年8月和1989年2月,江苏省和上海市向国家计委、交通部报送了上海至南京高速公路项目建议书及可行性研究报告。1991年2月和11月,国家计委批复同意项目建议书和设计任务书,正式同意建设上海至南京高速公路。同时,沪宁高速公路也列入国家"八五"期间规划建设的高等级公路主骨架之一和交通部"八五"第一批公路建设重点项目前期工作计划。

工程建设前,上海市建设委员会就线路走向曾有利用沪嘉高速公路的改线方案,上海市市政工程管理局也就"改线方案"组织多次讨论和研究,认为:已建沪嘉高速公路是204国道的组成部分,待建的沪宁高速公路是312国道的部分,两条路功能是不同的,也相互不能替代;沪宁高速公路如按设想在上海境内改接沪嘉高速公路,将使路网布局不尽合理,规划部门也认为与城市总体规划有矛盾而不认可;改接沪嘉高速公路的方案,使312和204国道上的交通流量汇集在沪嘉高速公路,则势必提前沪嘉高速公路的饱和年限,并使原来两个入城口并为一个,造成入城口交通困难;改线段只能起联络线作用而标准却显偏高,虽然方案近期可少投资2亿元,但远期就要多投资1.4亿元;改线方案如实施,约有50%的每天2万~4万辆汽车多增加3~4km运行费用;江苏省和交通部计划司均表示改线方案走向不合理,江苏省也明确表示江苏境内不改线仍按沪宁高速公路原线方案测设,所以上海也确认沪宁高速公路以维持原线方案不再改线。

1992年2月,上海市政工程设计研究院完成沪宁高速公路(上海段)初步设计。同年7月,交通部批复同意初步设计。沪宁高速公路(上海段)江桥收费站至江苏省花桥镇段按高速公路技术标准设计,设计速度为120km/h,双向四车道,主行车道路面结构总厚度为76cm;江桥收费站至大渡河路为高架桥,设计速度为80km/h。设有分离式立交桥3座,互通式立交桥4座,大桥3座,中小桥29座。其中西吴淞江大桥长632m,真北路立交桥为全互通四层式大型环形立交。桥涵设计荷载为汽车—超20级,挂车—120。

三、建设实施

1993年1月18日工程开工,交通部、上海市、江苏省和苏州市的有关领导出席奠基仪式。

沪宁高速公路(上海段)是上海连接外省的第一条高速公路,上海市政府成立了市高速公路工程建设领导小组,副市长夏克强任组长。同时成立上海市沪宁高速公路(上海段)工程建设指挥部,由上海市建设委员会副主任盛道钧任总指挥。

沪宁高速公路(上海段)工程是上海公路建设中首次实行邀请招标的建设项目。建设单位为上海市公路管理处,设计单位是上海市政工程设计研究院,施工单位有上海市政一公司、上海公路桥梁有限公司、上海青浦城乡开发总公司、铁道部大桥局等19家,监理单位为同济大学工程建设监理公司、上海公路工程监理有限公司等7家。工程完成土石方297万m^3,路面工程43.9万m^2,沥青混凝土路面6.7万m^3,二灰碎石基层混合料20.22万m^3,钢材45776t,木材18297m^3,水泥136598t。沪宁高速公路(上海段)工程原概算造价为7.023亿元,建设中因交通部规定采用公路工程新的概预算定额、部分原设计土路堤(包括已填筑后返挖土路堤)变更为高架道路或桥梁结构、真北路立交变更等,总投资为20.48亿元。

工程建设中采用的"四新"科技方面主要有:首次在高速公路监控系统中应用多媒体技术和可变图形与限速板结合使用,在高速公路上运用区域控制器,把自动控制交通工程和多媒体等结合运用,整个系统国产化率达到85%;路面结构材料使用聚乙烯(PE)改性沥青;软土地基处理中采用粉喷桩加固技术;建设管理上开发应用"建设项目计算机辅助管理系统"等。入城段高架道路四个标段工程1997年被评为"上海市市政工程金奖"。整个沪宁高速公路(上海段)工程质量被评为优良级,于2002年5月通过国家验收。

四、建成运营

1996年9月15日沪宁高速公路(上海段)(图4-1)与沪宁高速公路(江苏段)同时建成通车。建成通车前,国务院总理李鹏视察上海段工程并接见工程建设指挥部领导等建设人员。上海市委书记黄菊、市长徐匡迪出席了沪宁高速公路(上海段)工程建设总结表彰大会,中共中央总书记江泽民为沪宁高速公路(上海段)题名。

沪宁高速公路(上海段)建成通车,使上海至南京的行车时间缩短,车流量不断增加,1998年沪宁高速公路平均日交通量为0.11万辆,至2000年增加到2.23万辆;改善了上海西北地区连接外省的交通环境,路网结构更趋合理;沪宁沿线地区城市间沟通、经济联系更为便捷与紧密,沪宁高速公路成为长江三角洲地区的运输大通道。

图4-1 沪宁高速公路(上海段)

五、拓宽改建工程

进入2000年后,长江三角洲地区社会经济快速发展和城市群加速形成,沪宁高速公路(上海段)交通量猛增,远超当初设计流量,2005年日平均交通流量已达8万多辆,高峰时处于饱和状态,且有加速上升趋势。需将双向四车道进行拓宽改建,以适应不断增长的交通需求。

2004年7月,上海市发改委批复同意《沪宁高速公路(上海段)拓宽改建工程项目建议书》。2005年1月,上海市政工程设计研究总院完成《沪宁高速公路(上海段)拓宽改建工程可行性研究报告》。2006年1月,上海市发改委批复《沪宁高速公路(上海段)拓宽改建工程可行性研究报告》。沪宁高速公路(上海段)拓宽改建工程路线与既有现状道路走向一致,起点为同三国道跨线桥西侧(K0-950.00),终点为江桥收费站(K20+420.00)。拓宽段路线长21.37km。

沪宁高速公路(上海段)拓宽改建工程设计公路技术等级及主要技术标准同原路,设计车速高速公路段为120km/h,由原双向四车道拓宽为双向八车道,集散车道单向双车道,立交匝道单向单车道。主线桥涵设计荷载拓建部分为公路—Ⅰ级,既有部分维持汽车—超20级不变。路面为BZZ-100型标准车,抗震标准为地震基本烈度7度。

沪宁高速公路(上海段)拓宽改建工程,由上海沪宁高速公路发展有限公司委托上海公路建设总公司代建,成立由上海市市政工程管理局副局长张蕴杰为工程总指挥的沪宁高速公路(上海段)拓宽改建工程指挥部。设计单位为上海市政工程设计研究总院,施工单位为上海建工(集团)总公司、中国路桥工程有限责任公司、上海东海电脑股份有限公司等7家,监理单位有江苏交通工程咨询监理有限公司和上海华运监理有限公司。工程于2006年10月28日开工,2008年12月底完工通车。总投资为18.64亿元。

改建路段采取"两侧拼接为主、局部分离"的混合加宽模式,对原道路路基路面、桥梁两侧拓宽,改建花桥立交、同三安亭立交、安亭国际汽车城立交、嘉松立交、嘉金立交及花桥和江桥主线收费站等相应管理设施。除西吴淞江、沪杭铁路跨线桥路段采用分离式拓宽,其余全部采用拼接式拓宽。工程完成拓宽改建桥梁55座,互通式立交3座,分离式立交2座,通道11座,涵洞8道,防冲护栏和禁入栅各21810m,绿化面积40.6万m²等。

工程采取边改建边运营的方式,严格控制质量安全、环保与文明施工。除选择优质的施工队伍,还第一次聘请外省市监理单位对工程进行监理,建立落实《工程首件认可制实施规定》《质量预警通知制》,严格实行三方联检机制,使工程总体质量始终处于受控状态。工程采用设置声屏障、低噪声路面,实施沿线规划绿化改进施工工艺,使道路两侧噪声、振动分别达到《城市区域环境噪声标准》和《城市区域振动噪声标准》。

工程建设中科研攻关结合实际进行,有高速公路拓宽总体设计指标体系、路面拼接技术、预应力管桩加固软土地基理论与设计、沥青路面材料再生利用、桥梁新旧结构连接技术等。提出了新路基荷载对老路基的附加沉降计算方法,得出了新老路基的沉降控制指标,为全线总体设计和各分项设计提供了技术支撑。新老结构基础间的沉降差控制标准以及控制新建桥墩沉降的有效方法,填补了上海地区高速公路路基拼接设计技术空白;高路堤路基拼宽段采用管桩、水泥搅拌桩处理,取得较好的效果;在不中断铁路运行的情况下,成功架设华东地区最大的跨沪杭铁路混凝土T形梁,长度为55m,高3m,重212t;对老路沥青旧料再生利用,加快了工期,大大降低了工程造价,减少了环境污染;构建的监控中心新监控综合功能平台,实现与上海市路网监控平台、长三角交通信息共享系统平台、气象信息统一发布系统信息平台的信息互通,满足了多层次综合管理功能要求。

沪宁高速公路(上海段)拓宽改建工程的建成通车,使上海境内道路环境得到改善,缓解了交通压力,提高了行车舒适度,促进了上海与外省市的交通联系,为2010年上海世博会的举办提供了良好的交通环境。

第二节 沪杭高速公路(上海段)建设项目

一、项目概述

沪杭高速公路(上海段)(图4-2),由1990年先期建成的莘松高速公路和1998年12月建成通车的沪杭高速公路松江至枫泾段连接构成,是12条国道主干线之一G60沪昆高速公路的组成部分和起始段。沪杭高速公路(上海段)自上海莘庄起,经松江后在上海市金山区和浙江省嘉善县的交界处与浙江段沪杭高速公路相接,上海市境内长48.1km。

二、莘松段建设

先期建设的莘松高速公路兴建前,沪松和北松两条公路是上海市区通往松江、金山的主要公路。其中沪松公路虽经加固拓宽改建成三车道,但线形弯曲无法提高等级;北松公路技术标准也较低,多处路段不达三级公路标准,交通量却达2500辆/d,超过三级公路允许通行能力,交通经常阻塞。另外,从莘庄经沪闵路北松公路至车墩要比由莘庄经新桥至车

图4-2 沪杭高速公路(上海段)

墩多绕行5km,仅此项的经济损失如按15年累计约多耗汽车运输费6800万元,年均多花运营费450万元和汽油2000t。如辟通莘松高速公路,上海至松江的路程可缩短5km,能有效降低经济运行成本,对上海的卫星城镇建设、调整城市布局和控制中心城的规模起到积极作用,并对发展和开发长江三角洲经济区有重要意义。

1982年10月19日,上海市城建局、松江县和上海县政府联合提出建设莘(庄)车(墩)一级公路和新(桥)松(江)二级公路的报告。1983年5月19日,沪府〔1983〕55号文批复同意修建莘车一级公路和改建新松二级公路,并报请国家计委纳入国家计划。

此期间至1984年4月,随着国家改革开放形势的发展,对公路交通建设的需求也更高。上海市政府和交通部领导对高速公路建设项目也甚为关切,明确表示修建高速公路目光要放远些,莘松高速公路是国家规划中沪杭高速公路的起始路段,还是按高速公路标准建设为宜。交通部已考虑在1986年计划中,拨给莘松高速公路2000万元(含沪嘉)的投资。因此,莘松高速公路的建设方案,经历了新建莘庄至车墩一级公路、新桥至松江二级公路、新建莘松一级公路和建设莘松高速公路四个方案论证演变的过程。

1984年10月完成莘松高速公路初步设计,同年11月和次年2月,上海市市政工程管理局以沪市政基〔84〕第844号、沪市政基〔85〕第110号向上海市计划委员会、上海市建设委员会报送了《莘松高速公路工程初步设计》和《关于莘松高速公路初步设计的初审意见和补充文件》。1985年,上海市计划委员会和上海市建设委员会研究后即以沪计投〔85〕第174号《关于修改莘松公路设计任务书(代初步设计)的请示报告》报送上海市政府。同年4月13日上海市政府批复同意,按行车速度120km/h,平均昼夜交通量2.5万辆,近期建二来二去四车道,远期可拓建为三来三去六车道,路基宽为45m,桥梁按三来三去六车道断面一次辟建,按宽度为32.6m的高速公路标准实施。

路面荷载为黄河JN-150(Ⅰ型标准车),除铁路立交和松江立交及收费口广场建水泥混凝土路面外,其余均为沥青混凝土路面。桥梁31座,由两个分离式独立体组成,荷载为汽车—超20级,挂车—120。铁路立交1座,互通式立交3座,简易立交2座,横向下穿通道38座。建有莘庄、新桥、松江3处收费站,排水泵站29座,中央控制室等附属设施。全路曲线段长8.45km,占路线总长的41%。直线段最长3.38km,最长曲线为2.33km。

1985年5月23日,上海市副市长倪天增参加工程开工奠基仪式。莘松高速公路工程建设采取了招标、议标和指令标三种方式。建设单位为上海市市政工程建设处,设莘松高速公路工程项目组。上海市政工程设计院总设计,上海铁道学院负责监控设计,松江县高速公路工程承包公司和上海县市政工程建设承包公司分别总承包。总投资2.8亿元。

1985年10月,土方工程全面动工,铁道部第三、四、二十局机械化施工队伍为主承担工程土基施工。路面由上海市市政机械施工公司施工,沥青材料除由市政材料公司供应外,现场还建有一个日产800~1000t的沥青混凝土拌和厂。上海市市政工程管理局质监站及上海市公路管理处作为政府质监部门和接管单位,参加工程建设全过程的质量监督管理。

1986年1月,为控制固定资产规模和压缩基本建设投资,调整建设项目,减少砂井数量,立交桥工程和部分桥梁缓建,仅南新铁路立交桥因涉及铁路"外环线"工程仍继续建设。1987年2月,随着改革开放深入发展,工程恢复建设。1990年,莘松高速公路建设列入上海市政府实事工程。年初,完成路面垫层和基层工程,于4月进入路面面层施工。全路填方238万 m^3,挖方65万 m^3,铺筑沥青混凝土路面51万 m^2。半刚性二灰碎石混合料50万t。莘松高速公路建设中,为了确保工程施工质量和加强管理,建设单位、接管单位(上海市公路管理处)和总承包单位三方联合组成了莘松高速公路质量监理组,对工程质量实施现场监理。用联邦德国2000型履带式摊铺机和"宝马"两轮压路机进行全幅防滑层摊铺、碾压的路面,密实度合格率100%,平整度合格率达85%以上。在工程建设同时进行的科技研究项目有"国产沥青应用技术""软土(弱)地基处理技术中的聚合物土工材料处理技术"等,研究的粉煤灰代土课题,节约经费约500万元。

1990年12月22日举行通车典礼。由上海市公路管理处和市公安局交通处分别成立了莘松高速公路管理所和莘松高速公路交通队,负责养护和交通管理工作。莘松高速公路建成通车后,改善了松江地区公路交通拥挤状况,为沪杭高速公路上海段的建设创造了条件。1991年1月车流量4.35万辆,1992年12月增至21.18万辆,两年累计通行汽车270万辆。1995年全年车流量上升到263.7万辆,收取通行费2140万元。

三、松枫段建设

沪杭高速公路(上海段)的松枫段,东起松江立交桥与原莘松高速公路相连,向西至金山区枫泾镇,在上海市金山区和浙江省嘉善县的交界处与浙江段沪杭高速公路相接,全长27.6km。

上海市和浙江省杭州市是国家"长三角"都市圈的主要城市,沿线地区经济发展迅速,1992年该地区工农业总产值为2047亿元,预测2000年工农业总产值将达到4147亿元,年均日小汽车交通量为5.4万辆。原沪杭公路及320国道均为二级公路,沿线村镇密集,混合交通严重,已不能适应经济与社会发展需求。

1985年,在莘松高速公路兴建时,沪杭高速公路可行性研究开始进行。其中除在建的莘松高速公路外,尚有待建的松枫段27.6km是规划建设中沪杭高速公路(上海段)的一段。1985年,上海市计划委员会将上海市市政工程管理局上报的《320国道沪杭高速公路上海市松枫段项目建议书(初步可行性研究)报告》报请国家计委审批。1986年11月上海市市政工程管理局和上海市公路管理处就公路规划走向与浙江省交通厅、浙江省交通设计院交换了意见。1987年9月,上海市政工程设计研究院编制了松枫段工程计划任务书。因受国家固定资产投资总规模控制和物资材料供应影响,工程暂缓建设。

1988年4月,国家计委在北京召开沪宁、沪杭甬高速公路建设问题研讨会。6月,上海市、浙江省公路部门领导和工程技术人员对线路走向进行踏勘研究。浙江省提出了东、中、西线路走向方案,并推荐路线顺、里程短、布局合理、兼顾城镇较多且与杭州市总体规划交通枢纽协调的中线走向方案。1989年8月和1992年10月,浙江省交通设计院、上海市政工程设计研究院联合编制的沪杭高速公路预可行性和工程可行性研究报告,对东线、中线和西线方案进行了技术比较和进一步分析论证。经比较,虽然西线方案更符合上海的规划布局,但从整个线路布局而言,中线方案线路短、投资省、照顾面广,且中线方案中枫泾东方案优于枫泾西方案,具有大型结构物少、里程短、造价低等优点,故推荐中线枫泾东方案。1993年4月,由中国国际工程咨询公司、上海投资咨询公司和浙江省经济建设规划院等组织专家对《沪杭高速公路工程可行性研究报告》进行了评估,确认了"工可"中提出的路线走向推荐方案。

1989年末,上海市计划委员会与浙江省计经委联合向国家计委上报建设沪杭高速公路项目建议书,并提出争取部分向世界银行(以下简称"世行")贷款的要求。1992年12月,财政部〔92〕财世第88号批复同意将沪杭高速公路项目列入国家利用世行贷款1993—1995年财政流动计划。1993年2月5日,国家计委批复同意建设沪杭高速公路。1992年底至1993年11月,世行代表团四次来华完成了沪杭高速公路项目的鉴别、评估和批准等工作。1995年4月,交通部交公路发〔1995〕292号批准项目初步设计。同年8月1日,沪杭高速公路贷款项目正式生效。1995年,经国家计委批准松枫段工程建设资金分别来自交通部补助、世行贷款和地方自筹,总投资21.44亿元。

工程由上海市政工程设计研究院总设计,上海铁道大学负责监控系统设计。设计车速为120km/h,道路按近期四车道、远期六车道实施,预留两个车道在中央分隔带内,路基和桥梁涵洞等结构物按六车道实施。桥梁23座为上、下行独立结构(其中特大桥与大桥6座、中小桥梁17座),荷载为汽车—超20级,挂车—120。互通式立交桥4座,分离式立交桥10座,公路铁路立交桥1座,箱涵7道,独立横向通道7座。在枫泾设主线收费站及大型服务区1处,设大港、新浜、石湖荡匝道收费站3处。全线安装钢质防冲护栏、禁入栅等安全防护设施,并设有监控、收费和管理用房。

1996年1月20日工程开工,上海市政府成立由副市长夏克强任组长的工程建设领导小组,批准成立上海市建设委员会副主任盛道钧任工程指挥部总指挥的上海沪杭高速公路工程建设指挥部,代表项目业主上海公路建设总公司全面负责项目实施。

工程按交通部规定、世行贷款要求和国际惯例,实行工程项目招投标制、工程监理制。主线工程三个土建工程标,分别由上海市政一公司、市政二公司、交通部第三航务工程局中标施工。交通工程机电设备供货与安装标,由机械部上海市电器科学研究所、中国铁路通信信号公司上海工程公司、挪威MD公司组成的联合体中标施工。由美国施伟拔咨询公司专家与上海市公路管理处派员组成项目监理部负责监理工作,在上海公路建设中首次实行中外联合监理。上海同济大学工程建设监理公司、上海公路工程监理有限公司等为驻地监理组,市公路质监站负责工程的质量监督工作。

为控制好工程质量,上海市市政工程管理局将工程确定为"打好上海道路翻身仗关键的一战"。建设中有多项科研和新技术、新工艺,采取粉喷桩、超载预压和预抛高技术措施,来改善运营期桥头跳车现象;用摊铺机施工保证了基层和路面的平整度,使路面平整度均方差小于0.6,达到了国内先进水平。桥梁建设中的"体外预应力在PC连续梁的应用研究"项目2001年获"上海市科技进步三等奖"。单位工程合格率100%,工程优良率86%,项目工程质量评分90.47分,被评为优良级工程。1998年获"上海市道路示范工程""上海市市政工程金奖",1999年获"上海解放五十年十佳市政工程"荣誉称号,并通过了国家环保总局的验收。

1998年12月29日,沪杭高速公路(上海段)的松枫段与沪杭高速公路(浙江段)同步建成通车。通车时,上海市委书记黄菊和市长徐匡迪及市人大、市政协的领导接见了参建人员代表。中共中央总书记、国家主席江泽民题写了路名"沪杭高速公路上海段"。

沪杭高速公路养护、运营管理体制经历了多轮改革和改制。1998年5月,上海市公路管理处成立沪杭高速公路管理所负责沪杭高速公路养护管理,同时撤销上海市公路管理处莘松高速公路管理所。1999年9月,上海市公路管理处沪杭高速公路管理所改制为上海沪杭高速公路实业有限公司。同年11月,上海市市政工程管理局将上海沪杭高速公路实业有限公司整建制划归新组建的上海市政养护管理有限公司所属。2000年4月,上海市公路管理处成立高速公路管理署负责对高速公路进行行业管理。同年,沪杭高速公路(上海段)实施了经营权转让。

沪杭高速公路(上海段)的建成通车,缩短了沿线松江县、青浦县、金山区及浙江省杭州市与上海市区的时空距离。沿线外向型经济、新兴产业群得到加快发展,公路两侧形成了新的经济发展带,进一步推动了上海、杭州、宁波等沿线地区经济的可持续发展。1999—2001年,平均断面交通流量约2万辆,日均收取车辆通行费60万元,日最高通行费突破80万元,年均总收费额约2.1亿元。上海市委书记黄菊称赞"道路平坦、绿化优美,上海高速公路的建设者们又创造了一个新纪录,上海高速公路的建设水平又有了新的提高",并誉之为一条"希望之路、发展之路、繁荣之路"。

四、松枫段大修工程

经济的持续发展,使沪杭高速公路交通量快速增长。2002年1月,沪杭高速公路(上海段)的松枫段全线日均流量达到28822辆/d,趋近原设计交通量,已达饱和状态,原二来二去的四车道已难以满足通行需求,路面损坏也较严重。为适应沪杭高速公路交通发展的总体需求,工程建设单位上海路桥发展股份有限公司对松枫段进行四车道拓宽六车道的改建,同时对路面和部分设施进行大修。

工程设计单位是上海市政工程设计研究院,施工单位为江苏省交通工程有限公司,监理单位为上海市市政工程管理咨询有限公司。工程主要将原10.5m宽的中央绿化分隔带压缩到3m,压缩部分辟通为两条3.75m宽的车道,拓宽与路面大修工程仅为主线道路部分,不含主线桥梁结构和其他立交匝道等。2004年1月2日工程开工,同年6月5日完工,工程总投资1.75亿元。工程完成后,沪杭高速公路(上海段)的松枫段为三来三去六车道路面。

五、莘松段拓宽改建工程

沪杭高速公路(上海段)的松江至枫泾段拓宽为六车道后,先期建设的莘庄至松江段道路仍为双向四车道,随着沪、浙两省市间联系日益密切,交通流量急剧增加,日交通流量趋于饱和。而且,浙江省在2006年1月已将沪杭高速公路(浙江段)由双向四车道拓宽为双向八车道。因此,莘庄至松江段需拓宽改建以适应日益增加的交通需求。

2008年9月9日和10月30日,上海市发改委、上海市城乡建设和交通委员会批复《沪杭高速公路道路改建工程可行性研究调整报告和拓宽改建工程初步设计》。2010年,沪杭高速公路(上海段)莘庄至松江段拓宽改建工程被列为上海世博会的重要配套基础设施项目。

莘庄至松江段拓宽改建工程西起松江立交东侧,向东至外环线莘庄立交西侧的沪杭高速公路(上海段)主线收费口,全长18.07km。拓宽改建工程以新建收费口为界,收费口以西为高速公路段,长约9.39km,车道设计为双向八车道,车速为120km/h。拼接道路长7.88km,宽度为5.75m,拼接桥梁及通道20座,宽度为3.5m。收费口以东为高速公路入城段,长约8.13km,拓宽为双向六车道。主线为高架道路,设计速度为100km/h,桥面宽27m;地面辅道为双向四车道的城市主干路机动车专用道,设计速度为60km/h,均为沥青混凝土路面。桥梁维持原设计荷载汽车—超20级,挂车—120,标准轴载BZZ-100型,抗震标准为地震基本烈度7度。新建高架桥及地面辅道桥公路—Ⅰ级,新建九新公路跨线桥公路—Ⅱ级。莘庄收费站向西内移至距原收费站约8km处,更名为新桥主线收费站,设八进十八出26条收费车道,进出口各有3条ETC车道及1条4.5m的超宽车道。收费广场最大宽度为142.6m。

拓宽改建工程建设单位为上海路桥发展有限公司,委托上海公路建设总公司代建,上海市市政工程管理局组建指挥部负责改建工程。工程经招标,中标的施工单位为上海建工(集团)总公司、中国路桥工程有限责任公司、交通武警上海指挥所、上海电科所等18家,其他相关配套工程单位30家。监理单位为江苏交通工程咨询监理有限公司和同济工程管理咨询公司。2008年12月25日工程开工,2009年12月31日主线收费站建成通车,附属工程于2010年3月完工。工程投资21.7亿元,其中征地拆迁费1.29亿元,征地、动拆迁等前期工作由工程所在地区负责。

工程建设中,在拓宽路基段采用预应力管桩及边坡钻孔桩进行地基处理,使新、老路基的差异沉降在控制范围内;利用无损检测参数反馈理论,建立了"基于交通渠化提高弯沉标准"的老路评价方法和原则,完成了老路评价利用专项设计,大大减少了老路基层翻挖量;采用台阶、格栅、水稳、沥青搭接等对新、老路基和路面进行拼接,桥面采用UEA混凝土进行拼接;水泥稳定沥青混凝土和半刚性基层旧料的应用,减少了渣土外运和对自然环境的影响;路面结构拼接中采用聚酯玻纤布,防止新、老路面结构衔接处的反射裂缝;路面结构采用沥青玛蹄脂碎石SMA上面层和Superpave高性能沥青混凝土中、下面层,桥面铺装为双层SMA。

拓宽改建工程建成通车后,西迁新建的收费站以东形成了8km的缓冲带,使莘庄立交附近交通拥堵状况明显缓解。七莘路至新桥立交段改成地面道路后车辆可方便地驶上高速公路,改善了该地区居民出行和松江、闵行及过境车辆的通行条件,缓解了地面道路交通压力。整个沪杭高速公路(上海段)与沪杭高速公路(浙江段)一起发挥了更大的通行能力,完善了地方公路网与整体路网功能,为2010年上海世博会提供了良好的交通环境,为长三角地区社会经济发展提供基础支撑发挥了积极作用。

第三节　迎宾高速公路建设项目

一、项目概述

迎宾高速公路(图4-3)位于上海市东南区域,曾称A1公路(2002年由迎宾大道命名编号),西起S20外环高速公路和S2沪芦高速公路相交接处的环东二大道立交处,经浦东新区境内黄楼、川沙和江镇等镇,过迎宾大道立交桥至浦东国际机场,全长11.98km。

20世纪90年代,在上海市委、市政府"振兴上海、开发浦东、服务全国、面向世界"战略思想指导下,提出的上海经济与社会发展战略目标中要把浦东基本建成具有世界一流水平的现代化新区,带动长江三角洲及沿海地区经济带共同繁荣。为实现这一目标,上海市政府提出"加快基础设施建设,提高城市现代化水平",要求在"九五"期间,重点建设枢纽型重大交通通信设施,加快形成以"三港二路"为主体、城市快速有轨交通为主导的现代化交通网络,基本建成浦东国际机场一期工程。浦东国际机场是民航基础设施建设的重点工程,建成后与虹桥机场共同承担上海地区的航空运输任务,成为中国三大航空中心之一,因此,加快国际机场疏港公路的建设就显得十分重要。

浦东国际机场对外联系的道路交通分北线和南线两条路线,南线即为迎宾大道和外环线南环东段的环南一大道(杨高南路—环东二大道)组成。建设迎宾大道接外环线,完善了机场对外交通联系,扩大了对上海周边地区的辐射影响,既解决了机场与市中心周边地区的交通问题,又成为连接虹桥国际机场的快速通道;将大部分机场流量吸引到外环线进行疏解,减轻了内环线的交通压力;机场建设需要大量的市政公用管线与之配套,这些配套管线的敷设必须与机场建设同步,迎宾大道就是一条十分重要的规划管廊。S1迎宾高速公路建设时为迎宾大道工程,迎宾大道东连浦东国际机场,西接外环线,与外环线(杨高南路—环东二大道)构成浦东国际机场南线快速干道。

图4-3 迎宾高速公路

二、规划方案

迎宾大道工程分两期实施。一期工程为新建主进场路,主进场路是机场与城市快速路规划连接道路中的一条,西与迎宾大道立交桥相接,经高架桥东至机场北端围场河(江镇河),是连接机场候机楼高架道路和远东大道迎宾立交桥的客运通道,全长2.49km。1997年5月27日,上海浦东新区政府批准主进场路工程立项。工程按全封闭、全立交的城市快速路标准设计,设计车速80km/h。规划红线宽100m,道路横断面布置为中央分隔带宽27m(含先按绿化方案实施的预留轨道交通范围),车行道各宽23.5m,两侧绿化带各宽13m,路面结构采用沥青混凝土。桥梁采用四座桥并排平行方式,其中两座为双向八车道快速机动车道桥,两座为双向四车道慢速机动车道桥。主进场路高架桥是4条平行的曲线桥,分主线两条和副线两条,每条长度分别为1.12km和0.73km,对称分布在中心线两侧。主桥净宽16.25m,副桥净宽9m,中央分隔带宽27m。桥梁荷载为收费站以西汽车—超20级、挂车—120;收费站以东汽车—20级、挂车—100。抗震标准为地震基本烈度7度。

迎宾大道二期工程西起外环线,东至远东大道,经浦东新区境内黄楼、川沙和江镇三镇,全长9.49km。工程于1998年1月27日由上海市计划委员会批准立项。工程按全封闭、全立交的城市快速路标准设计,设计速度为80km/h。规划道路红线宽100m,线路南侧规划有宽500m的城市绿化带,北侧规划有宽25m的绿化带。主线双向八车道和两侧绿化带一次建成,宽度与规划红线一致。横断面布置为中央分隔带宽16m,预留规划的轻轨线一条走向位置。机动车道各宽16m,两侧绿化带各宽26m。路面结构采用沥青混凝土。全线设有3座互通式立交桥、2座跨线桥和2座人行天桥,主线设有中、小桥4座和大型桥梁1座。桥梁荷载为主线汽车—超20级、特种车—300级验算,匝道汽车—20级、挂车—120。

三、建设实施

一期工程设计单位为上海市政工程设计研究院和交通部上海设计所,建设单位是浦东新区公路管理署,施工单位有盛地市政地基有限公司、绍兴市建筑安装工程公司、张江建筑安装公司等5家,监理单位为同济大学监理公司、上海市建工设计研究院、上海建筑科学研究院等5家。1997年4月15日工程开工,1998年6月建成。工程质量为优良级。征用划拨土地约34.05万m^2,工程投资约3.93亿元。2000年5月15日,上海市市政工程管理局批复同意浦东新区市政管理委员会将浦东国际机场原"主进场路"命名为"迎宾大道"。

二期设计单位为上海市城市建设设计研究院和上海浦东新区城建设计公司,施工单位为沪孙建筑安装工程公司等13家,监理单位为浦东新区建设监理公司、南京工苑建设监理公司、同济大学建设监理公司。

上海市政府对该工程建设高度重视,列为1998年市重大工程建设项目,成立了建设领导小组。工程由浦东新区城建局建设,委托浦东新区建设工程管理有限公司管理,并设立了南干线工程指挥部负责工程实施。工程所在地各镇均成立分指挥部,负责工程前期征地和动迁等工作。工程征用土地158.65万m^2,动迁农户约860户,拆除农房建筑面积约14.13万m^2,拆除乡(镇)企业用房建筑面积约2.42万m^2。工程于1998年5月23日开工,1999年9月14日建成,于9月底与浦东国际机场一期工程同步建成投入运营。工程质量为优良级。工程概算投资7.77亿元,在浦东发展资金中安排5亿元,其余由浦东新区自行筹措。

按照建成场外配套道路建设计划安排,作为快速道路系统中极为重要节点的上跨远东大道的迎宾大道立交工程也进行建设。迎宾大道立交一期工程与远东大道同步实施,二期工程与迎宾大道建设同步实施。立交由上海城市建设设计研究院设计。

2002年,根据《上海市城市交通白皮书》对道路交通标志、标线的总体要求及《道路交通标志和标线》的原则规定,上海市公路管理处配合市公安局交巡警总队编制了《上海市高速公路、城市快速路及城市高架路交通标志标线技术总则》。按照总则的规定,上海市实施了高速公路以"A"字头加数字命名,迎宾大道也改命名为 A1 公路。2010 年,上海市根据交通运输部发布的《国家高速公路网命名和编号规则》和《关于开展国家高速公路网路线命名和编号调整工作的通知》,调整命名为 S1 迎宾高速公路。

四、建成运营

迎宾高速公路是连接浦东国际机场至市中心的主要道路,它的建成通车同远东大道、龙东大道等一起作为浦东国际机场疏港公路,构筑了浦东国际机场周边交通网络的框架,为上海航空枢纽港的形成发挥了重要的交通疏导作用,也为 1999 年 10 月浦东国际机场第一条跑道的正式启用运营创造了有利的条件。

第四节　外环高速公路建设项目

一、项目概述

外环高速公路是上海城市道路交通网络中的主要环线,曾称 A20 公路,沿用名称为外环线。自浦西外环越江隧道口沿泰和路向西经越南北高架路,过沪太公路向南跨蕴藻浜后,经交 S5 沪嘉高速公路、G2 京沪高速公路、G50 沪渝高速公路,于 G60 沪昆高速公路上海段莘庄立交处向东由徐浦大桥跨越黄浦江到浦东孙桥,折向北接海徐路,再向西穿越黄浦江接浦西泰和路,途经七区一县,位于上海中心城区的最外围,环内城区面积约 680km^2,全长约 97.37km(其中浦西同济路经越江隧道至浦东五洲大道段为 G1501 的共线段)。

20 世纪 90 年代初,随着上海经济的迅速发展和浦东的开发开放,上海城市交通量急剧增加,1993 年机动车辆有 30 多万辆,到 1996 年中已达 45 万辆,道路基础设施建设远远跟不上车辆增长速度;缺少越江交通,东西干道不足,南北干道更缺,存在严重的蜂腰地区,道路受铁路线切割等使许多放射性干道被切断;市区路网和区县之间缺乏交通联系环路,虽有 1994 年底建成的内环线高架,但在 2000 年前内环线高架全线交通量也将达到饱和;大量过境交通需从相继建成的沪青平一级公路、沪宁高速公路和沪杭高速公路经由市区进入浦东开发区而无便捷道路直达。

随着上海城市外围的迅速发展和浦东国际机场的建设,通过建设外环线连接浦东国际机场南、北两条干线,形成浦东国际机场对外联络的主要通道,并沟通与虹桥机场的交通联络;便捷上海市浦东新区、宝山、嘉定等 7 个行政区和浦东外高桥港区、张江高科技园区、彭浦等多个工业区的交通连接,缓解上海市边远地区和邻近省市交通入城难状况,并作为城市化发展区域的最终控制范围；在上海市委五届七次全会上，上海市委书记吴邦国和市长黄菊提出建设城市外环线工程作为第二批新的十大工程之一，争取在"八五"期末开工，以进一步促进浦东对外开放，增强浦东开发辐射效应，推动长江流域的经济加快发展。由此，尽快建设城市外环线尤为必要和迫切。

二、规划方案

1992年6月，上海市市政工程管理局根据上海市政府会议精神及上海市建设委员会工作布置，要求上海市公路管理处组织外环线项目可行性研究。1993年6月，上海市市政工程管理局向上海市计划委员会上报《上海城市外环线工程项目建议书》，上海市计划委员会以沪计投〔1994〕38号上报国家计委。因项目尚未批复，上海市市政工程管理局继续对原工程方案进行优化和修改，并于1996年1月18日以沪市政计〔96〕50号文向上海市计划委员会上报上海城市外环线工程项目建议书补充请示，上海市计划委员会即以沪计投〔1996〕68号、87号向国家计委相继上报，经国家计委以计投资〔1996〕469号批复同意建设外环线一期工程。此期间，原上报的外环线一期工程项目建议书中的徐浦大桥工程已由上海市计划委员会于1995年10月20日以沪计投〔1995〕488号另行上报国家计委立项。

1996年起，上海市计划委员会以沪计投〔1996〕544号、沪计投〔1997〕660号先后向国家计委上报外环线一期工程可行性研究报告和补充报告，并获国家计委计投资〔1998〕221号批复同意。

建设的外环线是位于城乡接合部的城市快速干道，二度经越黄浦江，全长97.37km。其中西环25.3km、南环24.5km按规划部门确定的路线走向，东环16.6km按浦东新区总体规划走向，北环沿泰和路方向，在吴淞镇附近过江，二头分别与东、西段相接长30.9km。北环走向在《上海市城市总体规划方案》道路规划网中，原规划走向是自长江路向西，经上海市市政工程管理局进一步对走长江路还是泰和路的可行性方案比较，并经市领导召开的有上海市建设委员会、上海市计划委员会、上海市城市规划管理局、上海市市政工程管理局等单位参加的外环线工程协调会研究，通过比选，走长江路方案存在越江工程难以穿越东海船厂及其码头的问题，该处有深达30多米的桩基，并涉及东海船厂的搬迁；长江路上的22万伏高压铁塔的搬迁及穿越大场机场难度较大；如绕过机场不仅线形不合理，且沪嘉高速公路东段延伸线二来二去车道届时满足不了由于外环线的加入而增加的交通流量等。为此，推荐外环线工程北环改走泰和路，并由上海市建设委员会确定外环线北环改走泰和路方案。

外环线建设要二度越经黄浦江，对越江工程方案形式经研究协调，上游采取在三林汽车过江渡口处建设桥梁越江，桥梁结构为斜拉桥；下游越江工程对桥梁和隧道两个方案的选定,由沪建建规〔2000〕第0834号文批复同意隧道方案,从浦西吴淞海滨公园,穿越黄浦江至浦东三岔港上岸后和外环线浦东段相接,采用沉管方式建设。工程总投资149.50亿元。

三、建设实施

外环线工程因工程规模大、投资高、道路宽、涉及面广,采取一次规划并根据交通量的需求,分期、分段进行建设。

1. 外环线一期工程(浦西沪嘉高速公路—浦东环东二大道)

外环线一期(图4-4)工程为整个外环线的西南段部分,线路走向北起沪嘉高速公路,向南经交沪宁高速公路、沪青平公路、沪杭高速公路后东折跨越黄浦江,过浦东杨高南路至环东二大道,全长47.1km。全线有跨越黄浦江的徐浦大桥,沪嘉、沪宁、沪青平、莘庄和杨高南路、环东二大道等多座大型全互通式立交桥,2座大桥,1座跨铁路桥和24座中小桥梁。

图4-4 外环线一期

上海市城市建设设计研究院为总体设计单位。外环线按全封闭、全立交的城市快速干道标准设计,为双向八车道,设计速度为80km/h,桥梁荷载等级为汽车—20级,特种车—300级验算,抗震按基本烈度7度设防。桥梁横断面采用上下行分离的两座独立桥,路桥同宽。外环线规划红线宽度100m,近期实施宽50~80m,路面结构为沥青混凝土。

外环线一期工程建设中的关键工程——跨越黄浦江的徐浦大桥,于1994年4月先行开工建设,主桥采用斜拉桥结构,为双向八车道。为使按计划将于1997年6月建成的徐浦大桥交通功能发挥更快,1996年9月,作为与徐浦大桥建设相应的连接配套道路工程,一期工程中浦西朱梅路到龙吴路段和徐浦大桥浦东东引桥收费站到杨高南路段工程先期开工建设,设计标准同全线一致。该两段工程均于1997年6月与徐浦大桥同步建成通车。

1997年8月15日,上海市副市长夏克强等出席外环线一期工程全面开工誓师动员大会,沪嘉高速公路至朱梅路段工程开工,该段长24.79km。沪嘉高速公路至莘庄立交桥段由上海城市外环线工程建设处组织实施,莘庄立交桥至朱梅路段(含莘庄立交桥)由上海市黄浦江大桥建设处负责实施。由于一期工程建设范围原是从沪嘉高速公路到杨高南路,作为沟通高速公路及浦东国际机场的对外主要通道,离机场尚有一段距离。为配合浦东国际机场工程的建设,根据上海市政府和浦东新区管委会的总体部署,经报国家计委同意,将外环线连接机场的路段(杨高南路—横沔)及机场专用路工程段一并纳入外环线一期工程予以建设。1998年5月,全长10.7km的外环线杨高南路至环东二大道段工程开工建设,技术标准同在建外环线一致。其中环东二大道至沪南公路段规划由轻轨通过,故该路段中央分隔带宽度为16m,沪南公路以西的中央分隔带与外环线一期工程同为6m。工程于1999年9月底与浦东国际机场一期工程同步建成投入营运,与迎宾大道一起构成浦东国际机场南线快速干道。

一期工程建设过程中,鉴于同沪杭高速公路等连接的莘庄立交桥有4层20个匝道出入口,属特大型交通枢纽,1997年9月,上海市建设委员会根据上海市政府外环线专题会议精神,特批复同意单项建设莘庄立交桥。莘庄立交桥的设计构思巧妙,总体布局合理,项目1999年获"上海市优秀设计一等奖""中国市政工程金奖",2000年获"建设部优秀设计一等奖""全国第九届优秀工程设计银奖"等。

上海市各级领导非常重视工程建设,上海市政府成立了以市长徐匡迪任组长,副市长夏克强、副秘书长黄跃金任副组长的市外环线建设领导小组,下设外环线道路建设指挥部和外环线环城绿带建设指挥部。上海市委书记黄菊曾6次视察工地,工程规划线路调整时,市长徐匡迪、副市长夏克强等有关领导亲自到现场踏勘,新任副市长韩正上任后第一个现场办公会也在外环线指挥部召开。

一期工程在施工中采用土工网与素土或粉煤灰层间距30cm的填筑方法来控制桥头沉降,级配二灰碎石机械摊铺用小二灰碎石代替多年来一直沿用的大二灰碎石等,取得了较好的效果,被上海市市政工程质量监督站评为群体优良工程。

1997年4月,上海市公路管理处成立外环线公路管理所,于2000年3月接管城市外环线一期工程道路养护工作。外环线一期工程在建成运行后也显现出较多不足:前期规划设计对外环线重载车流量和交通流量发展趋势预测不足,在2000年,沪宁高速公路至虹桥机场段年平均日交通流量达47693辆,已超过设计流量预测值;路基设计强度不够,路基排水不良影响路基、路面的稳定性和强度,通车后道路面层易发横向反射裂缝,长期的超载运营使得外环线道路横向线形变形,雨水渗入面层后在车载作用下加速路面病害形成,路面出现早期损坏。

外环线一期工程建成通车后,把沪嘉、沪宁和沪杭高速公路及沪青平公路等串联起来,从虹桥国际机场到浦东仅需20分钟,缓解了市中心交通压力,加强了浦东、浦西和周边地区交通辐射线的联系。同时,由上海市园林局负责实施的100m宽环城绿带与工程同步完成,绿化面积达380公顷,是上海首次引进生态概念建设的一条绿色走廊,进一步改善与优化了上海城区的生态环境。

2. 外环线二期工程(浦西段)

外环线二期工程(浦西段)是外环线西北段部分,从沪嘉高速公路向北跨越蕰藻浜,转东越过沪太公路后接泰和路,并沿泰和路经越蕰川路、同济路至外环隧道,全长18.5km。外环线一期工程建成后,使交通繁忙的上海西南地区增加了一条大通道,对沟通浦东、浦西联系及城市经济与社会发展起到了十分重要的作用。然而,通车的一期工程仅为外环线一部分,整个外环线尚未完成,需要尽快进行外环线二期工程建设,与一期工程连接形成环线,以完善上海市道路网结构和更好发挥功能。

1998年起,上海市计划委员会先后以沪计投〔1998〕424号、429号和〔2000〕581号批复,同意外环线二期工程(沪嘉高速公路—吴淞越江工程—迎宾大道段)项目建议书和工程可行性研究报告。2000年,国家计委计投资〔2000〕792号文批准立项,并于2001年批复工程可行性研究报告。由于外环线二期工程规模大,采取一次规划、分期实施的方案。二期工程浦西段技术标准同一期工程,全封闭、全立交,主线为双向八车道,设计速度为80km/h。其中江杨路至同济路长约3.8km为高架道路,高架为双向八车道,地面为双向四车道及2条非机动车道。设有沪太路、蕰川路、同济路3座互通式立交,简易立交4座,大桥1座,中小桥14座。

在二期工程浦西段中,蕰川路立交是一个集地铁、公交、非机动车等多种交通方式的交通枢纽,地处泰和路和蕰川路相汇处,蕰川路立交桥东西长2km,南北长1.8km,占地33.14公顷,为三层全互通式立交。第一层为下沉式非机动车和公交通道,并利用立交空地布置公交换乘广场和非机动车停车场;第二层为外环线,上跨公交和非机动车通道;第三层为蕰川路双幅高架和位于中间的地铁高架,地铁一号线穿越蕰川路立交,在立交以南300m处设置地铁车站。整个设计布局紧凑,平面线形流畅,交通功能齐全,主次交通流向分明,充分体现了"以人为本,公交优先"的设计理念。蕰川路立交工程总造价为1.8亿元。工程于1999年5月1日开工,2001年9月24日建成通车。外环线二期工程浦西段1999年9月1日开工,2001年被列为上海市重大工程,2001年12月20日建成通车。经验收评为优良级工程,优良率达85%。

3. 外环线二期工程(浦东段)

外环线二期工程(浦东段)自外环越江隧道起,向东经五洲大道,转南过龙东大道,越华夏路至环东二大道立交处连通已建成的外环线一期工程,并与迎宾大道和沪芦高速公路相连,全长 31.1km。

浦东段工程设计技术标准也同一期工程一致,双向八车道,设计速度为 80km/h。设有五洲大道、龙东大道和环东二大道全互通式立交 3 座,浦东北路等互通式立交 8 座,分离式立交 5 座,大、中、小等跨河桥 30 座。工程投资为 34.2 亿元。

二期工程(浦东段)于 2001 年 4 月 8 日开工。在建设中,首次大规模采用水泥稳定碎石作基层,打破了二灰稳定类材料垄断上海市道路基层材料达 30 年之久的局面;首次成功地使用长江口细砂作高等级道路的路基材料,使该材料成为河网地区具有很大推广价值的路基新材料;以"森林之路"作为道路绿化设计主题,绿化面积率达 68%;首次在快速干道绿化带里设置动物雕塑小品,营造森林之路的氛围,为环保型、生态型道路设计做了积极探索。工程被评为"上海市市政工程金奖"和"中国市政金杯示范工程"。

2002 年 10 月 26 日外环线二期(浦东段)(图 4-5)建成。上海市委副书记、常务副市长韩正在出席通车仪式上讲话中指出,外环线二期(浦东段)的建成,标志着上海的城市建设进入新的发展阶段,从基础建设逐步转向功能开发,将对浦东乃至全市社会经济和社会发展产生巨大的推动作用。

图 4-5 外环线二期(浦东段)

4. 外环线越江隧道工程

外环线隧道位于吴淞口约 2km 处,浦西与外环线同济路立交主线道路相接,经吴淞海滨公园,穿越黄浦江至浦东三岔港上岸后同外环线浦东段相接。工程全长 2.88km,其中隧道段 1.88km。

外环线下游越江隧道工程是整个外环线工程的一个关键节点。在外环线一期工程即将建成、二期工程已完成设计方案将建设时,上海市政府要求,尽早立项建设、尽早控制下游越江工程建设已成为当务之急。1998 年 6 月,上海市市政工程管理局组织进行下游越江工程的方案研究,对越江工程的选址、桥隧方案和断面布置进行比选,提出了推荐下游越江工程按八车道隧道方案实施,采用沉管法施工的意见,并以沪市政计〔1998〕第 494

号文向上海市计划委员会上报外环线黄浦江下游越江工程项目建议书。上海市计划委员会批复同意建设并上报国家计委,国家计委以计投资〔1999〕2326号文批复立项。2000年,上海市计划委员会向国家计委报送《关于上海市外环线黄浦江下游越江隧道工程可行性研究报告》和《关于上海市外环线黄浦江下游越江隧道工程可行性研究报告有关问题补充报告》,并经国家计委批复同意建设。

外环线隧道横断面按三孔二管廊双向八车道设计,设计速度80km/h。施工工艺采用沉管法,中孔通行净空5.5m,边孔通行净空5.0m。其中中孔根据即时双向车流情况可即时变换通行方向,每孔之间设有两层管廊,下层作为安全逃生通道,上层为电缆通道。设计荷载汽—超20级,验算荷载挂车—120、特种车—300级。地震设防烈度7度。沉管设计标高为满足航道深度-12.5m,宽度350m的规范标准,结构设计水位按历史最高水位5.99m计算,千年一遇水位6.56m验算,管段浮安全系数≥1.2。外环隧道是上海首次采用沉管法施工的特大型越江隧道,号称"亚洲第一沉",是名列世界第二、亚洲第一的水底公路隧道。

外环线隧道工程于1999年12月28日开工,2003年6月21日建成通车。外环线隧道工程由上海市政府公开招标,上海爱建信托投资有限公司中标并出资组建上海外环隧道建设发展有限公司,负责该工程建设期的筹融资、建设和运营期的管理、维护保养。上海城建(集团)公司等单位的联合体为工程设计、施工总承包方,设计单位为上海市隧道工程轨道交通设计研究院,施工单位为上海隧道股份公司等单位,工程监理单位为上海地铁监理公司、上海合流污水监理公司和宝钢监理公司等8家。上海市黄浦江大桥建设有限公司受该项目法人委托,对外环线隧道工程建设进行建设管理。工程投资为17.55亿元。

外环线隧道工程在建设中,根据所处的外部环境,有针对性地研究和处理好如大型沉管隧道江中深槽部位管段局部高出河床的设计、大型沉管隧道管段浮运沉放技术、大型沉管隧道混凝土管段裂缝控制、大型沉管隧道岸壁围护保护技术、大型沉管隧道柔性接头及管段防水技术试验研究等;采用了沉管下放GPS定位、三维测深技术、大型绞吸船吹吸作业法等新技术,为特大型沉管隧道在复杂条件下施工积累了宝贵经验,获得了宝贵的科研成果。

在外环线隧道工程施工中,江中段E3管段在沉放结束后,发生意外原因使E2—E3管段错位,接头处出现漏水险情,进水速度从起初的600m³/h增至4000m³/h。通过实施漏点封堵、积水排除、恢复封墙、起浮E3管段和重新进行沉放的处理方案,抢险工作获得成功。

在设计方面,由于原设计未在隧道口设置违禁车辆疏导口,未考虑给不允许进入隧道的违禁车辆在拦截后留有出路,一旦发生危险品车辆从匝道误入外环高速公路,外环线隧道即成了其必经之路,可能会给隧道和隧道内的车辆和人员带来较大安全隐患。在材料方面,沉管隧道管段之间的连接为柔性连接,接头由 GINA 橡胶止水带和 Ω 橡胶止水带进行密封,管接之间的压缩超限会造成 GINA 止水带产生塑性变形而被破坏,拉开过量会使 GINA 止水带失效。2007 年和 2008 年分别测出 4 个管段之间的 GINA 橡胶止水带有压缩量超过极限的情况,即增加了钢支撑以防止 GINA 橡胶止水带过度压缩。

四、建成运营

2003 年 6 月 21 日,随着外环线隧道建成通车,整个外环线成功闭环,历时 10 年的上海外环线建设画上了圆满的句号。外环线是一条上海首次引进生态概念建设的绿色之路,全线内侧建成 500m 宽绿化带,为上海画上一道绿色的圆,成为上海城区的"绿肺",形成一条上海的生态走廊。

外环高速公路的全线贯通,进一步完善了上海市城市快速道路网络,加速了上海中心城向周边地区的交通辐射,疏解了出入市中心区的过境交通,大大缓解了市中心区的交通压力;加强了浦东、浦西间的交通联系,满足了航空港、国际航运中心等新一轮建设工程对交通的需求,为浦东新区的深度开发开放创造了良好的外部条件。外环高速公路无论从规划、交通功能,还是生态功能上看,均称得上是上海市政基础设施建设的大手笔。

五、外环线噪声治理(一期、二期)工程

1. 外环线噪声治理(一期)工程

外环线工程建成通车后,由于交通流量大、重载车辆多,导致多个居民区声环境敏感点超标严重。为缓解沿线的噪声污染,2007 年,市发改委批复《关于外环线(一期)噪声治理工程可行性研究报告》,同意立项。外环线(一期)降噪工程浦西段主要在上海朱行三村、罗阳新村、航华新村等 10 处路段安装大型声屏障,总长约 11880m,其中路基段 8344m,桥梁段 3536m。2007 年 3 月 30 日开工,同年 9 月 30 日完成。

外环线(一期)降噪工程浦东段以外环三林段为重点治理区域,覆盖凌霄苑、银杏苑、品翠苑、杉林新月和永泰花园 5 个小区,主要采用在外环线主线北侧绿化带设置 1112m 长、5m 高的泡沫铝单向吸声屏障,在杨高南路立交主线和匝道防撞墙处设置 800m 长、3m 高的泡沫铝单向吸声屏障,在外环线中央隔离带绿化内设置 1298m 长、3m 高的泡沫铝双向吸声屏障。工程 2007 年 3 月 29 日开工,同年 6 月上旬完工。

2. 外环线噪声治理(二期)工程

主要是针对 A20(S20)及 A1(S1)公路未降噪部分进行治理,包括 2 处城市段和 18 处农村段敏感点治理。主要工程量为:3760m 城市段屏体采用泡沫铝材质,4950m 农村段屏体采用 PC 板材质。2007 年 10 月底开工,2008 年 7 月底完工。

第五节 沪金高速公路建设项目

一、项目概述

沪金高速公路是原称 A4 莘奉金高速公路中的一段。2009 年,S20 外环高速公路莘庄立交至沪浙省界的 A4 莘奉金高速公路被拆分为两段,其中,莘庄立交至山阳立交段被更名为现 S4 沪金高速公路,山阳立交至沪浙省界段则与原嘉浏、嘉金高速公路一起另行组成 G15 沈海高速公路上海段。S4 沪金高速公路起自 S20 外环高速公路莘庄立交,经闵行区过奉浦大桥进入奉贤区,在金山区与 G15 沈海高速公路相交的山阳立交处止,全长 44.06km。

沪金高速公路兴建前,上海市区通往郊区奉贤的主要公路仅有莘奉一级公路。在 20 世纪 90 年代中期建设的莘奉一级公路先后分奉浦大桥和中段、北段、南段、西延伸段及西段进行建设,但其至金山区的西段(奉柘公路—新卫公路)当时尚未建设。而且,所建莘奉一级公路中的奉浦大桥、中段和南段仅实施了一级公路的半幅。通往金山区主要靠 320 国道,但因道路狭窄、集镇密集、车流量大而经常堵车,上海到金山石化总厂 60km 路程,行车时间近 3 小时,严重影响了奉贤、金山地区的经济发展。

20 世纪 90 年代末,上海市政府编制了高速公路网规划,沪金高速公路是《上海"153060"高速公路网规划》中"一环、十射、两联"中的"十射"之一。在连接 G15 沈海高速公路后作为上海通往浙江的第二通道,将上海市区与闵行工业区、奉贤南桥新城、奉浦工业区、海湾大学城、金山石化工业区和金山新城等串联,再同浙江杭浦高速公路相连后,形成连接上海市区与浙江省,尤其是杭州湾南岸地区的快速通道。

二、规划方案

沪金高速公路工程可行性研究报告分几段进行。2000 年 1 月,上海市计划委员会批复《莘奉金高速公路(西段)工程可行性研究报告》,总投资 11.65 亿元。同年 12 月,上海市计划委员会批复《莘奉金高速公路(北段、南段)工程可行性研究报告》,总投资 14.12 亿元。2003 年 12 月,上海市计划委员会批复《奉浦大桥东半幅工程可行性研究报告》,总投资 2.6 亿元。其后即开始进行初步设计。

工程按高速公路标准设计,设计速度为 100km/h。规划红线 60m,路面结构为沥青混凝土。北段与南段以奉浦大桥为界,北段是在一级公路的基础上改平交为立交,在原老路面的基础上补强加铺沥青混凝土面层,为三来三去双向六车道,标准横断面中央分隔带为 12m;奉浦大桥维持老桥不动,重新改铺沥青混凝土面层;南段因只有西侧半幅一级公路,故东侧半幅按高速公路标准新建,西侧在原老路面的基础上补强加铺沥青混凝土面层,同样改平交为立交,为双向四车道,标准横断面中央分隔带为2m;西段则按高速公路标准新建,双向四车道,标准横断面中央分隔带同南段。桥梁设计荷载为汽车—超20级,挂车—120级。在闵行区向阳路设置主线收费站、服务区和管理中心,并在剑川路和大叶公路等设匝道收费站。S32申嘉湖高速公路建成通车后,剑川路收费站出口路段为沪金高速公路与申嘉湖高速公路两条高速公路共用。

三、建设实施

沪金高速公路工程于2000年11月开工,工程分为北、南、西三段,工程建设实行项目法人制、合同制、招投标制和政府监理制。项目委托上海市黄浦江大桥建设处代理建设管理,设计单位为上海市政工程设计研究院和上海市政工程研究院,施工单位为中铁三局(上海)华海公司、中铁十五局、山东省交通工程总公司等5家,监理单位为上海市政工程监理咨询有限公司、宁波交通工程咨询监理有限公司等4家。奉浦大桥东半幅工程由上海市公路管理处投资并实施。机电收费监控系统由上海电器科学研究所负责建设,绿化工程由上海林菲园林绿化公司建设。管理中心、服务区、收费站等房建工程由上海欣科建设工程有限公司承建。上海市市政工程管理局委托上海市公路管理处对项目的建设和运营实行政府监督管理。

四、建成运营

沪金高速公路(图4-6)工程于2002年12月27日建成通车,使上海西南地区又有了一条交通大动脉。从莘庄立交到金山石化工业区,行程时间从3个小时缩短到半个小时。2003年,沪金高速公路车流量为896万辆次,2010年,车流量达2594万辆次。随着浙江杭浦高速公路和杭州湾大桥的开通,使上海到杭州、宁波更为便捷通畅,改善了上海西南地区连接外省的交通环境,为长三角地区社会与经济快速发展提供了基础支撑。

图4-6 沪金高速公路

第六节 新卫高速公路建设项目

一、项目概述

新卫高速公路(图4-7)位于上海市西南角的金山区境内,是在原称同三国道上海段之组成部分的新卫一级公路基础上改建成的高速公路,曾称A6公路。S19新卫高速公路起自与S36亭枫高速公路和G1501上海绕城高速公路交接处的新农立交,向南沿线途经金山区新农、干巷、张堰、金山卫4个镇,至金山卫,全线长21.35km。

图4-7 新卫高速公路

新卫高速公路兴建前,新卫一级公路作为同三国道上海段南段工程中的新卫段与南段之港新段、码头段于20世纪90年代进行建设,当时除港新段为按高速公路标准进行建设,新卫段和码头段均按一级公路标准建设,并于1996年建成新卫段。

进入21世纪,根据上海市委、市政府关于加速推进上海市域高速公路建设的指示精神和《上海市高速公路网规划》的规划目标,尽快完成上海市高速公路局部成网的紧迫任务,同三国道上海段(其中按高速公路标准建设的北段和南段中的港新段,现更名为G1501上海绕城高速公路)要与上海市对外联系的多条射线状高速公路贯通,组成市域西部的高速公路网。而同为同三国道上海境内一段的新卫一级公路北与上海绕城高速公路相接于新农立交,向南延伸至金山卫并与沈海高速公路相交,为市域西部南北向贯穿金山区腹地的主要干道。因此,将新卫公路按照高速公路标准改建,对于完善上海市公路网结构,提高国道主干线公路技术等级,适应向外省市辐射的交通需求,满足沿线地区经济发展的需要,进一步完善金山新城的交通条件,以及为杭州湾地区的产业升级和城市化服务将发挥积极的作用。

二、规划方案

2000年9月,上海市市政工程管理局向上海市计划委员会上报了《上海市新卫高速公路工程可行性研究报告(代项建书)》。同年12月,上海市计划委员会批复立项。新卫高速公路按全封闭全立交的高速公路标准设计,在原新卫一级公路的基础上进行改建,设计速度为100km/h,双向四车道,规划红线60m,路基32m,两侧绿化带各50m。

新卫高速公路工程,老路利用段路面结构为对水泥混凝土板块处理后,采用沥青混凝土加罩。新建路段路面结构为沥青混凝土。全线主线有老桥梁20座,改建利用16座。设置新农北立交、新农立交、干巷立交、钱圩立交、莘奉金立交等互通式立交5座,主线上跨分离式立交1座,横向通道跨线桥13座。公路南端终点附近设置主线收费站,在新农北立交、干巷立交、钱圩立交设收费站,并同步配套照明、通信、监控、绿化、交通标志等附属设施。桥梁设计荷载为汽车—超20级,挂车—120,道路路面结构荷载为BZZ-100标准轴载。抗震标准为地震基本烈度6度。

三、建设实施

工程项目为BOT模式,上海市市政工程管理局代表上海市政府对项目实施招商。由投资主体共同投资成立的上海南环高速公路发展有限公司作为工程投资及建设主体单位,并委托上海中鑫建设咨询有限公司进行设计、施工、监理公开招标。设计单位为上海市隧道工程轨道交通设计研究院,代建单位为上海市市政工程建设发展有限公司,施工单位为江西有色工程有限公司和中铁十五局集团有限公司,监理单位为上海市市政工程管理咨询有限公司。工程建设质量经市公路质监站验收,优良率达85%以上,被评为群体优良级。工程于2002年12月26日开工建设,2005年12月建成通车。工程投资为7亿元。

四、建成运营

新卫高速公路的建成,与亭枫高速公路、上海绕城高速公路、莘奉金高速公路(现拆分为沪金和沈海高速公路一段)、嘉金高速公路(现沈海高速公路)在金山区范围内形成了"两纵两横"的高速公路网格局。建成后的日运营能力可达35000~40000辆/h标准流量,大大改善了区域内交通的便捷性与通达能力,提高了国道主干线"五纵七横"中上海境内段的公路技术等级,为推动金山区以及杭州湾地区的社会与经济发展提供了有力支撑。

第七节　沪芦高速公路建设项目

一、项目概述

沪芦高速公路曾称 A2 公路，是《上海市高速公路网规划 1999—2010》规划和建设的高速干线公路之一，并作为上海国际航运中心洋山深水港配套的骨干交通工程，建成后可直接通往上海中心城区，将上海中心城区与芦潮港的时距缩短为 30 分钟以内。S2 沪芦高速公路北起外环线环东二大道立交，跨经浦东新区、南汇和奉贤三区的黄楼、头桥、大团、泥城、芦潮港等 11 个镇，南至东海大桥陆上段，全长 42.31km。

沪芦高速公路兴建前，上海中心城区主要是通过沪南公路转至南芦公路到达芦潮港，由于线路较长，时间花费需 1.5 个小时。随着党中央和国务院开发开放浦东的重大战略决策，上海在《上海市国民经济和社会发展第十一个五年规划纲要》中明确了形成国际经济、金融贸易、航运中心的目标。其中加快港口建设和整合，是上海国际航运中心建设的实际需要。

上海市政府从 1996 年起开始对上海国际航运中心新港址进行论证工作，经过 3 年的充分论证，1999 年，上海市政府确定将洋山港区规划成上海国际航运中心的集装箱深水枢纽港。洋山港址位于杭州湾长江口外浙江省嵊泗崎岖列岛的大小洋山岛，西北距上海南汇芦潮港约 30km，距国际航线仅 45n mile，是离上海最近的具备 15m 水深的天然港址。随着洋山港的开发，芦潮港地区将建设成为集仓储、转运、工业、外贸、居住、娱乐于一体的临港新城，成为洋山港的后方陆域基地。临港新城是上海市总体规划布局中的 11 个卫星城市之一，规划面积约 300km^2，规划人口 80 万人。由此，洋山港和临港新城的开发建设迫切需要相应配套道路设施以及与上海市中心城区建立一条大容量快速交通干道，以满足洋山港大规模集疏运要求和临港新城与中心城区的快速通达需要。

二、规划方案

1999 年 9 月，上海市城市建设设计研究院完成了《沪芦高速公路工程预可行性研究报告》，上海市市政工程管理局和上海市公路管理处分别以沪市政规〔1999〕815 号、沪路管计〔1999〕340 号文呈报上海市计划委员会《关于沪芦高速公路工程项目建议书》。2000 年 5 月，上海市计划委员会批复同意建设沪芦高速公路，但批复的工程范围仅自外环线环东二大道立交至南果公路。沪芦高速公路分为北段和南段工程分别立项实施。同年 12 月，完成上报《沪芦高速公路北段工程可行性研究报告》，于 2001 年 1 月获上海市计划委员会批复。2002 年 9 月，上海市建设委员会批复北段工程初步设计。同年 12 月，上海市计划委员会批复南段工程可行性研究报告。2004年8月,上海市建设委员会批复南段初步设计。

沪芦高速公路工程建设以南芦立交为界,分为北段和南段工程。北段原工程范围是按工可批复规划线路走向,北起外环线环东二大道立交,经交沪南公路、大叶公路、大亭公路、南芦公路等至南果公路,车道设计为双向四车道,设计速度为100km/h,用地范围宽60m,路基宽27.5m。2004年7月9日,上海市建设委员会以沪建建规〔2004〕471号复函市政局《关于报批A2公路(A30公路至南芦公路段)和大治河桥重大设计变更的请示》,同意该重大变更。工程范围北起A30公路至南芦公路,长4.26km,双向六车道,增设高速公路服务区1处。在A30公路(即原大亭公路)以北仍为双向四车道,以南改为双向六车道。变更后北段工程为外环线环东二大道立交至南芦立交,全长34.72km。

南段工程由于临港新城规划要求,对北段工程里程桩号K34+723.63开始的线形和工程规模进行调整,故南段工程范围调整为北起南芦公路沪芦高速公路主线跨线桥(工程里程桩号K34+723.63),至南段工程终点里程桩号K42+309.71(东海大桥陆上延伸段工程起点)。南段工程设计速度为80km/h,双向六车道,用地范围宽60m,路基宽34.5m,全长7.59km。

沪芦高速公路全线路面结构为沥青混凝土路面。设置大型互通式立交1座,单喇叭型立交5座,主线跨线桥2座,收费站5处和服务区1处等。主线桥梁设计荷载为汽车—超20级,挂车—120。抗震标准为地震基本烈度7度。

三、建设实施

工程建设单位为上海沪洋高速公路发展有限公司,代建单位为上海市市政工程建设发展有限公司。设计单位为上海市政工程设计研究院、上海市城市建设设计研究院,监理单位为上海公路工程监理有限公司、上海同济建设监理咨询有限公司等6家,施工单位为上海城建(集团)公司、中铁四局集团有限公司、上海市政一公司等28家。工程总投资为17.03亿元,其中奉贤区政府投入600万元。

沪芦高速公路在建设中为保证工程质量,工程建设单位坚持每周定期组织召开工程例会和监理例会,代建单位技监人员对施工过程进行检查,对发生的质量问题及时进行处理和要求整改。控制好路基填土和桥头高填土方区质量的重点、难点,严格按设计要求进行石灰土处理,抓好密实度达标。全线96个单位工程均为合格工程,优良工程77个。经市公路工程质量监督站对该工程核验,单位工程合格率为100%,单位工程优良率为87%,群体工程质量等级达到优良级。北段工程2005年获"上海市市政工程金奖",南段工程2006年获"上海市市政工程金奖"。

工程在建设中注重环境保护。道路选线时尽量避免穿越村庄和城镇、水源地及占用农田,避免对名胜古迹的破坏;节约施工征地,工程建设所需取土尽量利用荒地和工业废料等;处理好服务区污水和道路清洁废水;选用SMA新型沥青路面,降低汽车轮胎的摩擦噪声;安装防噪声屏障,在红线60m外两侧,规划由当地区政府实施各50m绿化带,以更好解决车辆噪声扰民问题;建立合理的排水设施,完善边坡和路肩防护以防止水土流失等。

沪芦高速公路北段工程于2002年3月开工,2004年12月建成通车。南段工程于2003年5月开工,2005年底建成通车。

四、建成运营

沪芦高速公路的建成通车,改善了沿线乡镇、企事业单位和居民的出行条件。由于比项目实施前行车距离缩短、行车速度提高和行驶时间减少,明显降低了车辆的行驶费用。沪芦高速公路连接了3个区的11个乡镇,通过高速公路的快速运输,为农副市场提供了货源保障,推动了沿线地区工业发展和城镇建设,方便了市民节假日出游,2006年赴南汇区旅游人数全年突破300万人次。建成通车后的2006年,洋山深水港集装箱吞吐量达到323万t,比2005年增长了19倍,货物装卸量达2634.6万t,增长了8倍。不仅满足了洋山深水港大规模集疏运的需求,而且使依港而兴的临港新城与上海中心城区的交通时距由原建成通车前的1小时30分钟缩短至30分钟以内。随着洋山深水港建设规模的不断扩展和临港新城建设的日益完善,沪芦高速公路作为上海市公路网连接临港新城区的主动脉,其作用愈加显著。

第八节 亭枫高速公路建设项目

一、项目概述

亭枫高速公路位于上海西南部的金山区境内,为《上海"153060"高速公路网规划》"一环、十射、两联"中的"两联"之一,是上海环形放射线布局高速公路网的重要组成部分和重要出省通道,曾称A7公路。S36亭枫高速公路起自浙江省与上海市金山区的省市交界处,向西与约距1.5km的沪昆高速公路相接,距沪昆高速公路枫泾立交约5.6km,向东经接兴塔立交,至新农立交与G1501上海绕城高速公路及S19新卫高速公路相接,沿线经过枫泾、兴塔、朱泾和新农4个镇,全长19.97km。

二、规划方案

亭枫高速公路兴建之初,上海市市政工程管理局组织上海市公路管理处进行了亭枫高速公路预可行性研究,2000年6月2日,上海市市政工程管理局向上海市计划委员会上报了《上海市亭枫高速公路工程项目建议书》。同年8月15日,上海市计划委员会批复同意立项,并开始进行初步设计。2002年4月13日,市发改委批复《亭枫高速公路工程可行性研究报告》。亭枫高速公路原规划线路位于上海市境内,从新农镇至枫泾镇,起点接G60沪昆高速公路枫泾立交。2003年6月5日,为完善沪、浙高速公路网,上海市与浙江省经过协调,重新对亭枫高速公路起始段范围进行了改线设计。2003年10月,完成亭枫高速公路改线段工程可行性研究评审。

亭枫高速公路改线段工程起自浙江省与上海市金山区的交界处,西与约距1.5km的沪昆高速公路相接,东至兴塔立交,工程线路长约7.65km。改线段主线涉及枫泾镇与兴塔镇两个镇区,均按新线设计。然后再按原规划线路往东至新农立交与上海绕城高速公路相接。

亭枫高速公路按全封闭全立交高速公路等级标准设计,设计速度为100km/h,双向四车道,规划红线宽60m,路基宽26m,沥青混凝土路面。全线设有特大桥6座,大桥24座,中桥32座,小桥5座,结构以预应力简支空心板梁为主,跨河大桥中跨采用T形梁或连续箱梁。设计荷载为汽车—超20级,挂车—120验算。道路路面结构荷载为BZZ-100标准轴载。沿线设置兴塔、朱泾和新农3座互通式立交,设有兴寒公路等分离式立交4座,设有亭枫主线、兴塔匝道和朱泾匝道3处收费站。

三、建设实施

亭枫高速公路工程项目为BOT模式,上海南环高速公路发展有限公司为工程投资及建设管理的主体单位。工程投资为15.23亿元。工程由上海南环高速公路发展有限公司委托上海中鑫建设咨询有限公司进行设计、监理、施工招标。设计单位为上海市隧道工程轨道交通设计研究院,施工单位为中铁十五局、上海市市政一公司、上海公路桥梁工程有限公司等6家,监理单位为北京双环工程咨询有限公司。

亭枫高速公路建设过程中为保证工程质量,对新建路段委托上海市政工程研究院进行主线路堤的沉降观测,分别采用了水泥搅拌桩、桥头真空预压、道渣堆载等措施;针对半封闭交通施工造成原混凝土板的损坏有所扩大的问题,采取了满铺玻纤格栅措施,全线防滑面层采用改性沥青等。工程经市公路质监站验收,优良率达85%以上,被评为群体优良级。工程于2002年12月开工,2005年12月建成通车(未含改线段)。2006年7月28日,亭枫高速公路兴塔立交至沪浙市界的改线段工程通车。

四、建成运营

亭枫高速公路的建成,为上海又增添了一条通往浙江的快速通道,同时分流了沪昆高速公路从浙江方向进入上海的车流,减少了枫泾立交的交通压力,形成了上海南部地区重装备物流的"长通道",为浦东机场、洋山深水港提供了交通便捷。同时建成后的亭枫高速公路与上海绕城高速公路、新卫高速公路一起,通过位于三者"铆合"处的新农立交,在上海西南角构筑起四通八达的高速互通便捷交通,促进了上海高速公路网的更趋完善,对发挥上海辐射长三角地区经济起着重要作用。

第九节 沪渝高速公路(上海段)建设项目

一、项目概述

沪渝高速公路(上海段)(图4-8)是上海至重庆高速公路的起始段,是国家高速公路网内一条重要横线中的一段和上海市域高速公路网的重要组成部分,曾称A9公路,沿用名称为沪青平高速公路。自上海虹桥地区的延安高架路与S20外环高速公路交叉口起,向西经徐泾、赵巷、青浦城区、朱家角等城镇,分别与G15沈海高速公路、G1501上海绕城高速公路相交后,在青浦区金泽镇杨湾村的沪苏省界处止,全长48.82km。

图4-8 沪渝高速公路(上海段)入城段

沪渝高速公路(上海段)(以下沿称沪青平高速)兴建前,上海中心城区通往青浦区及江苏省的主要道路是318国道起始段上海境内的沪青平一级公路,为便捷上海虹桥机场的交通、虹桥开发区的建设和青浦淀山湖风景区旅游业的发展提供了良好交通环境。但随着社会经济发展和周边交通需求增长,318国道入城段沪青平公路交通拥堵情况和西部地区对外交通环境需要尽快改善,虹桥机场交通集散功能也需增强,以促进青浦区经济发展和同外省市的联系沟通。

二、规划方案

沪青平高速公路的兴建规划,在20世纪90年代初期《"三环十射"上海市公路网规划》初步方案中已有涵盖,是规划在沪青平公路的南面建一条平行的高速公路(但无具体实施计划)。因此有将原大部分为三级公路的沪青平公路改建为二级公路的规划,但因虑及20世纪80年代末建成的亭枫、塘川等虽为四车道的二级公路,由于不设中央分隔带,机非混行,使通行能力受阻和交通事故环生,又考虑到上海市尚无一条一级公路,几经反复后遂定将沪青平公路改建为现有的一级公路。

沪青平高速公路的兴建是在2000年6月,上海市计划委员会根据上海市市政工程管理局《关于上报沪青平高速公路工程项目建议书的请示》,以沪计投〔2000〕303号批复同意沪青平高速公路中段工程(中春路至朱枫公路段)立项。同年11月,上海市计划委员会批复同意《上海市沪青平高速公路工程(中春路至朱枫公路段)可行性研究报告》。2002年1月,上海市计划委员会批复同意上海市市政工程管理局《关于A9公路西段工程立项的函》。2003年7月,上海市计划委员会批复同意《A9公路西段(朱枫公路至市界段)工程可行性研究报告》。

三、建设实施

沪青平高速公路工程分东、中、西三段进行建设,基本与现沪青平一级公路呈平行。东段工程为沪青平外环立交至闵行区中春路;中段工程为中春路高架至朱枫公路立交;西段工程为朱枫公路立交至位于青浦区金泽镇杨湾村的沪苏省界。

1. 东段工程

沪青平高速公路东段工程,自延安高架路相接的沪青平外环立交起,经航华小区、七莘路,至闵行区中春路,长4.21km。其中立交工程范围1.33km,入城段工程范围2.88km。东段工程设计速度为100km/h,为四快二慢双向六车道。路基宽32m,标准横断面为中央分隔带2m,两侧机动车道各3.5m,机非分离带各1.5m,非机动车道各8.5m,土路肩各1.5m,路面结构为沥青混凝土。桥梁4座。设计荷载标准为汽车—超20级、挂车—100。

东段工程由上海市公路管理处组织实施,是2000年上海市重点工程。于2000年4月开工,2001年4月建成通车。东段工程建成后,改善了318国道入城段交通拥阻现状和虹桥机场周围交通环境,增强了虹桥机场与浦东国际机场及市区的快速交通功能的发挥。

2. 中段工程

沪青平高速公路中段工程西起朱枫立交,东至中春路高架,主线长27.96km。设计速度为120km/h,路基按六车道,路面按四车道实施。其中徐泾收费站至G1501上海绕城高速公路立交段路幅上口32m,标准横断面为中央分隔带0.5m,硬路肩(含0.5m路缘带)各3m,土路肩各1m;绕城高速公路立交至朱枫公路立交段路幅上口28.5m,标准横断面为中央分隔带3m,两侧车道各3.75m,路缘带各0.75m,硬路肩各3.5m,土路肩各1m。路面结构均为沥青混凝土。全线设有大桥、特大桥7座,中小桥24座,单喇叭互通式立交3座,定向互通式立交1座,上跨分离式立交7座。设置徐泾主线收费站和嘉松、外青松、朱枫收费站。桥梁设计荷载为汽车—超20级、挂车—120。抗震标准为地震基本烈度7度。

中段工程由上海沪青平高速公路建设发展有限公司建设,设计单位为上海市城市建设设计研究院和上海市园林设计院。施工单位为上海建工(集团)公司、上海市政二公司和上海隧道工程股份有限公司等21家。监理单位有上海斯美监理咨询有限公司、北京双环工程咨询有限公司等。工程投资为20.39亿元。2000年11月24日开工,2002年12月18日建成通车。

中段工程地处软土地带,沿线桥梁多。工程采取了适当降低路堤高度及采用粉煤灰等轻质材料,减少路堤荷载和桥台沉降,特殊地段采用EPS材料处理;路面动态施工控制高程,采用垫层处理、强夯、井点降水、真空—堆载联合预压的深层处理相结合方案。软土地基处理技术的应用达到了道路线形平顺、路面平整度良好的目标。

3. 西段工程

沪青平高速公路西段工程东起朱枫公路立交,西至青浦区金泽镇杨湾村的沪苏省界,长16.65km。设计速度为120km/h,双向六车道。路幅35m,标准横断面为中央分隔带3m,两侧行车道各11.25m,硬路肩各3m,土路肩各1m,路面结构为沥青混凝土。互通式立交3座,其中朱枫立交为续建,莲西和金泽立交为新建。主线桥梁23座,其中拦路港大桥1座、中小桥22座。桥面双向六车道,桥梁断面宽34m,单侧桥面16m,中央分隔带2m。设计荷载标准为汽车—超20级、挂车—120。抗震标准为地震基本烈度7度。

西段工程由上海沪青平高速公路建设发展有限公司建设,设计单位和监理单位同中段工程,施工单位有中铁十七局集团第二工程有限公司、上海城建(集团)公司等10家。工程投资15.76亿元。2003年12月底开工,2005年12月30日朱枫公路立交至金泽立交段建成通车。2007年12月金泽立交至江苏省界段与江苏段同步建成通车。

四、建成运营

沪青平高速公路全线建成贯通后,使其成为继沪宁高速公路(A11公路)、沪杭高速公路(A8公路)、嘉浏高速公路(A5公路)、亭枫高速公路(A7公路)之后,上海第五条连接江浙地区的高速公路,完善了上海市高速公路网的建设,对带动沿线地区的经济发展及旅游资源的开发起到了积极的促进作用。

第十节　沈海高速公路(上海段)建设项目

一、项目概述

沈海高速公路(上海段)由原称嘉浏高速公路(新浏河大桥至沪嘉浏高速公路立交段)、原 A5 嘉金高速公路(沪嘉浏高速公路立交至原 A4 莘奉金高速公路现 S4 沪金高速公路山阳立交段)和原 A4 莘奉金高速公路(山阳立交至沪浙省界段)的三段高速公路组合而成。起始于上海与江苏太仓交界处,一路向南进入嘉定区后经青浦区、松江区再抵金山区,西折在上海与浙江省交界处止,先后与 G1501 上海绕城高速公路、G2 京沪高速公路、G50 沪渝高速公路、G60 沪昆高速公路相交,全长 91.24km。

二、建设实施

1. 嘉浏段(新浏河大桥至沪嘉浏高速公路立交段)

沈海高速公路(上海段)的嘉浏高速公路段兴建时,工程分为两期进行建设和拓宽改建。初建的嘉浏公路(一期)工程为一级公路,从沪嘉高速公路 K14+038.27 处起,向西后再转北,至嘉西立交止,长 7.27km(其中沪嘉高速公路到沈海高速公路与上海绕城高速公路相交处的沪嘉浏高速公路立交约 4km 路段,现是与上海绕城高速公路的共线段)。

其时,从上海西北部嘉定地区与江苏省的交通联系是 204 国道沪宜公路(上海段),但原有的 204 国道沪宜公路(上海段)虽经逐年改造,路幅宽度却仅为 10.5~12m,老路改建成高等级公路的技术难度很大,而且沪宜公路江苏段根据规划也仅按照二级公路改造。在 204 国道沪宜公路(上海段)不适宜提高公路等级的情况下,新建一条嘉浏公路已十分必要。

1987 年,上海市市政工程管理局完成了《嘉浏公路可行性研究报告》。由于该路线涉及与江苏省路网衔接问题,同年 10 月上海市市政工程管理局邀请交通部、部公路规划设计院、江苏省、山东省及上海市的有关专家和代表对《嘉浏公路可行性研究报告》进行评审,并一致认为建设一条沿长江下游连接苏南地区张家港、常熟、太仓至上海市嘉定县的高等级公路是十分必要的,它不仅能促进沿线地区的经济发展,对疏港交通运输也极为有利。因此建议将嘉浏公路纳入交通部"八五"公路建设计划,争取江苏省、上海市同步建设。

1989 年,交通部发文将此项目纳入了交通部"八五"第一批公路建设重点项目,并要求上海市在 1990 年编报项目建议书。1990 年 11 月,上海市市政工程管理局发函江苏省交通厅,明确了上海市计划在"八五"期间按规划重点建设嘉浏公路,拟1991年开工,于1994年建成通车,提请江苏省考虑在"八五"期间和上海市同步建设嘉浏公路。1991年5月,江苏省交通厅复函上海市市政工程管理局同意建设嘉浏公路,但同时明确在"八五"期间江苏省没有财力建设嘉浏公路。

鉴于江苏省当时对嘉浏公路并无实施计划,故上海市无法编报该项目建议书。20世纪80年代末,沪宜公路(上海段)嘉南至红旗水泥厂段路宽仅为7m,公路两侧街道化现象严重,交通堵塞,事故频繁,已成为瓶颈路段,亟待改建。同时,沪嘉高速公路东延伸段工程已立项。为完善路网,充分发挥沪嘉高速公路的经济社会效益,1991年8月上海市计划委员会批复立项,同意先行实施嘉浏公路(一期)工程,即由沪嘉高速公路嘉南至沪宜公路(上海段)红旗水泥厂西侧的7.27km,余下的嘉浏公路(二期)工程由上海市市政工程管理局抓紧立项做前期储备工作,待江苏省交通厅与上海市协调统一后再同步实施。

嘉浏公路(一期)工程立项后,上海由于沪宁高速公路上海段、沪杭高速公路上海段、沪青平高速公路等一批骨干公路项目正在实施,资金安排存在困难,直至1994年才列入上海市公路建设年度计划。建设的嘉浏公路(一期)工程为一级汽车专用道,设计速度100km/h。

嘉浏高速公路一期工程于1994年底开工,建设单位为上海市公路管理处,设计单位为上海城市建设设计研究院,施工单位为申康市政公司、上海公路桥梁工程有限公司、嘉定县公路所和武警部队等,监理单位为上海公路工程监理有限公司。工程总投资为2.8亿元。按市区分工原则,工程前期费用由嘉定区政府承担0.12亿元,市承担0.65亿元;道路结构工程费用2.03亿元,由市承担和实施。由于设计技术标准多次变化,工程多次停顿,又因前期工作滞后等,工程于1999年8月中旬完工。工程质量被评为优良,2000年荣获"上海市市政工程金奖"。2000年4月1日,由上海市公路管理处接管养护。

嘉浏高速公路(二期)建设被列入《上海市高速公路网规划(1999—2010年)》"一环、十射、两联"中的"十射"之一。1998年7月,上海市市政工程管理局完成了由上海城市建设设计研究院编制的《嘉浏一级公路(二期)工程可行性研究报告》,1999年上海市计划委员会批复工可。2000年6月,上海市建设委员会以沪建建规〔2000〕第0356号《关于嘉浏公路二期工程初步设计的批复》,同意该工程按高速公路标准建设。同时,江苏省已编制完成沿江大通道规划,并正在建设沿江高速公路,准备与嘉浏公路连接,因此,嘉浏一级公路(二期)工程的建设被上海市政府列为首批实施的重大工程项目之一。

嘉浏高速公路(二期)工程南起嘉浏一级公路(一期)的嘉西立交,途经嘉西、朱桥两个乡,北至新浏河大桥,与204国道江苏省改建段相接,全长10.34km。全线按高速公路标准设计,双向四车道,设有紧急停车带,设计速度为100km/h。工程建设得到了上海市委、市政府及江苏省交通厅、上海市市政工程管理局、城建集团等领导的高度重视,上海市副市长韩正、上海市市政工程管理局局长应名洪出席了开工典礼和通车仪式。工程于2000年1月18日开工,2001年12月20日建成通车。

嘉浏高速公路一、二期工程建成后,发挥了沪嘉高速公路和已建成的嘉浏一级公路(一期)工程的作用,路网结构更趋合理,使上海连接周边省市的交通联系又增加了一条陆上快速通道,也改善了上海西北部地区的交通和投资环境,加快了沿线产业带的形成和沿途乡(镇)城市化的进程。2002年1月,嘉浏高速日均车流量仅为4900辆,至2004年12月,日均车流量已增加到了31700辆,体现了良好的经济效益和社会效益。

嘉浏高速公路拓宽改建工程南起上海绕城高速公路(北环段)的沪嘉浏高速公路立交,北至沪苏交界的浏河大桥,全长12.21km。拓宽改建工程将原双向四车道拓宽为双向六车道。

嘉浏高速公路由于当时道路设计标准偏低,最初是按一级公路标准设计的,后才变更为高速公路,而且有一段为一级公路,加上流量的剧增以及超载、超限现象严重等情况,急需扩建;2003年,江苏省沿江高速公路准备以双向六车道与嘉浏高速公路相连,要求上海也按六车道相接;另上海绕城高速公路北环段(其中含嘉浏一期约4km共线段)、嘉金高速公路的部分路段将于2004年8月相继建成通车。为使处于上述3条高速公路连接段的嘉浏高速公路避免造成局部瓶颈,同时也为F1赛车场、浦东国际机场二期工程建成后的交通流量增长做准备,上海市政府决定提前实施嘉浏高速公路拓宽改建工程。2003年8月,上海市市政工程管理局向市发改委上报《嘉浏高速公路拓宽改建工程可行性研究报告(代项目建议书)》。同年9月,市发改委批复立项。

嘉浏高速公路拓宽改建工程,将原双向四车道拓宽为双向六车道,其中,嘉浏(二期)段利用两侧预留的路基,嘉浏(一期)段两侧则重新拓宽路基各4m,规划红线50m,路基宽33m。拓宽改建沿线桥梁23座,其中大桥5座,中小桥18座。改建嘉西立交、朱桥主线收费站及沿线附属设施。桥梁设计荷载为汽车—超20级、挂车—120。嘉浏高速公路拓宽改建工程于2003年9月25日开工,2004年9月26日建成通车。

2. 嘉金段(沪嘉浏高速公路立交至S4沪金高速公路山阳立交段)

嘉金高速公路工程北起上海绕城高速公路的沪嘉浏高速公路立交南侧,南至沪金高速公路,长67.15km。其中嘉定区10.15km,青浦区13km,松江区29km,金山区15km。

2002年,上海市计划委员会以沪计城〔2002〕386号文批复同意嘉金高速公路工程可行性研究报告。工程按高速公路标准设计,设计速度为100km/h,立交和匝道的设计速度为40~60km/h。设计荷载为汽车—超20级、挂车—120,道路路面结构荷载为BZZ-100型标准车。抗震标准为地震基本烈度7度。工程按规划红线60m辟筑,一次设计,分期施工。嘉金高速公路工程建设时,为满足上海国际赛车场交通疏解需求,沪杭高速公路

(G60沪昆高速公路上海段)以北路段实施双向六车道,沪杭高速公路以南路段近期实施双向四车道,中间预留远期实施双向六车道的路基。

嘉金高速公路发展有限公司负责嘉金高速公路工程建设,采用代建制实施项目管理。中标施工单位为上海建工(集团)公司、中铁十二局集团有限公司、上海城建(集团)公司等7家单位。嘉金高速公路工程投资为50.04亿元。工程前期的征地、拆迁费(青苗补偿费)共6.99亿元,由各区政府承担费用及组织实施。

嘉金高速公路工程分两期实施,一期工程嘉定至北青公路,长12km,2003年4月23日开工,2004年9月4日建成;二期工程北青公路至金山区S4沪金高速公路,长53km,2003年12月31日开工,2007年2月19日建成。

3. 莘奉金段(S4沪金高速公路山阳立交至沪浙省界段)

原称A4公路的莘奉金高速公路时为上海市西南部的一条重要交通干道,途经闵行、奉贤和金山区,起点为S20外环线莘庄立交,终点在金山区的沪浙省界处与浙江杭浦高速公路相接。2009年,原A4莘奉金高速公路被拆分为两段,其中,莘庄立交至山阳立交段被定名为S4沪金高速公路,山阳立交至沪浙省界段与原嘉浏、嘉金高速公路一起命名组成G15沈海高速公路(上海段)。

莘奉金高速公路山阳立交至沪浙省界段,全长12.371km,设计速度为100km/h,工程分为两期建成。一期工程由山阳立交至新卫立交,是2000年开工建设的莘奉金高速公路西段工程中的一段,长10.419km,车道设计为双向四车道,2002年12月27日建成通车。二期工程新卫立交至沪浙省界,长1.95km,车道设计为双向六车道,路面结构为沥青混凝土路面,于2008年1月28日建成。

三、建成运营

由嘉浏高速公路、嘉金高速公路和原莘奉金高速公路山阳立交至沪浙省界段公路连成一起的G15沈海高速公路(上海段)通车后,使路网结构更趋合理,又处在外环高速公路与上海绕城高速公路之间,起到了疏散城区车流,快速沟通市区西部东西向高速公路的"辅环"作用,改善了上海西北部地区的投资环境,使上海又增加一条连接周边省市的快速通道,促进了上海与江苏、浙江的联络与沟通。

第十一节 上海绕城高速公路建设项目

一、项目概述

上海绕城高速公路是上海市境内最外围的一条郊区环线高速公路,曾称A30公路。

自浦东 S20 外环高速公路与五洲大道交叉口立交起,向东与 G40 沪陕高速公路上海境内的上海长江隧桥相交后,折向南交越 S1 迎宾大道,过 S2 沪芦高速公路后折西,同 S4 沪金高速公路、G15 沈海高速公路相交后,至接 S36 亭枫高速公路的新农立交桥处北上,先后与 S32 申嘉湖高速公路、G60 沪昆高速公路、G50 沪渝高速公路、S26 沪常高速公路、G2 京沪高速公路相交,再度越交 G15 沈海高速公路后,一路向东与宝山区的同济高架路相接后共线至泰和路立交,继在泰和路立交处连接 S20 外环高速公路暨共线后,穿越外环隧道至浦东 S20 外环高速公路与五洲大道交叉口立交成环止,总长 189km(未含其中与同济高架路和 S20 外环高速公路共线段 20.22km)。

改革开放以来,上海的道路交通设施经过近 20 年建设,城市道路骨架网"三横三纵"和"申"字形高架道路已形成。在上海中心城区道路大规模建设基本完成情况下,新一轮建设发展中的城市道路建设重点将转向"城市周边地区的高速公路网络"建设。为将上海的高速公路建设成具备便利、快捷,与市域其他道路和外省(市)道路有良好衔接功能的高速公路网,达到"153060"上海公路建设的总体目标,需要加快建设形成全市高速公路网络体系,并与长江三角洲地区的高速公路联网,以适应上海经济社会发展和市民生活水平提高后对城市交通的需求。

上海绕城高速公路是国家东部沿海高速的重要组成部分,具有区域型重要意义。绕城高速公路的东段(时称远东大道)是浦东国际机场两条快速地面通道之一的北线疏港公路;绕城高速也与呈射线型的上海各条高速公路连接相交,可以调节高速公路之间的流量,使全市各高速公路实现互联互通,并有效缓解外环高速公路与市中心的交通压力,将浦东新区和奉贤、金山、松江、青浦、嘉定、宝山等区串联在一个环上。

二、规划方案

1999 年 8 月,交通部批复同意同三国道段(北段和港新段)工程由一级公路调整为高速公路的工可补充报告和初设补充报告。2001—2003 年,上海市计划委员会、上海市城乡建设和交通委员会分别批复东环段、东南环段、南环段和北环段的立项、工程可行性研究报告与初步设计,整个工程分段进行建设。

上海绕城高速公路按全封闭、全立交的高速公路标准设计,车道设计为双向四~六车道,设计速度为 80~100km/h。工程建设实施 BOT 社会融资模式,其中 30% 由投资方用自有资金投入,其余 70% 由项目公司通过各种融资渠道解决。工程设计、监理、施工单位均实行公开招投标。

三、建设实施

上海绕城高速公路建设工程由东环段、东南环段、南环段、北环段和同三国道段(为原同三国道上海段中的北段和港新段)组成。

1. 东环段(外环线—界河)

绕城高速公路东环段工程自S20外环线起,向东与长江隧桥出口相交后折南,交越龙东大道后过S1迎宾高速公路,在其附近的浦东新区与原南汇区(已划归浦东新区)交界处的界河止,全长24.6km。其中外环线至长江隧桥收费口1.92km为新建段,是绕城高速公路与城市快速路(五洲大道)连接的过渡道路,设计速度为80km/h;收费口至龙东大道9.3km同为新建段,设计速度为100km/h;龙东大道至界河13.3km为改建段,设计车速为100km/h。其单侧路面保持原状16m不变,平面交叉口按全立交或封闭进行改建。新建与改建段全部为双向六车道,路面结构均为沥青混凝土。新建互通式立交5座,续建互通式立交1座,改扩建立交2座,新建分离式立交8座。

东环段工程投资为23.24亿元,其中工程费13.14亿元,前期费10.10亿元。工程建设费由项目公司筹资,征地拆迁等费用由地方政府财政筹集。工程建设单位为上海东环高速公路发展有限公司,设计单位为上海市政设计研究院,代建单位为上海浦东工程建设管理有限公司,监理有上海同济公路工程监理咨询有限公司、上海市政工程管理咨询有限公司等3家单位。施工单位为上海远东国际桥梁建设有限公司、中铁十五局集团第二工程有限公司、北京市海龙公路工程公司等6家。工程于2004年6月开工,由于受国家宏观调控政策影响和土地政策的变化,延期于2009年10月30日建成通车。

2. 东南环段(界河—S4沪金高速公路)

绕城高速公路东南环段工程由浦东新区与原南汇区交界处的界河起,向南与S2沪芦高速公路相交后西折,到距S4沪金高速公路交汇点以东1km处止,全长50.71km。设计速度为100km/h,双向四~六车道,道路红线60m。

东南环段工程分为大亭段、远东段、大团段三段进行建设。其中大亭段(沪金高速公路—南芦公路)长29.62km,路幅32m,在原大亭一级公路基础上改建,双向四车道,远期将拓宽为双向六车道,路面结构为在原有水泥混凝土路面注浆补强后加罩10cm沥青混凝土;远东段(沪南公路—界河)长11.22km,路幅44m,在原有城市快速干道远东大道基础上改建,双向六车道,路面结构为在原路面上铣刨后加罩4cm SMA沥青混凝土;大团段(南芦公路—沪南公路)长9.87km,路幅宽34.5m,双向六车道。该段在东南环项目立项之前,正由上海市公路管理处在实施一级公路建设,且建设工作已至尾声。东南郊环项目立项、工可批复后,经政府有关部门协调,决定该路段继续由上海市公路管理处负责将未完工的大团段一级公路再改建成高速公路。

东南环段全线设横向跨线桥11座,主线跨河大桥2座,中小桥46座,设互通式立交10座。除南进场立交和沪芦立交外,均设匝道收费设施,共16个收费站。

东南环段工程投资为 21.62 亿元,其中工程建设费用 16.16 亿元,征地、动迁等费用 5.46 亿元。建设单位为上海东南环高速公路投资发展有限公司。除大团段(南芦公路—沪南公路)由上海市公路管理处负责建设外,大亭段和远东大道段委托上海中鑫建设咨询有限公司、上海正弘工程造价咨询有限公司代理设计、施工、材料和监理的招标工作。由上海市政工程设计院等 3 家单位负责设计,上海市政一公司等 7 家单位负责施工,监理单位有上海市市政工程管理咨询有限公司等 3 家。工程于 2002 年 9 月开工,2004 年 12 月主线建成试运行。2005 年 7 月与沪金高速公路接通后实现全线通车。因规划调整,工程的东大立交和南进场立交分别推迟至 2005 年底和 2008 年 3 月建成通车。

东南环段工程建设中,主体工程、机电工程及附属工程获得"上海市市政工程金奖"。主线道路路面加罩(白加黑)工艺经上海市建设委员会科学技术委员会评审鉴定,总体达到国内领先水平。

3. 南环段(S4 沪金高速公路—金山区新农立交)

绕城高速公路南环段工程自 S4 沪金高速公路交汇点以东 1km 处起,向西过 S4 沪金高速公路与 G15 沈海高速公路相交后,西至金山区新农立交止,全长 28.12km。设计速度为 100km/h,双向四车道,远期为双向六车道,规划红线 60m。

南环段工程线路走向按规划分为北线、老线两段。北线长 16.84km,为新筑路基,路面宽 26m;老线长 8.68km,是利用亭大公路路基改建成高速公路,路面宽 32m,路面结构均为沥青混凝土。工程设有新农立交、亭卫立交、庄胡立交和莘奉金立交 4 座互通式立交,横向跨线桥 11 座,收费站 2 座,中型服务区 1 个。桥梁设计荷载标准为汽车—超 20 级、挂车—120、路面设计标准轴载 BZZ-100。抗震标准为地震基本烈度 6 度。

南环段工程投资为 18.85 亿元。工程建设单位为上海南环高速公路发展有限公司,上海市城市建设设计研究院为设计单位,代建单位为上海市市政工程建设发展有限公司,监理单位为上海市市政工程管理咨询有限公司,施工单位为上海城建(集团)公司、上海市第五建筑有限公司、上海市第七建筑有限公司等 6 家。工程建成后经市公路质监站验收,优良率达 85% 以上,工程均被评为群体优良级。工程于 2002 年 12 月 26 日开工,2005 年 12 月建成通车。

4. 同三国道段(金山区新农立交—G2 京沪高速公路安亭立交)

绕城高速公路同三国道段(图 4-9)由原同三国道上海段工程中的北段和南段中的港新段构成。线路走向自金山区新农立交起,北上先后沿线与 S32 申嘉湖高速公路、G60 沪昆高速公路、G50 沪渝高速公路、S26 沪常高速公路相交,至 G2 京沪高速公路安亭立交处止,全长 46.33km。

图4-9 上海绕城高速公路同三国道段

绕城高速公路同三国道段的北段为G2京沪高速公路(沪宁高速公路)至G60沪昆高速公路(沪杭高速公路)段,设计速度为100km/h,双向四车道,远期为六车道,在中央分隔带内预留2个车道,路基宽34.5m,规划红线60m,长32.74km;港新段为G60沪昆高速公路至金山区新农立交段,设计速度为100km/h,双向四车道,路基宽28m,规划红线50m,长13.59km。工程全线有桥梁31座,其中特大桥7座,大桥10座,中小桥14座,设有收费站、管理服务区、交通监控等配套设施。桥梁设计荷载为汽车—超20级、挂车—120,路面设计标准轴载BZZ-100。

工程投资为28.8亿元。建设单位是上海同三高速公路有限公司,设计单位为上海市政工程设计研究院,监理单位为上海公路工程监理有限公司,施工单位有上海市政二公司、上海市基础有限公司、上海市第一建筑有限公司等6家。同三国道段工程建设中,环境保护特色明显,在道路两侧及中间分隔带种植各类树木、草皮,形成绿色屏障,既美化了道路环境,又阻隔了噪声对周边地区的影响;在服务区的二级生化污水处理系统,确保污水排放达到环保标准规定要求。工程质量经上海市公路工程质量监督站验收,单位工程合格率为100%,优良率为85%。工程于1999年11月开工,2002年12月27日建成通车。

G1501上海绕城高速公路同三段大修工程,总投资131994万元。工程范围:K121+810~K168+178.32,全长46.41km,其中G60沪昆高速公路至G2京沪高速公路,即K137+500~K168+178.32(全长30.678km)段向中央分隔带处拓宽,由原来的双向四车道拓宽改建为双向六车道。大修工程由上海市城市建设设计研究总院负责设计,由上海城投高速公路运营管理中心大修指挥部自行监理。大修内容涉及桥梁工程、道路工程、机电工程、绿化工程、交安设施等。该段拓宽工程分3个标段,分别由中铁上海工程局集团第一工程有限公司、上海建工四建集团有限公司、中铁一局集团有限公司施工。大修工程自2015年11月开工,至2016年底完工。

5.北环段(G2 京沪高速公路安亭立交—同济高架路)

绕城高速公路北环段工程自 G2 京沪高速公路安亭立交处起,越交 G15 沈海高速公路后,一路向东与宝山区的同济高架路相接止。其中除安亭立交处一小段跨经江苏省昆山市花桥镇区域外,大部分位于上海市嘉定区和宝山区境内,全长 38.78km。

绕城高速公路北环段工程的 G2 京沪高速公路安亭立交至澄城路桥段为双向六车道,长 17.74km;澄城路桥至蕰川路桥为双向四车道,长 13.99km;蕰川路桥至月浦主线收费站为双向六车道,长 1.62km;主线收费站至同济高架路为入城段,双向四车道,长 7.04km。设计速度高速公路段为 100km/h,入城段为 80km/h,路面结构为沥青混凝土。全线设桥梁 41 座,其中特大桥 3 座,大桥 14 座,中小桥 24 座。设置主线收费站 1 个、匝道收费站 6 个。桥梁设计荷载为汽—超 20 级,挂车—120,路面结构荷载为 BZZ-100 型标准荷载。抗震标准为地震基本烈度 7 度。

北环段工程投资 28.96 亿元。工程建设单位为上海北环高速公路建设发展有限公司,设计单位为上海市政工程设计研究院,监理单位为上海市市政工程管理咨询有限公司。工程于 2001 年 12 月 7 日开工,2004 年 12 月 31 日建成通车。

四、建成运营

上海绕城高速公路的建成,连接相交了呈射线型的上海各条高速公路,调节了高速公路之间的流量,使全市各高速公路实现互联互通,并有效缓解了外环高速公路与市中心的交通压力;把浦东国际机场、外高桥五号港区等与长江越江通道连成一体,为浦东新区提供又一个快速、大容量的物流通道,进一步促进洋山深水港、国际航空港间公路快速集疏运体系功能发挥。同时,拓展了城市发展空间,开辟了城市新的经济增长地带,对上海城市的交通发展、经济增长、生态环境保护、城市功能升值具有巨大的推动作用。

第十二节　申嘉湖高速公路(上海段)建设项目

一、项目概述

申嘉湖高速公路(图 4-10)是上海市通往浙江省的重要通道,为上海东西走向最长的高速公路,曾称 A15 公路。申嘉湖高速公路(上海段)工程,东起浦东国际机场南进场路,西经出省段至上海市与浙江省界,接申嘉湖高速公路(浙江段),经南汇、闵行、松江、青浦、金山五区,全长 83.51km。

图 4-10　申嘉湖高速公路

二、规划方案

2003 年 11 月,由上海市公路管理处组织,上海市政工程设计研究总院和上海市城市建设设计研究院进行东塔高速公路即申嘉湖高速公路的预可行性研究。2005 年 1 月,市发改委批复该工程项目建议书。同年 12 月,市发改委批复该工程可行性研究报告。2008 年 9 月,国家发改委批复该工程出省段(省界—朱枫公路)项目建议书。

三、建设实施

申嘉湖高速公路(上海段)工程分为浦东段、越江段和浦西段三段工程。

1. 浦东段工程

东起浦东国际机场,西至闵浦大桥浦东引桥,全长 32.2km。先后与上海绕城高速公路、川南奉公路、南六公路、沪芦高速、林海公路和三鲁公路相交,跨越浦东运河。车道设计为双向八车道,设计速度主线收费站以西为 120km/h,收费站以东为 80km/h,路面结构为沥青混凝土。设特大桥 1 座、互通式立交 4 座、部分互通式立交 2 座、分离式立交 5 座、主线收费站 1 座、匝道收费站 4 座,服务区 1 处。

2. 越江段工程

越江段工程即闵浦大桥,主线东起黄浦江东岸鲁陈路东,与申嘉湖高速公路浦东段相接,西至龙吴路,与申嘉湖高速公路浦西段相接,全长约 4km。(见第四章第十六节)

3. 浦西段工程

浦西段工程途经闵行、松江、青浦和金山区。东起闵浦大桥浦西引桥,西至沪、浙省界接浙江省申嘉湖(杭)高速公路,全长 47.4km。先后与沪金高速公路、沈海高速公路(上海段)、上海绕城高速公路、沪昆高速公路(上海段)相交,跨越油墩港桥、斜塘桥、大蒸港桥及沪昆铁路等。沈海高速公路(上海段)以西为双向六车道,以东为双向八车道,设计速度为120km/h。规划红线60m,六车道路基宽35m,八车道路基宽42.5m。标准横断面均为中央分隔带3m,两侧行车道各3.75m,路缘带各0.75m,硬路肩各3m,土路肩各1m。路面结构为沥青混凝土。全线设特大桥3座、互通式立交5座、部分互通式立交1座,预留互通立交出入口1对、服务区1处。桥梁设计荷载为公路—Ⅰ级,路面设计标准轴载BZZ-100。抗震标准为地震基本烈度7度,地震动峰值系数取0.1g,桥梁结构重要性系数为1.3。

工程建设单位为上海沪申高速公路建设发展有限公司。浦东段工程投资62.57亿元,浦西段工程投资107.43亿元。上海沪申高速公路建设发展有限公司启动项目融资工作,组建了以中国工商银行、国家开发银行、浦东发展银行为牵头行,中国银行、民生银行、中国建设银行、中国农业银行为参与行的项目银团,于2009年5月8日正式签署银团融资协议,为申嘉湖高速公路工程贷款77.43亿元。

工程实施公开招投标。浦东段工程设计单位为上海市城市建设设计研究院,浦西段工程设计单位为上海市政工程设计研究总院。施工单位为浙江交通工程建设集团有限公司、上海建工(集团)公司、中铁工程总公司等6家。出省段及南进场段工程由上海市公路建设总公司先行实施。监理单位为上海同济公路工程监理咨询有限公司、中铁武汉大桥工程咨询监理有限公司、江苏交通工程咨询监理有限公司等9家。

工程于2007年9月28日开工,为配合浦东国际机场T2航站楼投运,南进场路段和出省段分别于2008年3月26日和2009年3月1日建成通车。2009年12月31日全线建成通车。工程坚持"百年大计、质量第一"的方针,把工程质量放在项目管理的第一位,严格按照国家和上海市相关规定,督促施工单位、监理单位严格执行。在工程建设期间,定期及不定期地组织管理人员巡查工地现场,对达不到质量标准、违反施工规范、不按图纸施工及质量保证措施不落实的情况,立即予以制止并督促相关单位进行整改。共有7个标段获"上海市优质结构工程"称号。

工程采用SMA低噪声路面,安装声屏障12899延米;在松江区2.9km范围内穿越黄浦江上游一级饮用水源保护区,设有18座蓄毒沉淀池,通过完善的路面径流收集系统,收集后引出到保护区外排放;严格控制临时用地数量,施工过程中采取有效措施防止污染农田,建设中废弃的旧路尽可能复耕;合理规划施工便道和工程车辆的行驶路线,增加或改移便民利民通道、天桥等,确保公路建设与城镇总体规划相符。工程通过交通部环境保护中心和市环境保护局建成环保验收。工程建设过程中,由于有的路段在保证预压期方面存在不足,导致存在桥头跳车现象,已采取多种措施予以治理。

四、建成运营

申嘉湖高速公路(上海段)的建成,成为连接浙江省与上海浦东国际机场的交通大动脉,对于完善高速公路网,集散、疏导上海中南部地区的公路交通发挥十分重要的作用。申嘉湖高速公路(上海段)工程被列为2010年上海世博会配套工程。2010年4月,根据交通运输部的要求和统一部署,申嘉湖高速公路命名编号调整为S32申嘉湖高速公路。

第十三节　沪常高速公路(上海段)建设项目

一、项目概述

沪常高速公路(上海段)起自经青浦区境内的G15沈海高速公路(上海段),向西交越嘉松中路、G1501上海绕城高速公路和外青松公路后,经淀山湖收费站出上海市境进入江苏省与沪常高速公路江苏段相接,全长18.41km。

沪常高速公路(上海段)兴建前,20世纪90年代建成的G2京沪高速公路上海段(沪宁高速公路上海段)是上海市与江苏省南部地区联系最为密切、最便捷的快速交通干道,承担了上海往江苏方向近一半的交通流量,且呈逐年快速增长之势。且江苏省境内G2京沪高速公路沿线的苏州等市经济快速发展,使其对交通基础设施的依赖程度越来越高,以致京沪高速公路上海段的交通拥挤程度日益增大。为了加强苏南地区和苏州市等与上海之间的联系,有效分流京沪高速公路上海段的交通压力,为苏南地区与上海的联系提供更加便捷的快速通道,进一步增强辐射长江三角洲的高速公路网功能,建设沪常高速公路(上海段)已日显急迫。

二、规划方案

2003年,上海市城市建设设计研究院完成了S26沪常高速公路(上海段)省界至同三国道段(现为G1501上海绕城高速公路)工程预可行性研究。2004年7月,上海市发改委批复该工程预可行性研究。2005年6月,完成工程可行性研究报告。同年11月,上海市发改委批复工程可行性研究报告。该段工程全线位于青浦区境内,东起上海绕城高速公路,向西经省市交界处的淀山湖收费站,与沪常高速公路江苏段相连。全长7.81km,其中地面道路长5.65km,桥梁长2.16km。

沪常高速公路(上海段)省界至同三国道段按全封闭、全立交的高速公路标准设计,设计速度为100km/h,主线车道设计为双向六车道,在上海市境内与江苏省合建主线收费站1座。主线收费站以西采用与已建苏沪高速公路(沪常高速公路)江苏段石浦立交主线跨线桥相同的断面,车道设计为双向十车道。主线收费站以东按双向六车道的规模建设。规划红线宽60m,路面结构为沥青混凝土。设置大桥2座、中小桥10座、横向跨线桥3座、互通式立交2座、立交匝道收费站1座。桥涵设计荷载为公路—Ⅰ级,路面荷载标准为 BZZ-100 型标准车。抗震标准为地震基本烈度 7 度。

三、建设实施

工程实施公开招投标。建设单位为上海沪申高速公路建设发展有限公司,设计单位为同济大学建筑设计研究院,施工单位为江苏省交通工程集团有限公司、中铁九局集团有限公司、上海电科智能系统股份有限公司,监理单位为上海浦桥工程建设监理有限公司、上海申元工程投资咨询有限公司。

在工程建设期间,严格质量管理,全面推行和贯彻执行"首件制",办理质量报监手续;注重环境保护,安装防噪声屏障,采取有效措施防止污染农田,废弃的旧路尽可能复耕,两侧规划红线外 50m 设置绿化带。建设工程通过交通部环境保护中心和市环境保护局建成环保验收。沪常高速公路(上海段)省界至同三国道段(G1501 上海绕城高速公路)工程于 2007 年 9 月 28 日开工,2010 年 3 月 13 日建成通车。工程投资 11.16 亿元。

四、项目扩建

沪常高速公路(上海段)东延伸段新建工程——沪常高速公路(G1501—G15),位于 G2 京沪高速公路与 G50 沪渝高速公路之间,西起 G1501 上海绕城高速公路,东至 G15 沈海高速公路,途经青浦区香花桥街道、重固镇和华新镇。

2010 年,上海高速公路网形成"两环、十一射"以及"一纵、一横、多联"的布局形态,相比 1999 年高速公路网规划,新增了"一环""一射""一横""二联"。沪常高速公路(G1501—G15)东延伸段即是新增的"一射",目的是为了更好地与江苏省内高速公路对接,适应上海与江苏南部之间不断增长的交通需求,使沪宁通道与江苏联系容量加大,有效缓解 G2 京沪高速公路、曹安公路的交通压力,加强两地交通联系,方便快速交通出行,促进长三角地区的融合发展。同时,工程建设将有效承担沪宁通道 30% 左右的交通量,降低 G2、G312 和北青公路的交通流量饱和度。随着虹桥综合交通枢纽和西郊国际农产品交易中心的建成投入使用,更好地服务于大虹桥商务区的规划建设,沪常高速公路(G1501—G15)建设是必要和迫切的。

2009 年 3 月,上海市发改委批复《沪常高速公路(G1501—G15)工程建设项目建议书》。同年 6 月,由上海市城市建设设计研究院编制完成《沪常高速公路(G1501—G15)工程可行性研究报告》。2010 年 12 月,上海市发改委批复《沪常高速公路(G1501—G15)工程可行性研究报告》。

沪常高速公路(G1501—G15)主线高架为高速公路,全长 10.6km,道路红线宽 60m,双向六车道加硬路肩,沿线立交 4 座。设计速度为 100km/h,路面标准轴载为 BZZ-100,主线高架桥梁设计荷载为公路—Ⅰ级,联络道桥梁为公路—Ⅱ级。

工程建设单位为上海沪申高速公路建设发展有限公司,设计单位为上海市城市建设设计研究院,监理单位为江苏交通工程咨询监理有限公司、上海天佑工程咨询有限公司,施工单位为上海市建工集团股份有限公司、江苏省交通工程集团有限公司、中铁十三局集团有限公司。工程总投资56亿元,其中主线总投资50.8亿元,包括工程建安费及其他费36.7亿元、前期费及其他配合费14.1亿元;地面辅道总投资5.2亿元。

工程主线桩基采用PHC管桩和钻孔灌注桩,标准断面采用双柱式钢筋混凝土桥墩。主线高架标准段采用带盖梁的先简支后连续的小箱梁结构,立交匝道桥梁采用现浇的预应力混凝土结构或钢筋混凝土结构。在立交变宽段、路口节点大跨径区域采用预应力混凝土连续箱梁,在跨高速公路处施工受到限制的地方,采用钢梁或钢—混凝土叠合梁结构。

在沪常高速公路(G1501—G15)新建工程的施工中,分别采取了一系列的质量控制、工艺标准化的相关措施,确保了工程的实体质量取得了不少成果。主要有:钢筋加工工艺标准化、立柱无支架施工工艺标准化、桥面混凝土铺装层施工工艺标准化、防撞墙施工工艺标准化、预应力筋后穿束技术、孔道压浆技术和声屏障屏体材料的再利用。

沪常高速公路(G1501—G15)工程于2011年12月开工。工程建设期间,施工单位紧紧围绕工程各项节点目标,相互配合,严格落实标准化施工的各项要求。监理单位按照监理细则、监理大纲的要求,对各项工序严格把关,抓好隐蔽工程验收,落实旁站制度。设计单位做到施工图、设计文件及时下发,做好各项设计交底工作。经过各参建单位的共同努力,于2013年12月建成通车。

五、建成运营

沪常高速公路(上海段)的建成通车,有效地分流了与其平行的京沪高速上海段和318国道曹安公路的交通流量,更好地形成与江苏省高速公路的对接,使江苏省南部地区和苏州市新增了一条直达上海市的快速道路,方便了过往车辆前往上海虹桥枢纽和市中心城区,连起了苏州工业园区和苏南地区丰富的江南水乡旅游资源,为上海市民和国内外游客前往千灯、甪直、周庄、同里和游览沿线的江南水乡提供了便利交通条件,促进了长三角地区的融合发展。

第十四节 沪陕高速公路(上海段)建设项目

一、项目概述

沪陕高速公路是上海至西安的国家高速公路,是国家高速公路网18条东西横线之一,也是贯穿我国东南和西北的大通道,全程1521km。沪陕高速公路(上海段)(图4-11)全长56.26km,由上海长江隧桥25.52km和崇启通道(上海段)30.74km组成。沪陕高速公路(上海段)的建成,形成了国家沿海大通道,充分发挥上海区位优势,实现国务院对上海提出的"一个龙头,三个中心"的战略目标,并对增强浦东国际机场和洋山深水港的辐射功能具有十分重要的意义。

图4-11 沪陕高速公路(上海段)

二、上海长江隧桥工程

1. 规划方案

1993年5月,国家科委主持召开"长江口越江工程重大技术经济问题前期软课题工作会议",经过9年的前期研究、工程预可行性研究、工程项目建议书编制、国际方案征集、工程可行性研究论证工作,2002年12月,国家计划委员会下达了经国务院批准的《长江隧桥工程项目建议书》,工程正式立项。2004年11月,国家发展和改革委员会批复《长江隧桥工程可行性研究报告》。2005年5月,交通部批复工程初步设计。同年7月,上海市城市规划管理局核发上海长江隧道、上海长江大桥主体工程建设用地规划许可证。同年9月,交通部批准控制性工程开工许可证。国家发展和改革委员会将上海长江隧桥列为国家"十一五"重大建设项目。

上海长江隧桥工程起于上海市浦东新区五号沟与上海绕城高速公路G1501相连,以隧道形式穿越长江口南港水域,到达长兴岛,以桥梁形式跨越长江口北港水域后到达崇明县陈家镇,全长25.52km。工程采用"南隧北桥"的建设方案。隧道全长8.95km,其中一次连续掘进最长距离达7.5km,最大江底埋深55m。隧道整体断面设计为上下行双管盾构隧道,两单管间净距为16m,沿其纵向每隔830m设一条横向人行联络通道。单管外径15m,内径13.7m,横断面内分3层,顶部为排烟道,中部为高速公路层,内设3条3.75m宽的车道,可通行5m高的车辆,设计车速为80km/h。下部中间为预留轨道交通空间,行车方向右侧为35kV高压电缆管廊,左侧为疏散通道。抗震设防烈度为7度。隧道结构设计使用年限100年。长江大桥工程全长16.57km,其中接线道路6.6km,跨江桥梁9.97km,为双向六车道,设计速度为100km/h,大桥宽度为33m(不含布索区),接线道路宽度为33.5~35.5m。桥梁结构设计荷载等级为公路—Ⅰ级;道路结构设计荷载等级为BZZ-100型标准车,预留双线轨道交通。跨江桥梁共154跨,其间设有满足远期3万吨级集装箱及5万吨级散货船的主通航孔及满足3000吨级船舶通行的辅通航孔。主通航孔结构形式为主跨730m双人字形塔柱,分离式钢箱斜拉桥;辅通航孔为80m+140m+140m+80m预应力钢筋混凝土连续箱梁,其余桥跨分别为30m、50m、60m、70m预应力钢筋混凝土连续箱梁及105m钢—混凝土组合箱梁。

2. 建设实施

上海长江隧桥工程建设单位为上海长江隧桥建设发展有限公司。工程总投资为126.16亿元。经上海市委批准,成立上海长江隧桥工程建设指挥部,下设办公室,与组建的上海长江隧桥建设发展有限公司合署办公,负责工程建设。工程设计单位为上海市隧道工程轨道交通设计研究院、上海市政工程设计研究总院,施工单位为上海城建(集团)公司、中铁二十四局集团有限公司、江苏省交通工程集团有限公司、上海隧道工程股份有限公司等12家。图4-12所示为上海长江隧道工程施工现场。

图4-12 上海长江隧道工程施工

上海长江隧桥工程于2004年12月28日正式开工,2009年10月31日建成通车,中共中央政治局委员、上海市委书记俞正声出席仪式宣布上海长江隧桥建成通车,上海市市长韩正、交通部副部长冯正霖致辞,8位建设者代表共同为长江隧桥建成通车剪彩。

2011年11月,经上海长江隧桥工程国家建成验收委员会验收,工程合格率达100%,优良率达100%。其中,盾构隧道贯通偏差控制在5cm和2cm(上、下行线)、混凝土管片尺寸、抗压强度和抗渗指标合格率为100%;两塔中心距离误差仅为12mm,两塔身垂直度分别达到 1/9600 和 1/10300。成桥荷载试验结果表明，大桥工程的设计和施工质量均处于先进水平，隧道达到国家地下工程防水等级一级标准。上海长江隧桥工程通过了国家环保总局对隧桥工程环境影响的评审，评审结果为："上海长江隧桥工程从工程选线、初步设计以及施工准备期就注重环境保护的建设理念，针对沿线的声、水、生态等方面的环境影响采取了有效的减缓措施，取得了多个环保亮点。"

3. 工程科研

在上海长江隧桥工程建设中，针对隧道直径世界最大，一次掘进距离最长，施工位于复杂高水压土层中，大桥位于河床多变的长江入海口，工程结构形式复杂多样等情况，首次采用了许多新工艺，共完成国家高技术研究发展计划（"863 计划"）等 60 余项攻关课题。在隧道领域构建了超大直径盾构隧道成套抗浮体系、开挖面稳定技术体系、结构设计计算体系，解决了因隧道直径超大而引起的施工期上浮严重、支护压力难设定与开挖面易坍塌、结构承载力不确定与参数难获得等问题；研发了盾构核心部件检修技术、隧道智能通风与高压细水雾降温技术、三维轴线精确控制技术、纵向沉降控制技术，解决了盾构一次性掘进距离特长带来的核心部件易损坏而检测与维修困难、运营期交通堵塞或火灾工况通风、隧道进出口升温、隧道轴线难以精确控制、纵向不均匀与长期沉降等问题；创建了盾构隧道七大系统功能联动的防灾减灾体系、基于全寿命周期的盾构隧道数字化管理体系、风险动态评估体系，解决了因隧道长大而带来的灾害发生概率大，防灾减灾与风险综合管理难题。在桥梁建设中解决了公轨共面桥梁设计标准和风险评估方法、超大跨度斜拉桥新型结构体系、轻轨跨越主航道大跨斜拉桥等技术难题，实施大跨度整孔预制吊装组合箱梁技术，使我国的整孔吊装跨度首次突破 100m 大关，箱梁悬臂板布置轻轨新技术为城市轻轨建设提供了新的布置模式；预制拼装桥墩建设技术使上海长江大桥预制桥墩高度首次突破 40m，并成功实现了接缝混凝土无裂缝；填砂路基设计与施工技术成功地将长江口细砂作为接线道路路基的填料，减少了对当地土地资源和环境产生的破坏；首次将具有我国自主知识产权的国产环氧沥青材料应用于超大型公路钢桥面铺装，对推动我国桥梁建设自主创新产生积极作用。

工程建设中，共获得授权各类专利 60 余项；获登记计算机软件著作权 8 项；获批国家级工法 3 项、省部级工法 10 项、指南 8 项；发表国际上有影响的论文 200 多篇，出版隧道中英文论文专著各 1 本和大桥论文集 1 本；培养各类人才 100 多人；共计获 20 余项省部级、协会奖项。其中：上海市科技进步一等奖 2 项、二等奖 4 项，教育部科技进步一等奖 1 项，建设部华夏科技进步二等奖 3 项，中国施工企业管理协会一等奖 4 项、二等奖 4 项，中国电力建设科学技术一等奖 1 项，中国公路学会科学技术奖、中国航海学会科学技术奖、中国测绘学会测绘科技进步二等奖各 1 项。长江隧桥工程被评为"中国建国 60 周年公路交通勘察设计经典工程""上海市勘察设计优秀项目""上海市建设工程优质结构奖""上海市建设工程白玉兰奖""上海市市政工程金奖"。

4. 建成运营

上海长江隧桥工程的建成,标志着我国隧桥工程技术取得重要突破,隧桥建设水平跃上了一个新台阶,成为我国公路工程建设史上一个新的里程碑。工程2009年先后荣获"上海市建设工程白玉兰奖"(市优质工程)、"国家优质工程金奖"和"鲁班奖",其中上海长江隧道工程2012年荣获"国际隧道奖"。上海长江隧桥建成通车,拉近了崇明与市区的距离,为改善长江口越江交通状况,优化上海交通网络体系,完善国家及区域公路网,实现我国沿海、沿江大通道发展战略提供了交通保障。

三、崇启通道(上海段)工程

1. 规划方案

崇明至启东长江公路通道(以下简称"崇启通道")是沪陕高速公路的组成部分,也是长三角地区高速公路网规划的城际通道。2001年4月3日,上海市副市长韩正率领上海代表团,赴南京与江苏省委书记、省长梁保华率领的江苏省代表团就江苏与上海边界公路接口问题进行协商,决定将沪崇苏大通道接口放在启东与崇明之间。2003年10月15日签订了《关于江苏省与上海市共同同步建设崇启大桥的协议》。2006年10月,国家发改委批准崇启通道(上海段)工程立项。2008年4月,国家发改委下发《关于崇明至启东长江公路通道工程可行性研究报告的批复》。同年12月,交通部批复工程初步设计。

崇启通道(上海段)工程南接上海长江隧桥,途经崇明县陈家镇、向化镇、港沿镇和竖新镇,经崇启大桥北至江苏省界接崇启通道江苏段,全长30.74km。车道设计为双向六车道,设计速度为100km/h,路面结构为沥青混凝土。全线设有崇启大桥、向化公路立交桥,主线桥梁16座,其中特大桥1座为2.3km长的北支大桥,即崇启大桥(上海段),大桥6座,中桥9座。北支大桥为预应力混凝土连续梁,单箱单室斜腹板箱形截面,30m跨梁采用纵横两向预应力,50m跨梁采用三向预应力,大堤段采用90m+150m+90m三跨连续箱梁,设计最高通航水位4.31m,在上海同类桥梁中跨度最大。设有主线收费站,监控系统包括车辆检测器、信息板、气象仪、能见度检测器、紧急求助告示牌、超限检测等,与长江隧桥共用监控中心。桥梁设计荷载为公路—Ⅰ级,设计基准期100年,抗震标准为地震基本烈度7度。

2. 建设实施

崇启通道(上海段)工程建设单位为由上海市城市投资建设发展有限总公司出资设立的上海崇启通道建设发展有限公司。工程投资45.71亿元。工程实施公开招投标,设计单位为同济大学建筑设计研究院、上海市政工程设计研究总院,主要施工单位为上海城建(集团)公司、江苏省交通工程(集团)有限公司、中国葛洲坝集团股份有限公司、中交第一航务工程局有限公司、上海市基础工程公司、上海交技发展股份有限公司、上海市政一公司、上海园林绿化建设有限公司,监理单位为上海公路工程监理有限公司、上海天佑工程监理有限公司。

2008年8月1日,江苏省和上海市政府在江苏启东江岸联合举行了崇启通道(上海段)崇启大桥工程奠基仪式。同年12月26日,崇启大桥(上海段)正式开工建设,2009年2月28日,崇启大桥(江苏段)开工建设。2011年12月24日,崇启大桥举行建成通车仪式,中共中央政治局委员、上海市委书记俞正声,交通部部长李盛霖,江苏省委书记罗志军,省委副书记、省长李学勇,上海市委副书记、市长韩正等领导出席通车仪式,共同按下"崇启大桥建成通车"触摸球。

崇启通道(上海段)工程建设过程中注重质量管理,建设单位编制下发五大类共51个管理文件,包括质量创优管理办法、首件认可制度和质量例会制度等;全线PHC管桩进行100%的低应变检测,超过桩基总量的10%进行了高应变检测;全部钻孔灌注桩100%进行超声波检测,确保了工程质量始终处于受控状态。10853个分项工程合格率为100%。

3. 工程科研

为了保护崇明岛有限的土地资源,上海崇启通道建设发展有限公司委托同济大学、有关设计院等先后开展动荷载作用下采用长江口细砂作为路基与路面稳定性研究、道路养护系统路基施工及运营期自动监测、生态绿色廊道构建研究、绿色两型生态高速公路建设技术研究等实用性、前瞻性课题。试验采用可移动式加速加载设备模拟交通荷载,试验发现路面最终损坏形式为车辙,未出现裂纹;路面铺装模量发生衰变,土基和半刚性基层未出现明显衰变。研究成果指导了设计、施工顺利进行。

根据沿线水系发达,沟浜、鱼塘密布的特点,采用了多种软基处理措施。箱涵及其两侧路段采用钉形与双向水泥搅拌桩处理;桥头路段地基处理采用PTC管桩;沿北横引河部分路段采用低能量强夯工艺进行地基处理;"八五"大堤以外滩涂路段地基采用换填加强夯结合真空井点降水工艺进行处理;大桥分别采用支架现浇法、移动模架、悬臂浇筑和节段预制拼装等技术;中桥采用简支变连续小箱梁和桥面连续简支空心板梁;水中基础采用大直径钻孔灌注桩,进入陆地为PHC桩基础。针对沿线的声、水、生态等方面的环境影响采取了有效的减缓措施,具有多个环保亮点。沥青路面掺加橡胶粒子,降低车辆行驶产生的噪声;设置高约2m的遮光板,避免夜间车辆灯光直射鸟类集中区域;设置动物通道,缓解公路两侧野生动物的阻隔。为使旅行者感受崇明的秀美风光,设计了四类景观带,即城镇密集带、渔乡风情带、田园疏林带、滩涂风光带。城镇密集带两侧采用封闭式防护林带,起着遮光和防尘作用。

4.建成运营

崇启通道(上海段)的建成,缩短了启东与上海的时空距离,与长江隧桥在长江口形成了一条完整的南北向越江通道,对优化长三角地区交通网络体系、推动长三角经济社会发展发挥重要作用。"桥港连通江海,启东融入上海"。崇启通道(上海段)使启东融入上海1小时经济圈,极大地缩短江苏东部至上海的出行时间,为上海市及浦东地区经济向北辐射提供了便捷通道。

第十五节　沪翔高速公路建设项目

一、项目概述

沪翔高速公路(图4-13)位于上海市西北部,东起外环线西北端,向西穿过沪嘉高速公路,同G15沈海高速公路交接。途经宝山区、嘉定区,全长11.68km。工程于2010年6月开工,2014年7月建成通车。

图4-13　沪翔高速公路

根据上海市干线公路网规划,沪翔高速公路是高速公路网"两环、十一射"以及"一纵、一横、三联"中的"一联",是连接沈海高速公路和外环线北环,构造外环线西侧的"近郊辅环",同时,也是虹桥综合交通枢纽重要疏解通道之一的嘉闵高架路北段的联络通道。

二、规划方案

2006年12月,上海市发改委批复《沪翔高速公路(S6)工程建设项目建议书》。2007年4月,由上海城市建设设计研究院编制完成《沪翔高速公路(S6)工程建设可行性研究报告》。2010年3月,上海市发改委批复《沪翔高速公路(S6)工程建设可行性研究报告》。

沪翔高速公路设计速度为100km/h,双向六车道,道路红线宽度为60m,两侧隔离绿化带各50m。道路长约2.3km,高架桥长约9.5km。主体结构设计基准期为100年,大桥的安全等级为一级,其余桥梁的安全等级为二级,高架外侧防撞护栏等级采用SA级,地面桥采用SB级。沿线的桥梁结构工程包括:9.51km主线高架桥(包括主线跨越规划的罗蕰河大桥1座),沈海、外环2座互通立交,2座简易立交,12座中小桥。设置匝道收费广场和收费站,其中收费广场设有19个收费岛、20座收费亭。

三、建设实施

沪翔高速公路工程总投资56.11亿元,其中工程建设费及其他费31.26亿元,前期动迁费23.91亿元,管线搬迁费0.94亿元。宝山区承担前期动迁费4.96亿元,嘉定区承担前期动迁费18.95亿元,市按腾地面积给予区每亩20万元的补贴。管线搬迁费由管线权属单位承担50%,暂列0.47亿元。工程建设及其他费用由市级建设资金安排资本金7.93亿元,其余部分由银行贷款解决。

沪翔高速公路工程建设单位为上海公路投资建设发展有限公司,设计单位为上海城市建设设计研究院,施工单位为中铁十五局集团有限公司、中交第三航务工程局有限公司、上海建工(集团)公司,监理单位为上海斯美科汇建设工程咨询有限公司、上海市市政工程管理咨询有限公司、上海公路工程监理有限公司、上海天佑工程咨询有限公司。

在工程建设中,各参建单位严格履行合同。总包单位加强质保体系管理,推行标准化施工,实行施工全过程管理。监理单位强化质量把关,加大质量控制环节的管理力度,确保安全生产保证体系的有效运转。设计单位进行全过程现场技术指导和服务,提出优化措施。经过参建各方的共同努力,所有施工标段通过了安保体系监审、安全标化工地达标。2011年沪翔高速公路工程获得"交通部平安示范工程""上海市重大工程文明工地称号""上海市优质工程(优质结构)奖""2012年钢结构金钢奖""2012年度节约型绿色工地"等各项荣誉。工程采用的桥梁"钢筋模块化"施工工艺为国内首创。

四、建成运营

沪翔高速公路的建成通车,完善了快速路网和高速公路网结构,缓解了外环线西段的交通拥堵。在提高干线路网的连通性、网络度和覆盖的均匀度,满足新城到中心城多层次多通道的交通需求方面起到了重要的作用,也成为F1赛车场的主要对外通道。

第十六节 闵浦大桥建设项目

一、项目概述

闵浦大桥位于奉浦大桥与徐浦大桥之间,距下游徐浦大桥 8.7km,距上游奉浦大桥 8.8km,是黄浦江上第八座大桥、世界跨径最大的双塔双索面双层公路斜拉桥。东起黄浦江东岸鲁陈路,与申嘉湖高速公路浦东段相接,西至龙吴路,与申嘉湖高速公路浦西段相接,全长约 4km。地方道路东接鲁陈路,西连放鹤路并设龙吴路匝道。

二、规划方案

2004 年 3 月,上海市政工程设计研究总院做预可行性研究。2005 年 1 月,上海市发改委批复《S32 申嘉湖高速公路工程建设项目建议书》,其中闵浦大桥作为越江段一个单独项目。同年 8 月,市发改委批复《闵浦大桥工程建设可行性研究报告》。

闵浦大桥工程采用上层八车道高速公路、下层六车道二级公路的技术标准,设计速度上层为 120km/h,下层为 60km/h,全长 3982.7m。主桥塔座 4 个,主塔 2 个。桥梁结构设计基准期采用 100 年,抗震标准为地震基本烈度 7 度。主桥通航净空高度 62m,单孔双向通航净宽不小于 330m。通航能力为 2 万吨级。主桥是双塔双索面双层斜拉桥,主跨 708m,跨径布置为 4×63m + 708m + 4×63m,沥青混凝土桥面。

三、建设实施

闵浦大桥工程建设单位为上海沪申高速公路建设发展有限公司。工程总投资为 29 亿元,其中工程费为 25 亿元,前期动拆迁费为 4 亿元。建设单位启动了项目融资工作,组建以中国工商银行、国家开发银行、浦东发展银行等参与的项目银团,于 2009 年 5 月 8 日正式签署银团融资协议,为闵浦大桥贷款 21.6 亿元。勘察单位为上海岩土工程勘察设计研究院,设计单位为上海市政工程设计研究院,施工单位为上海建工(集团)总公司、中国路桥工程有限责任公司、广东省长大公路工程有限公司等 7 家,监理单位为上海华申工程监理咨询公司、上海正弘建设工程有限公司等 3 家。工程采用代建制模式进行项目管理,代建单位为上海市黄浦江大桥建设有限公司。

闵浦大桥坚持"百年大计,质量第一",建立了"政府监督,社会监理,企业自控"的三级质量保证体系。制定下发了《质量管理办法》《监理管理办法》《钢结构加工管理办法》《试验检测管理办法》等文件。代建单位制定了质量、安全、监理、分包、试验检测等管理办法,并组织各参建单位认真参照执行。监理单位落实了监理例会、巡视检查制,把好勘察设计、配套项目、施工工序质量关。施工单位分别建立落实了质量保证体系,质量始终处于受控状态,无质量事故发生。工程注重环境保护,采用SMA低噪声路面,严格按照防噪声、防振措施组织施工,减少施工噪声。闵浦大桥建成后,便捷了浦东与浦西的交通条件,但在下层二级公路未设置非机动车道,给两岸行人过桥带来诸多不便,这在今后类似桥梁的设计中应予以充分考虑。

2005年9月1日,闵浦大桥工程开工,2007年9月28日引桥开工,2009年7月22日主桥结构合龙,上海市副市长沈骏主持合龙仪式。同年10月28日,上层主桥面完成沥青摊铺。2009年12月31日,闵浦大桥(图4-14)与申嘉湖高速公路同步建成通车。闵浦大桥荣获2010年度"上海市市政工程金奖",工程创造了双层斜拉桥主跨长达708m的国际造桥业的世界纪录。地方道路于2010年4月20日建成通车。

图4-14　闵浦大桥

工程建设中,针对大跨度双层公路斜拉桥建设关键技术,通过对抗震性能、抗风性能、主跨正交异性板结合钢桁梁、边跨桁架组合梁设计与施工技术、钢桁梁斜拉桥施工过程分析及控制、运营风险分析与防范措施等课题的研究,解决了世界上跨度最大的双层公路斜拉桥建设的关键技术难题,研究成果主要体现在:一是主跨正交异性板结合钢桁梁。主梁上层结构宽达44m,中跨主梁采用钢桁梁与正交异性板相结合的结构形式。中跨钢桁梁结构采用全焊连接方式,并制定相关的加工制造标准。二是边跨桁架组合梁设计与施工技术。边跨主梁采用由外包混凝土型钢弦杆、钢竖腹杆、钢斜腹杆、钢斜撑杆、预应力混凝土横梁与混凝土桥面板构成的复合结构双层桁架体系。三是钢桁梁斜拉桥施工过程分析及控制。对桥梁施工全过程进行了仿真计算,在桥梁承台大体积混凝土整体浇捣中,采用普通外加剂、低水泥用量、高掺合料制备了低水化热混凝土。"节段预制、现场拼装、整体提升、高空滑移"的施工工艺将大量的高空焊接作业转移到地面,解决了特大规模全焊接钢桁架双层桥梁结构施工的技术难题。四是运营风险分析与防范措施。分析总结出运营期四大类主要风险:地震、大风、暴雨、降雪与道路结冰及雾等自然灾害,制定相应风险事态下对应构件的管养策略。研究成果成功应用于闵浦大桥的设计、施工,确保了大桥安全、优质、快速建成。2010年12月,通过了上海市科学技术委员会鉴定并认为,该研究成果具有创新性和实用性,设计施工总体达到国际先进水平。

闵浦大桥工程建设为中国桥梁领域提供了许多宝贵的经验:一是中跨采用钢桁梁与正交异性板结合的组合结构形式,为国内大跨斜拉桥首次采用;二是边跨加筋梁采用桁式腹杆组合梁体系,在世界同类桥梁中属首次采用;三是全桥钢结构采用全焊连接方式,在世界同类型桥梁中尚属首次;四是在土地资源稀缺的上海,规划跨江大桥、高速公路与地方道路共用同一座大桥,采用双层桥梁形式,既解决了高速公路和地方道路过江问题,也大大节约了建设用地和造价。

四、建成运营

闵浦大桥建成通车,不仅满足了闵行区黄浦江两岸日益增长的交通需求,而且与上海郊环、嘉金、莘奉金等高速公路相连接,对完善上海公路网起到了至关重要的作用。大桥的贯通,连接了申嘉湖高速公路,为上海打造长三角"3小时都市圈"提供了更加便利的交通条件,为上海世博会提供了便捷通道。

第十七节 大型立交建设项目

一、莘庄立交工程

1. 项目概述

莘庄立交桥是上海城市外环线西南段一期道路工程建设中规模最大的一座立交桥(图4-15)。地处上海闵行区莘庄镇以东约1km处,北接外环线西段,南接南北快速干道(四号线),东接外环线(一期)南段,西接沪杭高速公路(上海段),沿西南至东北方向的沪闵路与立交桥连为一体。沪杭高速公路(上海段)、沪闵路南北快速干道(四号线)、320国道及地铁一号线延伸段在此区域汇交,它是集高速公路、城市干道、高架道路、地铁等多种交通立体交叉的一座特大型交通枢纽,直接担负着保障上海市区与浙江省、上海南部各县以及浦东新区的重要交通通道功能。

2. 规划方案

建设莘庄立交工程,是上海城市交通发展的迫切需要和经济发展的客观需求。为配合外环外环线一期工程建设,根据上海市计划委员会关于外环线一期工程可行性研究报告(工程部分)的批复和1996年12月13日上海市政府专题会议精神,提高莘庄地区的通行能力与各快速干道畅通水平。1997年6月16日,上海市城乡建设和交通委员会批准莘庄立交工程初步设计,并且在外环线一期工程中单项建成。

图4-15 外环高速公路莘庄立交

莘庄立交桥工程经过多年的前期准备工作以及专家审议和方案优化,确定采用四层苜蓿叶与定向相结合的组合型,共设置20条定向交通渠道,分别汇集到6个交汇进出口,形成六角形状的四层立交桥,桥面总建筑高度为24.8m,南北长约1700m,东西宽约1600m。占地总面积为45.8万m²,其中桥梁建筑面积8.44万m²,道路面积10.78万m²。全桥共分4层,主要流向均为定向式,能满足各个方向车辆在这一区域的交汇分流。

莘庄立交桥设计速度:外环线(一期)和南北快速干道为80km/h,次干道为60km/h,其余地区性匝道为40km/h。全桥按地震基本烈度7度设防。桥梁荷载标准为汽车—超20级,挂车—120验算,主干道桥梁按特种车—300级(总量)验算。路面设计荷载为BZZ-100型标准车。净空高度:跨外环线(一期)主线净空高度5.5m,其他各线净空高度5m,沪杭铁路垂直净空高度6.75m,规划沪杭客运专线净空高度预留6.95m。

立交范围内设置防撞栏杆、防护栏杆、反光柱等设施以保障行车安全,立交桥采用连续弯梁及部分制梁结构,保证了线条的匀称性和连续性,在各引道端的出入口均设有简洁明快的桥头标志,突出各自形体和色彩的不同,以引导驾乘人员过往。立交范围还辟建了35m²的绿地,树木葱茏,使周边环境和立交起到美化绿地、净化空气、吸收噪声、分割区间的多元化功能,把立交点缀得更加壮丽。桥梁上部结构采用预应力混凝土空心板梁结构和预应力混凝土连续箱梁桥结构及非预应力连续梁结构。桥梁下部结构采用45cm×45cm的钢筋混凝土打入桩,填土高度控制在2.5m以下。路面结构采用沥青混凝土。

3. 建设实施

莘庄立交桥工程由上海市黄浦江大桥建设处负责建设管理,天津市市政工程设计研究院设计,由上海城建(集团)公司下属上海市政一公司、上海隧道工程股份有限公司、上海公路桥梁工程有限公司等20家单位参加施工,上海市市政工程监理技术咨询公司、上海华铁工程咨询监理公司、上海建通监理公司等11家单位进行工程监理。工程于1997年3月中旬开工,经过广大建设者近1年6个月的艰苦奋战,于1998年11月3日建成通车。工程总投资60352.07万元,其中工程前期费中的征地拆迁费及立交工程路基土源费由闵行区政府承担并完成任务,其余工程费47553.67万元由市公路养护费中支付。

由于莘庄立交桥是一座融公路、城市干道、铁路相交的特大型交通枢纽,它的规模之大、技术要求高、复杂因素之多,给工程建设带来了很大的难度。上海市委、市政府领导十分重视莘庄立交工程的建设,多次到工地检查和指导工作。在工程前期动拆迁工作上,也得到了闵行区领导的关心和支持,从而保证了工程建设的顺利推进。工程伊始,工程建设指挥部就明确莘庄立交工程要创优质示范工程,严格控制技术质量。实行了政府监督、建设单位严格管理,委托社会监理单位进行技术质量安全监理,施工承包单位组织技术质量自控,分层次建立健全技术质量监督管理保证体系和管理网络。在施工中,广大建设者克服了桥梁蜿蜒重叠、相互交错、建筑密度大、结构复杂等困难,保质量、保安全地按计划完成了施工任务。在土路基施工中,采用了分层填筑粉煤灰加土工网以及预压等施工技术措施,加速路基沉降方法,使土路基得到较充分的压实,从而基本克服了桥头跳车现象。桥梁伸缩缝采用包括防撞墙在内全包仿毛勒伸缩缝装置,不仅使桥面平整度得到提高,也起到了防水效果。桥面铺装和沥青混凝土铺筑采用控制平整度新方法,严格按程序铺装和摊铺、碾压,使道路平整度达到了3、2、2、1的要求。经质监站检查,莘庄立交桥结构工程34个单位工程优良率到达100%。

4.建成运营

莘庄立交桥工程项目1999年荣获"上海市优秀设计一等奖""上海市市政工程金奖""中国市政工程金奖",2000年获"建设部优秀设计一等奖""全国第九届优秀工程设计银奖"。莘庄立交自建成通车以来,运行状况良好,经济社会效益显著,它的建成极大地提高了外环线及周边重要干线通行能力,缓解了浦西的交通压力,为改善浦东的投资环境,振兴上海经济发展,促进上海、浙江等长江流域经济带的发展起到了重要作用。

二、大港立交工程

1.项目概述

大港立交工程位于兴建的同三国道上海段与途经松江区大港镇附近的沪杭高速公路上海段交汇处,占地约200亩。所处地质状态为潟湖沼泽平原地貌,地面标高为2.6～3.2m。大港立交的同三国道上海段主线桥段长2km,由北向南上跨沪杭高速公路上海段。沪杭高速公路上海段改建拓宽段衔接部分东西长1.5km,整个立交平面呈一个曲边三角形形状。新建的 Z 匝道为曲边外挂二片苜蓿叶形,分别与立交主线桥的北端和沪杭高速公路上海段近东端线上跨后形成苜蓿叶形弯道。

大港立交是在建设同三国道上海段(现为 G1501 上海绕城高速公路)工程中一并兴建的 8 座互通式立交桥之一,是连接 G60 沪昆高速公路(即沪杭高速公路)上海段与同三国道上海段的大型立交桥。它与建成的同三国道上海段一起,将 G2 京沪高速公路(沪宁)、G50 沪渝高速公路(沪青平)、G60 沪昆高速公路(沪杭)等高速公路和其他公路在上海外围连接起来,构成上海对外公路交通的第一层高速集散环路,完善了高速公路网的立体骨架,从而增强了上海市高速公路网的整体作用。

2. 规划方案

1998 年,交通部下发《关于国道主干线同江至三亚公路上海段可行性研究报告的批复》,批准大港立交立项、工可。2000 年 1 月 4 日,交通部下发《关于国道主干线同江至三亚公路上海段初步设计的补充批复》。大港立交工程由主线桥单位工程、匝道道路单位工程和 7 座桥梁单位工程三部分组成。道路工程累计长约 5km,桥梁工程累计约 2.6km。立交主线桥段工程长 2km,北向南上跨沪杭高速公路上海段,工程桩基为 279 根 450mm × 450mm 预制方桩,深度为 34m。钢筋混凝土承台 24 只,强度为 C25;直径为 800mm 的钢筋混凝土立柱 84 根,强度为 C30;空心板梁 345 根,铺装层 7063m^2,防撞墙 1088m,沥青混凝土 7063m^2。

立交匝道道路单位工程由 17 条匝道组成,有 8 条匝道的一端与 Z 匝道相连,另一端分别与主线和沪杭高速公路拓宽部分相连,剩下的 8 条匝道分别设置在沪杭高速公路两侧的拓宽道路上。其中 Z 匝道为双向机动车道,含 2 个快车道和 1 个 1m 宽的中央分隔带,全长 1310.62m,有 3 个桥梁段,路幅宽 15m,其余 16 条匝道均为单向机动车道,路幅宽 7m。立交道路通车面积 7 万 m^2,硬路肩 2.5 万 m^2。在双向机动车道之间设置中央分隔带,主线中央分隔带宽度为 3m,道路边线之外均设有隔离栅和排水沟。桥梁工程匝道桥曲线段采用连续箱梁,上跨沪杭高速公路上海段的采用预应力混凝土简支 T 梁,其余均为预应力混凝土简支空心板梁。板梁为工地现场预制的先张法预应力混凝土空心板梁,箱梁采用现浇式钢筋混凝土结构。

3. 建设实施

大港立交工程建设单位为上海同三高速公路有限公司,并委托上海市城市外环线工程建设处代表业主负责工程建设管理。设计单位为上海市政工程设计院,施工单位为上海隧道工程股份有限公司,监理单位为北京双环工程咨询有限公司。工程于 2001 年 4 月开工,2002 年 12 月 27 日建成通车。

整个工程特点为道路面积大、匝道多、桥梁分布广、工期紧、施工难度大。工程在建设过程中遵循"质量第一"的原则,在提高道路工程质量、治理公路工程质量通病方面,通过采取多种形式的技术处理措施,如针对软土地基情况,采用EPS轻质材料填筑,以减少新路基的沉降;在工程桥台背侧采用塑料排水板和粉喷桩对地基进行加固,以减少桥头跳车等,收到了一定效果。工程建设中也注重环境保护和降低噪声,如高架桥施工中,原设计用打入桩的,为减低噪声而将设计改为钻孔灌注桩;道路两侧及中间分隔带形成的绿色屏障,既美化了道路环境,也降低了噪声对周边地区的影响。工程质量经上海市公路工程质量监督站全面验收,单位工程合格率为100%,优良率为85%。2004年10月,大港立交工程与同三高速公路全线通过了上海市市政工程管理局组织的交工验收,并通过国家环境保护总局的环保验收。

4. 建成运营

大港立交的建成通车,充分发挥了同三国道上海段(即现G1501上海绕城高速公路)的交通干道作用,大大减少了沿线水陆运输的压力,为沿线地区提供了快速直达、安全经济和舒适的客货运输交通环境,极大地改善了该地区的公路交通状况,增强了上海高速公路网的整体功能。

三、沪青平同三立交工程

1. 项目概述

沪青平高速公路(即G50沪渝高速上海段)同三立交是上海市西部地区最大的立交工程,位于青浦区境内沪青平高速公路与同三高速公路(现为G1501上海绕城高速公路)相交汇处。该立交工程的建成,成为连接上海内环、外环、"申"字形高架和同三高速公路在东部沿海地区的重要交通枢纽。

2. 规划方案

2000年6月和11月,上海市计划委员会分别批复同意《沪青平高速公路中段工程(中春路至朱枫公路段)立项和可行性研究报告》,并将沪青平高速公路同三立交工程纳入沪青平高速公路工程项目。

沪青平高速公路同三立交是一座结合道路等级、交通流量流向、地形地物、收费设施布置等情况及要求综合考虑的全定向互通式立交。工程由沪青平高速公路主线、同三高速公路高架桥及引道、8根匝道及2条集散车道组成,其中同三高速公路引道长573.22m,和同三高速公路立交高架桥共长1194.78m,分别跨越淀浦河、沪青平一级公路及沪青平高速公路。

工程主线设计速度为120km/h,相关公路设计速度同三高速公路为100km/h,其余均为80km/h,集散车道设计速度为80km/h,同三高速公路立交匝道设计速度为60km/h,其余匝道均为40km/h。横断面布置为中央分隔带宽2m,两侧机动车道各宽15m,4个防撞坪各宽0.5m,总幅宽34m。其中在匝道出入口处,桥面宽度最大达52.17m。全线道路规划红线60m。立交上部结构直线段采用简支梁式,曲线部分设计为连续箱梁形式。立交高架设计荷载和匝道工程荷载标准为汽车—超20级,挂车—120,路面BBZ-100,建筑限界5.0m,抗震标准为地震基本烈度7度。设有下穿孔通道18座,独立孔通道为钢筋混凝土框架结构。

3. 建设实施

工程建设单位为上海市同三高速公路有限公司,委托上海市沪青平高速公路建设有限公司建设,总投资为2.37亿元。工程设计单位为上海城市建设设计院,施工单位为武警交通独立支队上海指挥所,监理单位为北京双环工程咨询有限责任公司。

工程在建设中根据大型结构工程和轻土路基的设计施工特点,将工程内在质量、外观质量和功能三个质量方面的要素作为工程施工质量的主要技术控制关键,以确保重点部位的施工质量来带动工程整体质量,并达到了优良级。

4. 建成运营

立交桥及引道工程于2001年1月20日开工,2002年10月30日建成。立交匝道工程于2001年1月1日开工,2002年11月22日完工。同年12月27日,沪青平高速公路和同三高速公路同期建成,上海市委、市政府主要领导出席沪青平高速公路同三立交通车典礼并剪彩。沪青平高速公路同三立交工程的建成通车,成为城市内外交通联结的纽带,为上海市高速公路实现互联互通,减轻市中心的交通压力发挥了积极作用。

表4-1所示为截至2016年底上海高速公路统计里程。

上海高速公路里程表(截至2016年底) 表4-1

序号	高速公路名称	里程(km)	起讫点址	备注
1	G2 京沪高速公路	24.230	安亭镇(沪苏界)—真北路立交与武宁路地面道路交界处	
2	G15 沈海高速公路	91.244	新浏河大桥(沪苏界)—金山卫镇(沪浙界)	
3	G40 沪陕高速公路	56.261	浦东新区五号沟长江隧桥起点—崇启大桥(沪苏界)	
4	G42 沪蓉高速公路		真北路立交与武宁路地面道路交界处—安亭镇(沪苏界)	与京沪高速公路共线
5	G50 沪渝高速公路	48.319	外环延安西路立交—金泽镇(沪苏界)	
6	G60 沪昆高速公路	47.670	沪闵路莘庄立交—枫泾镇(沪浙界)	

上海

续上表

序号	高速公路名称	里程(km)	起讫点址	备注
7	G92 杭州湾地区环线高速公路		上海绕城高速公路大港立交—枫泾镇(沪浙界)	与沪昆高速公路共线
8	G1501 上海绕城高速公路	209.220	同济路立交—同济路立交	
9	S1 迎宾高速公路	14.469	外环高速公路立交—机场高架	
10	S2 沪芦高速公路	42.309	外环高速公路立交—东海大桥	
11	S4 沪金高速公路	44.058	外环莘庄立交—沈海高速公路山阳立交	
12	S5 沪嘉高速公路	17.370	真北路—嘉定南门	
13	S6 沪翔高速公路	10.170	外环—沈海高速公路沪翔收费站	
14	S19 新卫高速公路	18.960	绕城高速公路新农立交—金山卫	
15	S20 外环高速公路	79.401	五洲大道—同济路立交	同济路立交至五洲大道与上海绕城高速公路共线
16	S26 沪常高速公路	17.532	沈海高速公路华徐立交—淀山湖收费站(沪苏界)	
17	S32 申嘉湖高速公路	83.512	浦东国际机场南进场路—金山区白滩港桥(沪浙界)	
18	S36 亭枫高速公路	20.740	上海绕城高速公路新农立交—枫泾镇(沪浙界)	

注:上海高速公路总里程为825.465km,其中国家高速公路里程476.944km(编号为G),省(市)高速公路里程348.521km(编号为S)。

第五章
上海高速公路建设管理

第一节 高速公路建设管理体制概述

一、高速公路建设管理体制的沿革

20世纪90年代以前,上海在高速公路建设管理体制方面由市统一直管建设,所有项目由政府投资并组织建设。

1993年,为配合浦东新区的开发开放,上海市市政工程管理局将原市属的浦东新区范围的公路设施的建设、管理等事权下放移交给浦东新区。1997年,浦东新区以外的其他区(县)也进行了公路管理事权下放,在上海市"两级政府、两级管理"的体制改革下,高速公路建设也相应地转变为由两级政府负责相应职责范围内的资金筹措和建设,同时探索多渠道筹措资金,由政府直接建设改为由政府性投资公司或由社会投资主体建设,进入"多元投资、多元管理"的新阶段。上海市高速公路建设进入迅速发展阶段,10多年来高速公路里程迅速发展。

随着上海市高速公路网的不断发展完善,近几年,上海市高速公路建设速度逐渐放缓,同时随着国家投融资政策的变化和市级财政收入的大幅提高,上海市新增高速公路的建设呈现政府全额投资非收费高速公路、政府还贷高速公路以及PPP模式下的社会投资建设高速公路同步发展的新模式。

二、高速公路建设管理体制的特点

上海在高速公路建设管理体制以及项目投资、项目管理等方面的工作取得了一定的成效,主要特点体现在以下三个方面:

1. 高速公路建设投资多元化

为了加快高速公路的建设步伐,从20世纪90年代开始,在继续保持政府财政投入的同时,上海高速公路的建设投资逐步向多元化发展,一是通过TOT、BOT等方式吸引社会资本参与高速公路建设或运行,为高速公路建设的高速发展提供资金保障;二是通过向境内外银行借贷,获取资金加快高速公路建设;三是通过财政安排资本金,通过政府投资企业平台进行融资,加快高速公路建设进度;四是进一步发挥"两级政府、两级管理"的管理体系,市、区(县)分工协作,充分调动区(县)的积极性,加快高速公路网建成完善。

2. 高速公路建设逐步走向市场化

上海高速公路的建设由初期政府直接管理逐步向市场化发展。近20年来,高速公路建设施工、监理等已全面面向市场招投标,同时引入代建制、总承包等新理念,进一步加强建设项目市场化进程。

3. 政府职能由直接管理向监督管理转变

随着高速公路建设不断发展,上海高速公路的建设由政府直接建设逐步向市场化发展,政府的管理职能由刚开始的直接进行项目管理向监督管理的职能转变。根据不同性质,政府全额投资或政府还贷建设的高速公路,主要依靠政府性投资公司开展项目建设具体工作,并由市相关管理部门开展立项前期和后续项目建设的监督管理;社会投资主体建设的高速公路,由投资主体开展项目的具体实施,政府负责项目的前期及建设监管等。

第二节　高速公路建设投资主体

一、城建资金筹措的初期进程

中华人民共和国成立后至20世纪80年代中后期,上海市财政体制先后经历了"统收统支"和"比例分成"两个阶段,地方财政支出比例较低。20世纪80年代末,地方财政收入仅为176亿元,建设财力仅为18亿元,即使加上预算外城建性质的政府规费收入,城建资金每年总量不过30亿元,在很长一段时间内缺乏城市建设资金,城市基础设施建设和发展严重欠账。1988年经中央同意实行财政包干制后,上海地方财政收入和城市建设资金大幅增加,从而加快了城市建设发展的整体进度。

自实行财政包干制后,上海市在城建资金的筹措方式、管理模式、运作形式等多方面进行了深化改革和创新,逐步改变了长期以来城建投融资由政府"统包总揽"的做法,走出了一条社会主义市场经济体制下城建投融资主体多元化的新路,为城市建设大发展提供了重要的资金保障,也为上海经济连续多年持续、快速发展作出了独特贡献,成为经济发展的重要拉动力。

上海城建投融资体制改革主要划分为5个阶段:第一阶段,20世纪80年代中后期,以实行财政包干为契机,统筹集中使用城建资金;第二阶段,20世纪80年代末期至90年代初期,以建立举债机制为重点,扩大政府投资规模;第三阶段,20世纪90年代中期,以土地批租为重点,大规模挖掘资源性资金;第四阶段,20世纪90年代后期,以资产运作为重点,鼓励社会主体参与投资;第五阶段,以完善市区分工为重点,着力发挥市、区(县)两级政府的积极性。

二、高速公路建设投资主体多元化

伴随着上海城建投融资体制改革的进程,上海高速公路项目建设投资模式由政府投资单一渠道转为政府投资与社会主体投资的多元化投资的新途径、新格局,主要体现在以下四个方面:

1. 统筹集中城建资金,推进政府项目建设

1988年,上海根据财权和事权相一致的原则,设立了上海城市建设基金,打破了城建资金由市财政局运作的格局,集中管理政府用于城市建设和维护的各类资金,包括每年市财政预算内安排的城市建设资金和城市维护资金、各类政策性收费资金,如公路养路费以及建设系统的其他资金(城建项目投资包干结余上缴)等。通过各项资金的统一管理,集中了有限资金,推进了包括沪嘉高速公路、沪杭高速公路一期(莘庄—松江)在内的一些重大项目建设。

2. 建立企业举债机制,筹措项目建设资金

1987年,经中央同意,上海以自借、自还、自担保的方式得到国际金融市场贷款,包括世界银行、亚洲开发银行和各国政府的贷款。1992年7月,成立了上海城市建设投资开发总公司(各区也陆续组建了城投公司筹资用于建设),以企业举债的形式,通过向金融机构融资和吸引社会资金等多种办法,全方位筹措城市建设资金。同时,以转让股权搞建设,先后陆续将沪嘉、沪宁高速公路专营权向社会资本出让,引入社会资金搞建设。通过上述方式,投资建设了包括沪杭高速公路在内的一大批重大城市基础设施,为上海城市建设"一年一个样、三年大变样"作出了很大贡献。

3. 创新资产运作载体,鼓励社会主体投资

1997年,针对亚洲金融危机后筹资能力难以进一步拓展的现状,为确保如期实现上海市政府提出的到"十五"期末建成650km高速公路的目标,上海城建投融资体制进行了又一次重大改革,即将经营性的基础设施建设项目推向市场,实行社会融资。2000年,上海市政府实施高速公路投资招商,公布了19条政策措施,吸引社会投资者出资建设高速公路,并在授权经营的期限内通过收费获得投资收益,在经营期满后无偿移交政府(即BOT模式)。通过招商吸引社会主体的建设资金达455亿元,缓解了政府资金的压力,实施了嘉浏、沪青平、同三、莘奉金等一批高速公路项目的建设,共建成高速公路560km。

4. 发挥两级政府作用,调整市区建设分工

进入21世纪以来,上海在继续深化城市建设投融资体制机制改革的同时,重点调整

完善了市区分工,着力发挥区(县)政府的积极性。2000年,上海市政府出台了《关于进一步完善"两级政府、三级管理"体制的若干意见》,按"事权、财权下放与政策规范运作相结合,管理重心下移与财力适度下沉相结合"等原则,进一步完善"两级政府、三级管理"体制,适当调整了项目建设方面市与区(县)的分工,如对改善城市整体功能作用明显或系统性强的市属骨干道路,由市里统一组织实施,区(县)负责前期拆迁,市里给予适当补贴。在继续实行市建项目由区(县)负责征地拆迁工作的同时,改变市管公路由区(县)承担前期费、土方费的做法。市管公路由市里承担工程费、土方费,区(县)承担前期费并由市里给予适当补贴;收费高速公路项目经政府批准后,由项目法人负责筹资建设,区(县)承担的前期费部分可作为参股。

第三节 多元投资建设高速公路概况

一、政府投资建设的项目

截至2016年底,上海高速公路建成项目共有16项(G15沈海高速公路、G1501上海绕城高速公路、G2京沪高速公路、G40沪陕高速公路、G50沪渝高速公路、G60沪昆高速公路、S19新卫高速公路、S2沪芦高速公路、S26沪常高速公路、S32申嘉湖高速公路、S36亭枫高速公路、S4沪金高速公路、S1迎宾高速公路、S20外环高速公路、S5沪嘉高速公路、S6沪翔高速公路),总里程为825.465km。其中,由政府投资、政府组织建设的建成项目共有10项,总里程为267.81km,占比32.44%。

1.政府资金建设项目

在高速公路发展建设初期,政府投资建设的且具有代表性的项目主要有S5沪嘉高速公路(嘉定南门—祁连山路)工程、G60沪昆高速公路一期工程(莘庄—松江)和二期工程(松江—枫泾)、G2京沪高速公路上海段(江桥收费站—江苏省花桥镇)工程、S20外环高速公路工程、S6沪翔高速公路工程等。

2.政府还贷建设项目

从2003年开始,上海建立了以政府为整体监管、以项目法人为主体的高速公路投融资建设体制。与之前的政府投资所不同的是,这些项目由市财政解决初期资本金,由项目建设法人代政府完成初期建设的投融资贷款,后期由政府进行项目收费和还贷,该类项目前期费仍由区(县)政府为主解决,市财政按照各区不同情况补贴。政府还贷建设的项目主要包括:S32申嘉湖高速公路(上海段)工程、S26沪常高速公路(上海段)工程、G40崇启高速公路(上海段)工程等。

二、社会投资建设项目

1. 外资融资建设项目

G60沪昆高速公路上海段(松江—枫泾)是上海第一条、也是目前上海唯一一条利用外资作为部分贷款建设的高速公路。

1989年末,上海市计划委员会与浙江省计经委联合向国家计委上报建设沪杭高速公路的项目建议书,并提出了争取部分世界银行(以下简称"世行")贷款的要求。1992年12月,财政部批复同意将沪杭高速公路项目列入我国利用世行贷款1993—1995年财政流动计划。1993年2月,国家计委批复同意建设沪杭高速公路。1995年,国家计委批准沪杭高速公路(上海段)工程建设总投资21.44亿元,其中利用世界银行贷款折合人民币约5亿元。1995年4月,交通部批准项目初步设计。同年8月1日,沪杭高速公路贷款项目正式生效。

2. 社会投资的经营性高速公路

截至2016年底,上海高速公路由社会主体(含国有企业)投资、并由投资主体组建项目公司实施建设的建成总里程为557.65km,占上海高速公路建成总里程的67.56%。具有代表性的项目主要有:G15沈海高速公路嘉浏段(一期)、G40沪陕高速公路长江隧桥段、G50沪渝高速公路上海段、G1501上海绕城高速公路同三国道段、G1501上海绕城高速公路北环段、G1501上海绕城高速公路东环段、G1501上海绕城高速公路东南郊环段、S4沪金高速公路等。

上海引入社会资本参与道路交通设施建设主要采取了三条途径:以BOT方式公开招商,吸引社会企业独立或合作投资基础设施项目;以股票上市、信托凭证、多方委托贷款等方式进行社会融资,吸引社会零散资金由储蓄转向投资;以TOT方式进一步盘活存量资产,鼓励社会资本进入基础设施经营领域。

(1) BOT(建设—经营—移交)。进入21世纪的上海,区域经济的发展需要更多高速公路,上海需要解决更多的建设资金。因此上海市开始在项目建设阶段就以市场化的方式公开向社会招商,实行了大规模的、真正意义上的BOT。为了降低投资风险,吸引社会资本参与建设,上海市政府在土地出让、动拆迁、税收、贷款贴息等方面采取了政策优惠。根据"153060"目标,上海需要在2005年以前投资420亿元建设560km高速公路。2000年3月,工程投资3.48亿元的嘉浏高速公路签约并动工,上海城建集团和上海茂盛集团以BOT方式共同参与该项目,联合成立了项目公司。2000年8月,沪青平高速公路、同三国道上海段、莘奉金高速公路等成为城市基础设施建设投融资体制改革后首批社会公开招商项目。

对每个高速公路项目,政府通过 BOT 招标或议标选定投资者,投资者发起成立项目公司,由市公路主管部门代表上海市政府,以《高速公路建设、运营移交合同》的形式授予项目公司特许经营权,经营期限一般是 25 年。投资者作为项目的发起人,出资不低于总投资的 30% 作为项目公司的资本金,其他部分由项目公司以收费经营权质押向银行贷款,经营期满项目无偿交还给政府。

(2)社会融资。随着我国证券市场规模迅速扩大和民间储蓄存款仍在不断增长,上海开始尝试将有盈利的基础设施项目向个人开放,吸收社会零散的富余资金,实行社会融资。到 2002 年上半年,全市已建成基础设施项目以公司方式上市,共筹集资金超过 100 亿元。同时,信托凭证、多方委托贷款等金融工具在上海率先进入道路交通设施领域,上海普通市民已开始直接参与城市基础设施项目的投资和收益。

(3)TOT(移交—经营—移交)。沪芦高速公路是洋山深水港的配套工程,它的投资主体是混合所有制。在这个项目公司中,城投公司占了 30% 的股份,其余 65% 由 3 家民营公司占有,5% 由国企城建集团所有。上海城投公司 30% 的资金带动了 70% 的社会资金,又一次实现了国有资本和民营资本的有效结合。这种投资主体的多元化融资模式,改变了过去城投公司在上海城建领域"独挑重担"的格局,充分发挥了各方的积极性、主动性和创造性,更好地发挥国有资本的控制力、影响力和拉动力。

第四节　高速公路项目管理模式

上海高速公路建设项目在管理过程中,初期为上海市政府投资,由上海市市政工程管理局下属上海市公路管理处或专门成立的市公路建设总公司负责建设,项目设计、施工、监理单位基本上由政府部门决定,而且大部分是上海市本行业体制下的相关单位。

随着后续市场化的不断深入,上海市在高速公路建设方面逐步引入招投标管理机制、工程监理机制、财务监理机制,目前所有新改建高速公路项目已全部通过市场招投标确定项目的施工、监理等单位,并试点引入项目代建制的发展模式,进一步加强项目建设管理。

一、项目指挥部模式

高速公路建设项目线路长,工程面广量大,前期动拆迁涉及地方企事业单位和村民住宅较多,在特大隧桥工程建设施工中还涉及复杂技术攻关。只有强化领导,加强协调指挥,聚集各方力量,消除工程进展中的障碍,才能够顺利推进工程,完美做好工程。

上海从沪嘉高速公路建设开始,到 20 世纪 90 年代沪宁、沪杭高速公路建设,就重视工程组织指挥,由上海市政府或政府有关部门的领导亲自担任领导小组组长,并成立由相关各方负责人组成的指挥部,负责工程协调指挥。在各区(县)路段还成立分指挥部,加强各方协调,并从安全、质量、进度、文明施工等多方面,通过工作例会、现场检查督办等形式进行推进。

进入21世纪后,在沪宁、沪杭高速公路拓宽改建项目中也引入了指挥部的形式,通过指挥部的总体协调,加强管理,强化推进项目实施。此外,在长江隧桥建设工程中还在技术方面建立了专家咨询小组,为工程建设保驾护航。

此外,上海市政府还成立了市重大工程建设办公室,重点推进高速公路建设等年度重大项目,在项目前期和建设方面加强领导和推进,保障了高速公路建设的顺利开展,促进了一大批高速公路的按时建成通车。

二、代建制建设模式

所谓代建制,就是受业主委托,由一家工程建设管理承包商对工程建设项目进行全过程管理,按照双方签订的合同行使项目管理权和履行相应义务的一种工程建设管理模式。采用代建制建设模式建成且具有代表性的项目主要有:沪金高速公路(莘奉金)工程、南环高速公路工程、沪芦高速公路工程、沈海(嘉金)高速公路工程、东环高速公路工程等。

高速公路代建制的产生,是由于高速公路建设项目实施了BOT模式,并由这个模式形成了项目公司建设阶段的两个特点:其一,阶段性。25年经营期中,建设期一般在3~4年,周期很短,如果自行负责建设管理,建设期间需要的专业人才较多,建设结束以后这些人员又要重新安排岗位或转行。因此自行招聘专业人员负责建设管理不是上策。其二,专业性。高速公路工程建设管理涉及很多专业,要在短时间内全部配齐很难办到,而且正遇上全市高速公路集中性招商,符合专业要求的各类人才供不应求,十分紧缺。由于项目公司自行负责建设管理经济方面不尽合理,而体制下的建设单位又纳入了市场化轨道,因此,由专业建设管理单位承担工程代建任务也就水到渠成。上海市建设委员会颁发的《关于推进政府投资项目建设管理体制改革试点工作的实施意见》,上海市市政工程管理局颁发的《上海市市政工程建设管理推行代建制试行规定》为代建制的诞生创造了条件。上海市市政工程建设发展有限公司是首批获得上海市建设和管理委员会认可的代建资质单位。

高速公路代建制管理的工作成效主要体现在:其一,代建制模式将建设管理纳入市场化轨道,形成了工作倒逼机制、市场分工细化机制,有利于调动体制内员工的工作积极性。其二,代建制模式有利于项目公司领导集中精力抓好工程前期协调、安全质量、文明施工、投资控制、工期保障等重大问题,协调处理。其三,代建制模式充分发挥了建设管理单位的专业优势,使建设管理人才有了用武之地,也有利于建设管理工作迅速提高业务水平,使建设管理工作效能不断提升。

第五节　经营性高速公路项目经营权管理

20世纪初,随着上海市高速公路建设发展的需求骤增以及BOT模式的引入和推广,大批国企、民企、港资等社会资本引入高速公路建设领域。这些企业通过联合体投标并最终获得高速公路项目的特许经营权,组建高速公路项目公司并运营至今。

多年来,绝大部分项目公司认真履行BOT合同,在实际运营管理中配合新增政策施行,确保高速公路的安全运行。然而,部分项目公司的内部股权相较成立之初发生了巨大变化,个别项目公司由于经营不善协商解除了特许经营权合同,多数民营股权陆续退出市场。其中,以G1501上海绕城高速公路中五家项目公司的股权变更最为典型。

一、G1501上海绕城高速公路股权的变化

上海市陆续采用BOT方式建设完成经营性高速公路G1501上海绕城高速公路,分为北段、同三段、南段、东南段及东段。G1501上海绕城高速公路自陆续建成后,不仅完善了市域高速公路网,更促进了国际航运中心建设,进一步服务了长三角地区社会经济发展。2006年,上海市政府为推进上海市航运中心建设,在G1501郊环对集卡车辆实行了弹性收费政策(即一次性收取通行费10元),逐渐形成了以G1501郊环为骨干的集装箱运输主通道。但受弹性收费政策影响,G1501路面损坏较为严重,存在运营安全隐患。全线五家项目公司运营收入大幅减少,养护经费难以保障。

2012年,上海市城乡建设和交通委员会以合同甲方的身份行使合同权利,终止了与上海北环高速公路建设发展有限公司的特许经营合同。同时,经上海市政府授权,上海市城乡建设和交通委员会通过竞争性谈判方式,将G1501北环高速公路剩余经营期年限的特许经营权授予上海环城高速公路公司(上海市投资平台公司全资子公司)。自2001年起至今,G1501北环高速公路一直是经营性高速公路性质。原特许经营权终止合同与新授予特许经营权合同的生效时间衔接妥当,变更过程中的高速公路通行费由先后两个特许经营者各自入账。

2013年9月,上海市政府专题部署了G1501大修工作,按照要求各单位启动项目前期研究,但因经营困难,除北段项目公司外,其他各段大修资金无法落实。经过进一步研究,为有利于G1501大修工作,建立郊环运营管理的长效机制,上海市政府明确由市级平台公司城投集团对郊环实施统一运营,逐步将G1501各项目公司的股权集中到城投集团。其中,市属国有企业的持股由市国资委牵头通过划转方式实现,上市公司股权通过市场化收购,民营等其他企业的持股由上海市交通委员会牵头通过协议转让方式。最终于

2016年上半年前,完成了G1501全线的股权变更。至此,G1501绕城高速全线五家项目公司均由上海市投资平台上海城投(集团)有限公司或其子公司全资控股,但特许经营合同相对人即项目公司名称并未发生变化,维持高速公路经营性质不变。同时,由于股权陆续集中至上海城投(集团)有限公司,G1501大修工作得到实际有效的推进,目前已基本完工,G1501路况得到较大程度的改善。

二、民营企业在上海市高速公路项目的运行情况

经过G1501等大规模股权调整,上海市已建成高速公路项目公司中仅剩1家民营项目公司——S4莘奉金项目公司、1家民营股东——S2沪芦高速公路项目公司股东上海龙仓置业有限公司。为贯彻落实上海市政府关于"进一步理顺本市高速公路运营体制,实现统一管理"的总体要求,2017年上半年,S2沪芦高速公路项目公司民营股东以协议方式转让其持有股权给上海城投公路投资(集团)有限公司。此次股权调整后,公投集团(城投公司全资子公司)成为S2项目公司的单一股东全资控股。至此,上海市经营性高速公路项目呈现了上实集团(上市公司)、隧道股份(上市公司)、城投集团、S4莘奉金(民营企业)四家企业并存的态势。

第六节 高速公路建设制度保障

市场经济就是法治经济,依法依规管理高速公路新建工程,才能够保证高速公路建设健康运营发展。1998年1月1日,《中华人民共和国公路法》开始实施,上海依照公路法于1999年11月颁布、2000年5月1日起施行了《上海市公路管理条例》。该条例规定公路建设应当按照国家规定的基本建设程序、规定和制度进行,必须严格实行四项制度,即项目法人负责制度、招投标制度、工程监理制度和合同管理制度。这四项制度为公路发展筹集建设资金、加速高速公路建设、保证建设质量、养护作业市场化、强化行业管理、推行依法治路等提供了强有力的法规保障。

2005年以后,通过社会招商、签订BOT合同后部分建成的高速公路已投入运行。为加大对收费高速公路建设和运营的监管力度,提高高速公路的服务水平及社会效益,市公路管理部门依据相关法律法规,先后制定了《上海市高速公路招商项目监管暂行办法》《上海市高速公路招商项目监管程序(暂行)》《上海市高速公路服务区运营管理暂行规定》等规范性文件和行业指导性文件,对收费高速公路的养护、收费、监控运行和窗口服务等进行行业监管。

2013年,上海市城乡建设和交通委员会组织起草《上海市高速公路管理办法》,2013

年9月9日上海市政府第22次常务会议通过,该办法于2013年11月1日起施行。它是对之前出台的政策性文件的一个综合汇总、调整完善。在工程建设主要表现为推行强制性技术标准,实施资金监管,建立与健全工程质量和安全管理责任制,附属设施与主体工程同步设计、施工、验收、交付使用,非高速公路设施的移交接管等。

上海出台的地方性法规、规章和规范性文件,为本地区高速公路建设起到了引导、规范、约束作用,为高速公路建设发挥了保障作用。

第六章
上海高速公路运行管理

第一节 高速公路养护管理

一、公路养护市场化改革

1. 改革背景

1997年,上海市委、市政府提出"要切实转换机制,在政企分开、政事分开、管养分开上要有实质性的进展,积极推动市政、环卫、园林等作业市场化"。在1998年的《上海城市管理和环境建设三年目标》的实施意见中,提出"要着力转换养护管理机制,实行管养分开,管养并重"。为了适应社会主义市场发展的需要,努力培育公路管理养护作业市场,上海市公路管理处按照"两级政府,两级管理"和"建管并举,重在管理"的方针,围绕建立与城市现代化管理相适应的长效管理机制,从1998年起,在深入调研的基础上,制订了管养分开方案,实施管理与养护作业分离,使养护作业进入市场化运作。

2. 高速公路管养分开改革

1999年,各区(县)公路所重新组建了公路管理机构,并更名为公路管理署,公路养护作业队伍从原公路管理机构中剥离出来,组建了养护企业;同时,上海市公路管理处所属沪嘉、沪宁、沪杭三家高速公路管理所实行改制,成立了上海沪嘉高速公路实业有限公司、上海沪宁实业有限公司、上海沪杭高速公路实业有限公司。

沪嘉、沪宁、沪杭三条由政府投资建设的高速公路养护作业,在市场化前由上海市公路管理处选择养护企业进行直接委托,管养分开改革后,则走向市场,通过招投标方式选择养护单位。2001年,上海市政府决定实施高速公路建设投融资体制改革,随着第一批社会招商项目建设的高速公路投入运营,由投资方成立各项目公司负责该高速公路的融资、建设、养护和收费运行等管理,具体养护、收费运行等作业由项目公司通过招投标或委托养护公司负责。至此,高速公路形成了"一路一项目公司、一养护公司、一运行公司"的市场化运作的运营与养护管理模式。

3. 养护招投标机制

为实施公路设施养护市场化,推行公平竞争,从1999年底开始公路设施养护实施招投标。1999年12月,上海市公路管理处成立市管公路养护招标工作小组,各区(县)管养的公路设施同时开始全面实行公路养护招投标。根据《上海市市政设施养护维修市场管理规定(试行)》的要求,日常养护(含小修)项目招投标的最低养护维修期限为5年,高速公路的收费管理和养护项目可以合并招投标,也可以单独招投标。各级公路管理机构加强公路养护作业的监管,推行优胜劣汰制度。浦东新区作为公路养护招标、投标的试点,经过实践,摸索总结出一套既符合实际又行之有效的养护管理手段,通过采用"择优续标、末位淘汰制",把有序的市场竞争和严格的合同管理引入公路养护管理之中。

二、高速公路养护管理主要做法

1. 加大养护投入

2001—2010年,随着车流量不断增长,公路日常养护经费也随之增加。2005年,每公里养护经费50.63万元;2006年,每公里养护经费升至为64.23万元;2007年,每公里养护经费为78.77万元;2010年,每公里养护经费达到88.41万元。10年间,上海公路日常养护共投入养护经费36.96亿元。

2. 加强桥梁安全运行管理

上海市公路行业在桥梁养护管理中首先抓制度建设,不断完善规范化管理。2002年,上海市市政工程管理局下发《上海市公路桥梁养护管理暂行规定》,确立了公路桥梁管理的原则、部门和职责、养护专职技术人员配备、技术状况分类及危桥定义、桥梁鉴定方法、危桥应急处置、危桥改造经费落实、技术档案管理与地理信息系统运用以及超限运输车辆过桥管理等规定。

2007年4月,上海市公路管理处印发《〈上海公路桥梁安全运行管理系统〉应用管理规定》,要求高速公路经营管理者负责"系统"在其管辖范围内桥梁上的应用,配备必要检测仪器和设备,对桥梁进行检测评价。高速公路各项目公司积极推广应用"桥梁安全运行管理系统",配备必要的检测仪器和设备,对桥梁进行月度安全检查,并用"系统"进行分析评价,对安全有疑虑的桥梁及时组织技术小组进行现场检查,根据技术小组意见进行相应的特殊检查或及时维修加固。上海市公路管理处成立由分管领导、有关桥梁专家等组成的桥梁安全运行技术小组,全面负责桥梁安全运行养护技术管理工作。上海市公路管理处完成月度安全检查并运用系统进行分析评价,提出并实施桥梁维修措施。年度检查通过"系统"生成年度报告,上报上海市公路管理处。

2007年6月,交通部印发《公路桥梁养护管理工作制度》,要求建立桥梁养护工程师制度,规范桥梁养护管理,建立、健全技术档案管理制度,加强应急处置管理。同年9月,上海市公路管理处制定《上海市公路桥梁养护工程师制度》,进一步明确桥梁养护工程师资格要求、工作职责等。2008年9月,上海市市政工程管理局下发《关于本市建立公路桥梁养护工程师制度的通知》,要求建立全市统一的公路桥梁养护工程师制度,对从事公路桥梁养护管理、检测人员实行持证上岗。上海市公路管理处举办了三期桥梁养护工程师及管理员培训班。高速公路各项目公司设置专职桥梁养护工程师,将此项工作纳入长效管理机制。

2010年6月,上海市公路管理处印发《上海市公路桥梁安全事故责任追究制度》,明确了桥梁安全事故的定义、责任追究的原则与方式:对主管人员和直接责任人员给予相应的行政处分、管养单位承担相应经济赔偿责任、行业内予以通报,对因违反建设程序、设计、施工规范等原因造成质量安全事故的,追究相应单位及其主要负责人责任等。同年7月15日,针对天津津晋高速公路匝道桥坍塌事故,交通运输部下发《关于进一步开展桥梁安全隐患排查和治理工作的紧急通知》,上海市城乡建设和交通委员会下发通知,要求加强上海市桥梁安全运行管理工作。上海市公路管理处成立桥梁设施安全隐患排查和安保工作专项行动领导小组和工作小组,高速公路管理署抽调精干力量对高速公路网进行了为期1周的桥梁安全隐患排查。排查采用单位内自查、单位间互查、行业抽查相结合的办法,重点对技术状况评定等级为三、四类的桥梁、特大桥梁和特殊结构的桥梁以及交通繁忙特别是超限超载车辆行驶较为集中的桥梁进行了排查。经排查,高速公路桥梁中三类桥21座,无四类桥,并对存在安全隐患的桥梁提出了维修加固方案。上海市公路管理处下发《关于尽快对A30北环三类桥梁采取维修措施及应急处置的通知》,要求确保澄城路桥、潘泾河桥和蕰川路E匝道桥三座桥梁结构安全受控。同年8月,上海市公路管理处下发《上海市高速公路桥下空间管理暂行规定》,对桥下空间管理的责任划分、桥下空间使用、禁止从事的活动等作了明确规定。

3. 外环隧道专项养护

外环隧道全长2882.8m,其中浦西引道段231.5m,光过渡段51.2m,暗埋段457m,沉管段736m,浦东暗埋段177m,由供电系统、消防系统、给排水系统、排风系统、监控系统组成。养护工作针对该隧道结构的特殊性,外环隧道属于沉管结构,其变动对隧道管段间的连接产生影响,如潮位、气温等变化都将使管段与管段之间压缩或拉开,压缩超限和拉开过量都将导致两管段的GINA止水带(管段与管段安装连接时的第一道橡胶密封圈)失效。养护单位根据隧道变动特点,测量两管段接头间的距离变化量,以及测量Ω止水带(管段与管段贯通后安装的第二道密封圈)与GINA橡胶止水带压缩量和GINA橡胶止水带密封状况。自2007年以来,养护单位不断测量并对数据进行跟踪与分析,多次测出管段之间的GINA橡胶止水带有压缩量超过极限以及Ω止水带压力异常数据。养护单位及时采取加装钢支撑措施,以控制第一道密封圈过度压缩。根据压缩量变化,定期对第二道密封圈进行检修或更换,确保了隧道安全。其次做好日常性养护维修工作:一是在设施日常养护方面,每天定时对全隧道路面采用机械化清扫一次,每月对全隧道侧墙面采用机械化清洗一次;每月定时对隧道横截沟疏通清淤一次,对隧道照明灯具、变电站、监控设备保洁一次;每两个月对泵房蓄水池清淤一次,清洁隧道风机一次。二是在设施检测与维修方面,每月由专业单位对全隧道进行沉降检测一次,每季度对全隧道结构、管段伸缩缝进行监测,对高低压变电、排水与照明系统等隧道辅助设施进行检查及维修。

4. G1501上海绕城高速公路大修工程

(1)大修背景。G1501上海绕城高速公路途经上海浦东、奉贤、金山、松江、青浦、嘉定、宝山等7个区。它是上海主要的集卡运输通道,也是上海与外省市沟通的重要公路干道。

由于近年来上海经济的飞速发展,G1501上海绕城高速公路交通流量急剧增长,特别是2006年3月对G1501通行集卡实行弹性收费政策以后,货运交通尤其是集卡比例(占比约40%)明显增加,而维修费用因受集卡弹性收费政策影响造成短缺。重载交通加上缺修失养,路面结构无法满足大流量重载交通,沥青路面出现了大面积的裂缝、车辙、坑槽、块裂等病害,同时局部桥头跳车严重,全线路面使用状况很差。为提高公路的行车安全性及舒适性,亟须对G1501上海绕城高速全线进行大修。

G1501上海绕城高速公路北段由上海城投(集团)公司于2012年接管,南段于2013年接管,其余路段由上海城投公司于2015年下半年相继接管。为此,上海城投公路投资(集团)有限公司专门成立了大修工程现场指挥部,全面负责大修工程的建设管理工作,在相关路段接管后,指挥部立即安排进行道路的大修工程施工。

(2)工程概况。G1501上海绕城高速公路大修工程共分5个项目,全长185km,总投资35.19亿元,资金来源为政府拨款。其中:

①东段:北起外环线,连接五洲大道,南至闻居路立交,全长约24.6km。车道规模主要为双向六车道,于2009年建成通车。大修初步设计批复概算1.4413亿元(增项工程工可为1.2亿元)。

②东南段:北起闻居路立交(界河)西至S4沪金高速公路南桥立交以东,途经浦东新区、奉贤区,全长约50.7km。车道规模为从起点至S2立交为双向六车道,其余路段为双向四车道,于2004年建成运营。大修初步设计批复概算6.8295亿元。

③南段:东起S4立交以东,西至新农立交以北,途经奉贤区、金山区,全长约28.5km。车道规模为双向四车道,于2005年建成运营。大修初步设计批复概算5.9621亿元。

④同三段:K121+810~K168+178.32,全长约46.41km,途径金山区、松江区、青浦区。车道规模为双向四车道,于2002年建成运营。大修初步设计批复概算12.24亿元。

其中G60—G2,即K137+500~K168+178.32(全长30.678km)段向中央分隔带处拓宽,由原来的双向四车道改建为双向六车道。大修工程由上海市城市建设设计研究总院负责设计,由上海城投高速公路运营管理中心大修指挥部自行监理。大修内容涉及桥梁工程、道路工程、机电工程、绿化工程、交安设施等。该段拓宽工程分3个标段,工程自2015年11月开工,至2016年底完工。具体情况见表6-1。

拓宽工程具体情况 表6-1

标段名称	桩号范围	长度(km)	位置	施工单位
TS2标	K137+500~K147+623.923	10.123	柘泽塘大桥	中铁上海工程局集团第一工程有限公司
TS3标	K147+623.92~K158+745.78	11.121	柘泽塘大桥—曹家谭大桥	上海建工四建集团有限公司
TS4标	K158+745.78~K168+216.25	9.47	曹家谭大桥—安亭立交桥北	中铁一局集团有限公司

⑤北段:线路西起G2京沪立交,东至同济路高架双城路,途经嘉定、宝山两区,全长约34.59km。车道规模为从起点到K185+883为双向六车道,其余路段为双向四车道,于2004年建成运营。大修初步设计批复概算8.00636亿元。

(3)大修进程。G1501上海绕城高速公路大修工程北段(嘉定)于2014年10月开工,南段于2015年7月开工。东段、东南段、北段(宝山)于2015年10月开工,同三段于2015年11月开工。按照市政府相关部门和集团公司要求,G1501上海绕城高速公路于2016年12月底前完成主线部分的大修工程,其余如收费站、立交匝道等部分于2017年上半年完成大修。

三、高速公路养护成效

政府部门反复强调经营性高速公路始终要重视社会效益,各项目公司也将经济效益与社会效益综合考虑,贯彻预防性养护与周期性养护原则,以使路况水平持续保持良好状况。

第二节 高速公路收费运行管理

上海市高速公路收费运行经历了两大发展阶段。自1988年沪嘉高速公路建成通车并同步建成收费系统、监控系统,到莘松高速公路(后延伸为沪杭高速公路)、沪宁高速公路(上海段)相继建成,一直到2002年高速公路交通监控、联网收费结算和应急指挥中心系统(以下简称"三个中心")联网完成之前为初步发展阶段,这一期间以分散管理为主要特征,收费、监控、应急等三大系统均以单条高速公路为独立系统,自成一体。2002年底建成高速公路三个中心,标志着上海市高速公路收费运行管理进入联网管理阶段:一是收费系统开始得到较快发展,尤其是2008年底高速公路电子不停车收费系统(ETC系统)的联网运营,标志着上海市收费系统由人工半自动收费(MTC)方式进入到ETC、MTC同步发展时期,特别是2015年9月实现了ETC全国联网运营,使ETC步入发展的快车道。

二是监控、应急系统联网运营后切实提高了高速公路网的应急处置、出行服务能力,尤其是2010年初,以举办世博会为契机建成了上海市公路路网管理中心,进一步提升了路网运行监测、数据分析、应急处置和出行服务能力。

一、三个中心联网的建设

按照上海市在2005年建成650km高速公路网的总体发展要求,实现"153060"目标,为了提高上海高速公路网的运行能力、服务水平,满足社会公众的出行需求,上海进行了三个中心建设。

1. 三个中心联网建设概况

2001年8月,上海市公路管理处投资4000余万元,实施上海市高速公路交通监控和联网收费结算中心系统工程建设。该工程由联网收费结算中心、交通监控及应急指挥中心、通信中心子系统构成。其中通信中心作为收费结算中心、交通监控及应急指挥中心共享的信息交换平台,不直接面向特定的应用业务,支持各种信息交换和完成对通信系统设备的管理,以确保各类业务数据的正确安全传输;联网收费结算中心面向路网的收费业务管理,完成对每一笔交易记录的核对拆分,形成各业主的收入报表,以及为确保路网收费系统正确运行具有相关业务的管理功能;交通监控及应急指挥中心的主要任务是完成整个高速公路网交通监控和信息管理、应急指挥和组织等功能。

2002年12月19日,上海市高速公路交通监控中心、联网收费结算中心和应急指挥中心同时建成开通。

2. 三个中心的功能和职能

(1)联网收费结算中心。根据上海高速公路网建设和管理模式,联网收费系统中的收费结算中心具备双重职能:一是体现高速公路收费的行政管理职能,行使国家法律授予的收费管理权限。二是体现服务功能,为各高速公路运营公司的收费结算和清分服务,执行通行费的清分、与清算银行的结算资金划拨、与发卡公司的清算、路网收费整体管理功能,组织联网收费系统正常运行等职能。上海市公路管理处作为高速公路行业的行政管理机构,负责高速公路收费的行政管理职能,具体负责收费结算中心的建设和建成后的日常运行管理;同时,上海市公路管理处与各高速公路运营公司成立收费结算中心,负责收费日常业务管理。其服务费用由各运营公司分摊。

(2)交通监控中心。上海市高速公路交通监控中心主要负责高速公路网内和外环线的交通监控运行监测和出行服务。

一是履行协调管理职能。交通监控中心和监控分中心(各路段监控中心)的功能不同,监控分中心完成对所属路段具体的、实时的日常各种交通事件的数据采集、处理、检测和控制,向具体外场情报板、清障或牵引车作业站等发出指令;交通监控中心则是高一层的管理和控制机构,履行协调管理职能,并发挥综合公路交通监控和信息管理等功能,履行交通管理和突发事件处理职能;监控中心代行交通管理职能,发布带有强制性的各种指令。

二是发挥联动诱导作用。基于上海市高速路网和快速路网交通监控系统相对独立,但互联互控、信息共享的需求迫切,要求发布的诱导信息具备一致性、连续性和相对的完整性,切实提高出行信息服务水平。2006年2月,在上海市市政工程管理局及相关部门的支持协调下,启动了上海高速公路、上海市中心城快速路交通监控系统之间的互联及诱导研究工作,按照先试点后推广的思路进行部署与实施。上海市公路管理处投资550万元,建设高速公路与城市快速路联动诱导系统工程,启动了"外环线、沪青平高速、延安高架西段联动诱导试点工程",主要建设内容为外场设备安装调试及监控中心软件改造。

2006年底,联动诱导系统工程建成投入运行,使上海高速公路与中心城快速路的交通诱导系统形成一个"系统互联、资源共享、协调控制"的整体,为后续推广应用提供了经验与依据,试点工程带来了明显的社会和经济效益,车辆延误显著降低,降低了交通事故发生的可能性,起到了保持区域交通均衡的显著作用,有效地改善了交通环境,提高了出行的便捷性和舒适性。

(3)应急指挥中心。实施对各监控分中心、市管公路各应急指挥作业点、各区(县)公路署和市管公路各收费站的应急指挥和协调,并接受来自上级应急指挥中心的具体应急指挥指令。公路应急指挥中心的具体功能为:

一是收集各种突发事件信息。接收和采集所辖范围内的各种突发事件信息,并由计算机系统对这些信息进行预处理。

二是建立统一高效反应机制。根据各种突发事件信息,分析事件类型和事故等级,自动生成处理预案,发布处理意见和指挥具体救援作业,并及时向各有关职能部门通报事故信息,协调处理各类突发事件。

三是提高应急指挥管理效率。分级负责,正确及时地处置突发交通事件,减少突发事故的处理时间,提高应急指挥的管理水平和管理效率。

四是形成事故全过程"档案"。记录自动存储有关事故信息、所采取的救援措施、作业过程及处理结果,形成事故记录,为提供历史资料的查询、分析统计和输出汇总报表等创造条件。

五是统一发布路网运行信息。负责在恶劣气候条件下或发生重大、特大突发事件时统一发布路网交通运行信息,并制订预案。

六是统一协调相关部门行动。在突发事件情况下,统一组织、调度整个路网的清障设备,统一协调与交警、公安等相关部门的关系。

3. 三个中心联网建设成效

三个中心的建成开通,规范了联网收费、监控和通信系统的运行和管理,从而达到在路网范围内统一运行、统一管理、统一组织收费的目的。同时,面对突发事件拥有全面部署、整体协调和统一指挥的功能,确保了高速公路网有效运行。2002年,高速公路联网收费结算中心为沪宁、沪杭、沪嘉浏、莘奉金、同三、沪青平高速公路共6家运营公司提供清分结算服务。截至2016年,发展到为16家高速公路运营公司提供清分结算服务,平均日通行费交易量超100万笔,日通行费收入额达1700万元。

二、路网中心组建

1. 路网中心组建背景

随着上海经济社会的不断发展,高速公路路网不断完善,公众出行需求已逐渐从"有路走"提升到"走得畅",高速公路管理面临提升运行管理水平,更好地为社会公众提供优质服务的新挑战。

2006年,交通部在全国公路养护管理工作会议上提出了"建设公路管理和应急处置中心"的要求,随后又明确提出了"1个中心、2个支撑、3个平台"的"十一五"期间公路管理信息化建设的总体思路。其中"1个中心",就是指"公路管理和应急处置中心",该"中心"是公路交通部门对公路网络实施运行调度、监管、公共服务和应急处置的重要支撑。"十一五"期间,上海市公路管理处对上海公路管理信息化的基础条件和管理需求认真进行梳理,并在此基础上确立了建设公路路网管理中心,整合各项动态管理功能,提高路网动态管理水平的工作目标。

2. 路网中心主要职能

2009年,上海市公路管理处建成了公路路网管理中心(以下简称"路网中心")(图6-1)。路网中心位于京沪高速公路(上海段)江桥收费站北侧,建筑面积2000m²,总投资为2500万元。

图6-1 上海市公路路网管理中心

路网中心为上海市公路管理处下设职能部门,主要职能包括公路应急管理、交通信息采集与发布、交通信息分析研判、公众出行信息服务等。具体为通过加强监控巡视力度,完善信息报告制度,采用监控巡视主动发现、分中心上报、呼叫中心接警等多种手段,第一时间获取全路网突发事件信息,为赢得应急决策、处置时间,提高应急效率提供保障;对路网突发事件的处置进行全程跟踪、监督,收集事件处置信息,必要时调整应急处置方案。同时根据事件造成的交通影响,利用交通诱导系统,有效组织实施相关诱导信息的发布,减少突发事件对交通造成的影响;加强路况信息报送工作,开发应用"公路交通阻断信息报送系统",依托该"系统"实现公路施工等计划性事件,交通事故、恶劣天气等突发事件及其交通影响的信息化报送,简化工作人员操作流程,提高信息报送的实时性和准确性,最大限度地减少各类事件对交通以及公众出行的影响;发挥路网应急处置资源统一调度功能,在处置单位应急资源不足的情况下,进行资源调配与支援;路网中心汇集所有突发事件及其处置信息,并对应急处置进行事后分析评估,及时发现薄弱环节,进行优化改进。

3. 路网中心系统构成

路网中心系统主要包括通信网络子系统、主机及存储备份子系统、数据库子系统、GIS子系统、应用软件子系统、视频管理子系统及终端操作子系统等七大部分。其中通信网络子系统采用万兆以太环网为上层的信息化业务提供支撑;主机及存储备份子系统采用小机集群、高档 PC 服务器集群、SAN、磁带库的方式保证系统的高性能和高可靠性;GIS 子系统采 ARCGIS 系统,实现了对上海市公路网及其附属设施,以及路政车辆、牵引车辆等运行管理资源的地理空间信息的统一应用和表达,大大提高了管理的效率;视频管理子系统采用分级接入集中管理,并实现全数字化的视频共享,同时在路网中心布置 50 个 60 英寸 DLP 投影屏用于视频显示,为路网调度、应急指挥提供便利;终端操作子系统采用一机三屏的方式,有效集成了视频信息和应用软件,为交通监控人员日常运营提供了多种业务支撑和辅助决策功能。此外,针对路网中心操作层面的岗位设置、业务流程、考核制度、激励机制等,制定了一整套管理规定,为路网中心的有效运行提供了机制保障。

4. 路网中心重要作用

(1)保障交通畅通和设施安全。公路路网中心在保障交通畅通和设施安全中发挥了重要作用。例如,2009 年 4 月 27 日,上海长江隧桥由于发生货车翻车特大事故,导致沪陕高速公路(上海段)长时间交通阻断。中心接报后及时指令该路与上海绕城高速公路(东环段)等相关路段发布事故提示信息,减小了事故对交通造成的影响。又如,世博会期间,南北高架交通拥堵严重,应交警部门要求,路网中心在沪嘉高速公路可变信息标志上发布交通信息,诱导车辆提前避开南北高架拥堵路段。此外,路网中心还加强行业监管,对高速公路道口各项排堵保畅措施予以督促检查,保障了清明扫墓、F1 赛事和"五一"假期、"十一"黄金周期间高速公路交通的畅通有序。

（2）承担省级交通数据中心功能。公路路网中心承担着省级交通调查数据中心功能，统一对口交通运输部实现实时和历史数据的上报。同时也为世博会等大型活动的交通运行保障提供了预警和辅助决策服务。例如，公路路网中心定期、不定期地编制路网运行日报、周报及专报，对路网交通流量情况、主要道口拥堵情况、排堵保畅措施执行等情况进行综合分析研判，为调整、优化路网运行管理的相关措施提供了依据。又如世博会期间，路网中心每日定时通过市容环保组运行指挥中心上报高速公路及地面道路出省道口流量数据，作为世博会运行综合研判的数据基础。大客流日，路网中心还以每15分钟一次的频率向世博会交通保障组提供进入上海的旅游大巴数量，为世博园区采取各项措施应对客流高峰以及组织世博会周边交通提供了重要的决策参考。与此同时，路网中心还坚持每日定时向交通运输部路网中心上报上海公路网运行的相关信息，便于交通运输部及时掌握上海世博会交通的运行情况。

（3）构建相邻省市信息互通机制。公路路网中心积极推动与相邻省路网的信息互通与管理联动，建立了与江苏、浙江两省的信息互通机制，通过信息报送平台共享各类路网运行信息，实现路网间联动管理。世博会期间，路网中心与长三角联动机制作为上海与江浙两省联动主要渠道之一，得到了有效利用，取得了较好的效果。

（4）提高公众出行信息服务水平。公路路网中心丰富内容、拓宽渠道，提高公众出行信息服务水平。主要体现在以下六个方面：

一是利用呼叫中心，通过路网统一的"12122"热线电话，为公众出行提供求助、咨询、投诉等服务，市民反映良好。

二是利用上海公路网站公众出行信息服务栏目向公众提供路径规划、交通状态查询、阻断信息发布、路况视频直播等信息服务；结合世博会出行需求，开辟世博会专栏，主动提供 P + R 查询等世博会专题服务。

三是利用高速公路服务区信息服务系统，通过触摸式查询终端等手段向高速公路出行者提供路况查询、地图查询、路径规划查询等各项在途信息服务。

四是充分利用高速公路可变信息标志，及时主动地为公众提供交通状态发布、交通管制提示、突发事件提示和安全警示等各类信息服务，受到社会公众的欢迎与好评。

五是利用广播电视等公共媒体，为社会公众提供交通状态、交通管制等各类出行信息服务，方便市民出行。

六是开通官方微博"路线·途"，及时发布路况信息，并根据公众需求开设路况直播、专题讨论等特色板块，与市民形成良性互动。交通信息服务应用平台与市交通综合信息平台建立实时互联，形成一个面向社会公众提供交通信息服务的平台。

5."道路交通信息采集和发布系统(二期)工程"建设

（1）建设背景。2004年完成了上海市中心区道路交通信息采集和发布系统（一期）工程（涵盖高架道路、隧道及部分地面主、次干道）。2009年，为实现交通流、道路通行状态、交通事件等实时信息的提供与发布，使出行者随时通过可变交通信息标志获取实时道路交通信息，改善交通环境，根据《上海市道路交通信息采集与发布实施规划》的部署，"采集二期"工作作为一期工程的延续和提升，由上海市交通信息中心牵头，上海市公路管理处投资3.43亿元，组织实施了上海市道路交通信息采集和发布系统（二期）工程。

（2）建设内容。工程主要包括城市快速路网（浦西区域）、中心城地面主要路网（浦西区域）和郊区干线公路网，郊区干线公路网包括高速公路和国省干线公路。主要实施范围为外环线浦西段、沪金高速公路、沪昆高速公路（上海段）、京沪高速公路（上海段）、沪嘉高速公路、上海绕城高速公路北环段（同济路）五个入城段。

在施工范围内进行外场信息采集与发布设备布设；完善沪金高速公路、沈海高速公路（上海段）、沪昆高速公路（松枫段）、沪渝高速公路（上海段）、沪嘉高速公路等射线高速公路视频采集传输设施，实现视频全覆盖，涉及布设可控摄像机104套，改造现有摄像机18套；建设交通流采集点：国家高速公路54个（108个断面），省级高速公路20个（40个断面）。

2010年第二季度，工程建设基本完成，并于6月起陆续投入试用。该工程的建成，使中心城区外围的外环线和高速公路入城段实现了"三个全覆盖"，即视频监控全覆盖、交通数据采集及交通状态自动生成全覆盖和可变信息标志全覆盖。

（3）建设成效。工程的建成标志着上海高速公路视频监控系统扩展工作全部完成，实现了射线高速公路视频监控全覆盖，并提供市交通信息中心等用户共享，为保障世博会，提高交通监控、信息服务水平提供了重要的手段。高速公路网实现了手机生成交通状态信息全覆盖。除个别新建路段外，高速公路网实现交通信息统一发布，为高速公路网交通监控、服务水平整体提高提供了重要条件。公路网交通调查数据采集全部完成，上海市公路网交通调查数据中心的基本框架已经建立，为进一步提高路网交通分析、辅助决策水平奠定了基础。

工程的实施意味着上海市道路信息化的发展开启了一个新的里程，充分体现了上海公路高科技水平和先进交通管理理念，保持了上海智能交通在全国的领先地位。

6.路网中心管理成效

上海市公路路网中心基本涵盖了高速公路网的应急指挥、交通信息采集和发布、公路设施养护、公路网格化、路政和声讯信息服务等运行管理内容，提高了高速公路运行管理水平和公众服务能力。公路路网中心的建成，在应急指挥、交通保畅、研判预警、长三角联动、公众信息服务等方面发挥了重要作用,为服务、保障世博会,提高上海公路网运行管理水平提供了新载体。

三、高速公路电子不停车收费系统建设

高速公路电子不停车收费系统(简称 ETC 系统),是指在车辆上安装车载设备(OBU),并使用国标双界面 CPU 卡,当车辆经过高速公路入口车道时,不停车通过并自动记录入口信息,出口时不停车通过实现自动扣款。ETC 系统包括车道系统、收费站系统、路段收费中心系统、路网清分结算系统以及涉及本地清算银行、各路段业主、其他省市的清分结算系统和清算银行等。相较于人工半自动收费,ETC 通行能力可提升 3~5 倍,是目前世界上先进的高速公路收费系统。

1. 上海 ETC 系统建设背景

1999 年,上海市市政工程管理局组织有关单位和部门对 ETC 的发展在联网收费系统中的定位进行了必要的论证,把 ETC 系统作为上海市高速公路联网收费系统的一个组成部分予以准备和预留,并开展了 ETC 相关技术的专项研究,完成了 ETC 系统的一系列技术标准的制定。

2002 年,上海市高速公路网实现了联网收费,由高速公路联网收费中心进行统一清分。随着高速公路网的不断扩大和交通量的不断增长,高速公路收费站特别是主线收费站的拥堵问题日益突出,主要有沪杭高速公路新桥收费站、沪青平高速公路徐泾收费站、沪宁高速公路江桥收费站、沪嘉高速公路南翔收费站。如果不采取有效的管理措施,出现收费道口间歇性拥堵是不可避免的。同时,根据上海目前车辆平均每年 20% 的增长速度,高速公路流量还在不断增加,拥堵状况日趋严重。电子不停车收费(ETC)技术是解决高速公路收费口拥堵、节约高速公路用地资源及节能减排的有效手段。为提升上海对外交通服务水平、促进长三角地区交通一体化、保障 2010 年上海世博会,上海组织开展了上海市高速公路 ETC 建设运行工作。

2. 标准体系及技术研究

2005 年,上海市市政工程管理局颁布《上海市高速公路网电子不停车收费(ETC)车道布设技术要求》。2006 年,相继制定了《上海市高速公路 ETC 系统建设发展纲要》《上海市高速公路电子收费系统技术框架》《上海市高速公路联网收费系统暂行技术要求(ETC 系统)》《上海市高速公路 ETC 系统专用短程通讯协议(DSRC)应用层接口技术标准》,并完成了测试工作。

2005 年 12 月 28 日,上海在沪嘉等部分高速公路收费站开通了 9 条试验车道,采用 MTC(人工收费)和 ETC 的混合方式,实现了双片式 OBU 的实际运用,并支持实时扣款和

后台账户结算。

3. 长三角区域示范工程

（1）示范工程前期工作。2007年1月25日，交通部在京召开京津冀和长三角区域高速公路联网电子不停车收费联席会议，明确长三角三省一市实施ETC联网示范工程。同月，三省一市成立了ETC长三角工作小组，由上海起草了《长三角地区ETC联网收费应用技术要求》。同年3月29日，国家标准化管理委员会批准颁布了新一批《智能运输系统》（GB/T 20839—2007）等6个国家标准，放弃原《电子收费—基于专用短程通信的应用接口系列标准》的DSRC被动式标准，采用了DSRC主动式标准，标志着ETC建设进入第二阶段，即被动式标准升级为主动式标准阶段。

2007年3月，建立了"长三角区域联网ETC示范工程"省市联席会议制度。同年4月，交通部发布《关于开展京津冀和长三角区域高速公路联网不停车收费示范工程建设的通知》，明确了各阶段时间节点，即2007年4月至8月为方案研究设计阶段，同年9月至2008年9月为示范工程实施阶段，2008年10月至11月为示范工程总结、运行、推广阶段。2007年9月18日，交通部复函批准《长三角区域（苏、浙、沪、皖）高速公路联网电子不停车收费实施方案》。

2007年4月29日，第二次长三角三省一市部省联席会议在江苏省召开，通过了交通部公路科学研究院编制的《长三角区域（苏、浙、沪、皖）高速公路联网电子不停车收费实施方案》，提出有关ETC区域联网运维、管理和技术等研究课题。同年7月26日，第三次长三角三省一市部省联席会议在浙江省召开，对交通部公路科学研究院编制的《长三角区域（苏、浙、沪、皖）高速公路联网电子不停车收费实施方案》达成一致意见，联合上报交通部批准。同年9月18日，交通部复函批准《长三角区域（苏、浙、沪、皖）高速公路联网电子不停车收费实施方案》，要求按期完成示范工程实施任务。实施方案的批准，为上海市ETC的建设奠定了基础，提供了参考依据。同年10月，交通部颁布《收费公路联网收费技术要求》，明确了省间互联的应用、管理标准和要求。

（2）示范工程分步实施。2007年10月，上海成立ETC领导小组和工作小组，开始实施一期工程建设。该工程分步实施：

一是进入技术准备阶段。编制完成ETC系统实施方案、市域范围内高速公路ETC应用技术规范、长三角区域ETC应用技术规范、系统验证测试方案。

二是进入验证测试阶段。构建完成基于交通部统一密钥体系下的测试密钥的发行，包括各类卡（公务卡、储值卡、记账卡、车道PSAM卡等）的发行，ETC专用车道、混合车道的应用程序调试，结算中心应用程序调试，省际互联互通测试，在沪青平高速公路试验车道完成江苏与上海两省市OBU（中央处理器）、CPU卡（含有中央处理单元的IC卡）在正常交易流程下的测试并互通，完成了长三角区域结算中心之间的互联互通。

三是进入深化协同阶段。2008年1月25日,在联席会议制的基础上,成立了ETC长三角工作小组。由上海市牵头组织召开了长三角地区ETC联网收费示范工程第一次工作组会议,确定了工作组的工作机制、工作内容及相关人员等,讨论了由上海起草编制的《长三角地区ETC联网收费应用技术要求》。通过在上海、江苏、安徽、江西、浙江等地多次召开联席会议、工作小组会议,推进了长三角地区ETC示范工程。

四是进入区域联网阶段。2008年3月,交通部组织编制了25个技术规范,内容涵盖密钥管理、CPU、ESAM卡(嵌入式安全控制模块)数据格式、车道机与RSU接口规范及车道标志标线等,设计了长三角ETC联网不停车收费的技术框架,标志着ETC建设进入第三阶段,即长三角ETC联网阶段。

(3)示范工程投入运营。在交通运输部的统一指导下,2008年12月底,上海市、江苏省实现了ETC互联互通,2009年11月安徽省、2010年7月江西省、2011年12月福建省、2012年8月浙江省,相继互联,实现了长三角五省一市ETC联网运行。

4.上海ETC系统工程建设

(1)系统建设前期工作。2008年,上海市公路管理处编制《上海高速公路ETC系统工程建设应用标准》,明确上海高速公路ETC系统的构成框架、系统功能与应用流程等。同年9月,上海市市政工程管理局发布《关于印发上海市高速公路电子不停车收费系统一期工程建设实施意见的通知》,要求高速公路各项目公司推进工程建设,并对车道建设规模、各路段投资、工程进度、内容等提出了具体要求。

同年10月,上海市发展和改革委员会下发《关于上海市高速公路电子不停车收费一期工程可行性研究报告的批复》,正式同意实施ETC一期工程。

(2)一期工程投入建设。上海市高速公路电子不停车收费一期工程总投资为1.13亿元,由上海市财政局、高速公路项目公司、上海市公共交通卡股份有限公司分别承担。一期工程是在已建成的联网收费系统的基础上,增加ETC专用车道或ETC/MTC混合车道、ETC清分结算系统以及ETC客服等系统。

2008年11月,上海市公路管理处组织完成一期工程招投标,确定路边设备(RSU)即电子标签读写器、清分中心和监管系统、车载单元(OBU)的产品供应商以及工程监理单位。一期工程涉及30个收费站共80条车道,其中,专用ETC车道16条、混合车道64条,整个高速公路网ETC车道断面覆盖率达到30%以上。一期ETC车道改建布局主要以省市间射线高速公路为主,例如嘉浏高速公路朱桥收费站、沪宁高速公路江桥收费站、沪青平高速公路徐泾收费站、沪杭高速公路枫泾收费站等车流量较大的收费站出口均一次性布设3条ETC车道。

(3)客户服务中心成立。根据上海市城乡建设和交通委员会授权,上海公共交通卡股份有限公司负责上海高速公路电子不停车收费系统(ETC)的客户服务工作。2008年

12月20日,公司筹建的上海高速公路电子收费客户服务中心正式成立并对外营业,负责高速公路电子收费专用卡——"沪通卡"的发行和车载单元(OBU)的发行及安装工作。根据长三角区域及上海市高速公路清分原则,通过招标方式确定了负责"沪通卡"账户资金、跨省市资金结算服务的合作银行为中国工商银行上海市分行。同时,上海市市政工程管理局发布了《上海市高速公路电子不停车收费(ETC)管理暂行规定》,以规范上海市ETC规划、建设、运营和管理、通行费结算等有关事宜。

(4)ETC系统开通运行。2008年12月31日,上海市高速公路电子不停车收费系统正式开通运行。同时,江苏省、上海市举行了跨省高速公路电子不停车收费试联网开通仪式,在沪青平高速公路汾湖收费站实施联合开通,在全国率先实现了省市间的高速公路ETC联网收费。

5. 上海ETC系统整体推进

(1)二期工程加紧实施。2009年,上海市公路管理处组织对高速公路ETC车道进行改造,将主线18条ETC的MTC混合车道改为ETC专用车道,于5月31日开通,均采用岛前方式,具体包括车道搬迁、岛头延长以及标志标线设置等。

(2)用户发展势态良好。2009年,上海市城乡建设和交通委员会要求上海市公共交通卡股份有限公司组织ETC销售优惠活动,并通过各种渠道的宣传报道加快用户发展力度,至同年底,共发展用户3.5万户。

(3)运行效率稳步提升。随着ETC用户的逐步发展,上海市高速公路网ETC车辆的运行效率稳步提升,至2009年底,整个高速公路路网日均ETC流量约2.5万辆,约占整个路网流量的5%。

6. 上海ETC系统持续发展

(1)宣传推广引导需求。2010年初,上海市城乡建设和交通委员会、上海市国有资产管理委员会、上海市财政局、上海市机关事务管理局联合发出《关于本市各级党政机关、全额拨款事业单位公务车安装使用电子不停车收费车载装置支付车辆通行费的通知》,要求全市各级党政机关、全额拨款事业单位公务车于2月底前全部安装ETC设备,并于3月1日起,一律不再报销公务车辆在上海市市域范围内的高速公路现金缴费通行费,此举加速了上海市ETC用户的发展速度。同年5月,上海市高速公路网实施3年内ETC车辆通行费九五折优惠,优惠经费由市财政承担70%、项目公司承担30%。此后,上海市公路管理处又组织了"第8万用户优惠活动""高速公路网第2000万次用户优惠活动"等多项宣传报道,提升了ETC的知晓度。

(2)应用市场不断拓展。至2010年底,上海整个高速公路路网日均ETC流量已超过6万辆,占高速公路路网流量的10%左右。随着沪陕高速公路(上海段)等多条高速公路的新建开通,上海市 ETC 车道总数达到 118 条,分布在全市高速公路网的 20 个主线收费站(35 个主线收费断面)和 82 个匝道收费站(195 个匝道收费断面),主线收费站基本实现全覆盖。京沪、沪渝、沪嘉高速公路实现收费断面 ETC 车道全覆盖。截至 2010 年底,ETC 用户达 10.5 万户。上海公共交通卡公司建成 1 个客户服务中心(直营网点)和 17 个特约服务网点以及 108 个工行充值网点。

2011 年,上海市政府将高速公路 ETC 电子不停车收费系统建设列入实事项目,实现射线高速公路 ETC 车道平均覆盖率达到 100%。同年,高速公路 ETC 车道新增 60 条,发展用户 5 万户,累计共建成 ETC 车道 118 条,用户数达到 11.8 万户,工作日路网平均交易量达到 7.5 万笔,约占路网日均总流量的 12.5%,ETC 通行优势逐步显现。

(3)规范管理同步跟进。2010 年,上海市城乡建设和交通委员会于 2010 年 8 月 19 日颁布《上海市高速公路电子不停车收费管理规定》(以下简称《规定》)。《规定》规范了管理部门、机构和经营单位、规划编制、车道系统的建设和运行、密钥管理、客户服务系统的建设和运行、用户章程与用户手册、销售与协议、结算和清分要求、跨省市收费结算规则、管理制度、通行费票据、车辆用户等相关事宜。《规定》于 2010 年 10 月 1 日起实施,《上海市高速公路电子不停车收费管理试行意见》同时废止。

(4)运营管理再攀新高。2013 年 9 月,完成上海市高速公路 ETC 三期工程建设,新增 79 条 ETC 专用车道,全路网 ETC 专用车道达到 264 条,实现路网 ETC 全覆盖。同时,对已运营的 164 条 ETC 车道实施标准化改造,实现车道整体形象"三统一",即统一车道设备布设、统一车道布设位置、统一车道附属设施,改造后 ETC 车道通行速度明显提高,全面提升了上海市高速公路 ETC 的整体社会形象和服务水平。

2014 年根据交通运输部 ETC 全国联网要求,上海市路政局在组织实施收费车道升级改造的基础上,对收费清分结算系统进行升级改造,实现与交通运输部路网中心互联,开设 ETC 跨省结算专用账户。制定 ETC 用户发展目标,至 2014 年底,上海市 ETC 用户数量已达到 45 万户,高速公路网 ETC 日均流量已超总流量的 25%。在京沪高速公路江桥收费站、沪陕高速公路长兴岛服务区内新建完成 ETC 标准化客服网点。

2014 年 12 月,交通运输部召开电视会议,宣布北京、天津、河北、山西、辽宁、上海、江苏、浙江、安徽、江西、湖南、福建、山东、陕西 14 省市高速公路电子不停车收费(ETC)正式联网运行。2015 年 9 月,全国 ETC 实现除香港特别行政区、澳门特别行政区、台湾省、海南省和西藏自治区外的 29 个省(自治区、直辖市)联网运营。截至 2016 年底,上海 ETC 车道数为 294 条,用户逾 98 万。

7. 上海 ETC 系统运行成效

(1)通行效率明显提高。ETC 系统相比较 MTC 半自动收费系统,车辆通过收费口的排队时间明显减少,使用 MTC(人工收费)的车道每小时通行能力最多 200 辆,而使用

ETC不停车收费的车道每小时通行能力达到900辆,通行能力提高4倍。此外,ETC车道的推广应用,有效缓解了MTC半自动收费系统车道的拥堵情况。

（2）节能减排效益显著。ETC系统快速通行的功能减少了由于减速等待缴费带来的燃油消耗。据测算,截至2010年底,上海市高速公路电子不停车收费系统所降低的总油耗折算成标准煤约2000t。使用ETC系统和MTC系统车辆在通过收费站前后300m有效区域间产生的单车油耗测算和对比结果显示,ETC单车油耗每次减少0.024L,比MTC车辆节约50%。ETC通过车辆与MTC通过车辆尾气减排比较,其中二氧化碳排放减少48.9%。截至2014年底,ETC系统的使用共节省汽油超过100万L,减少CO_2的排放达到1000t以上,节约出行时间的效益也达到了1000万元以上。

第三节　高速公路路政管理

一、高速公路路政管理体制

1. 路政管理体制规范化推进

"七五"期间是上海高速公路路政管理体制建立初创的阶段,上海市公路管理处养护科负责高速公路路政管理工作。"八五"期间是上海高速公路路政管理体制规范化推进的阶段。1991年1月12日,经上海市市政工程管理局批准同意,上海市公路管理处成立了公路路政管理科,加强了对公路路政管理的统一领导。同月20日,上海市公路管理处成立沪嘉高速公路管理所、莘松高速公路管理所公路路政管理站。公路路政管理科和公路路政管理站的两级管理架构形成,对完善高速公路路政机构,加强路政管理具有重要意义。

2. 路政管理体制专业化塑造

"九五"期间是上海高速公路路政管理体制专业化建设的阶段。20世纪90年代中后期,上海公路建设进入了跨越式发展阶段,为理顺公路路政管理体制,加大路政管理力度,市公路路政管理实施了机构调整,组建了上海市公路路政管理大队、高速公路路政管理中队,形成业务上独立运作的统一、集中的管理模式,进一步加大了路政管理效率和力度,提高了路政队伍整体素质和规范执法水平。

1998年3月,沪嘉高速公路路政管理站更名为"上海市公路路政管理大队沪嘉高速公路路政管理中队"。同年4月,沪宁高速公路(上海段)路政管理站更名为"上海市公路路政管理大队沪宁高速公路(上海段)路政管理中队",莘松高速公路路政管理站更名为"上海市公路路政管理大队沪杭高速公路(上海段)路政管理中队"。2000年4月29日,上海市公路管理处成立高速公路路政管理中队、公路路政管理机动中队(外环高速公路);同时,将市公路路政大队的综合管理科和业务科合并为路政综合管理科。1997—2000年期间,由于市公路路政管理大队高速公路路政管理中队的建立,高速公路路政组织进一步健全,路政管理法规逐步完善,路政执法更加文明规范,队伍整体素质进一步提高,为保护路产、维护路权、保障公路安全畅通发挥了重要的作用。

3. 路政管理体制改革创新

"十五""十一五"期间是上海高速公路路政管理体制持续性创新的阶段。

一是高速公路路政管理体制适应市场化的要求。进入21世纪,为实现高速公路建设大发展,上海市政府决定实行高速公路建设市场化运作模式,对高速公路项目进行招商,中标的项目公司负责高速公路项目的投融资、建设与运营管理。2002年,为适应这一新变化,根据招商高速公路的特点,上海市市政工程管理局颁发了《关于同意招商高速公路路政管理体制的批复》,同意高速公路路政管理实施二级管理,即各高速公路(包括项目公司招商管辖的高速公路)的路政管理工作,由市公路路政大队派驻中队负责,接受市公路路政大队的直接领导。

二是高速公路路政管理"一路一中队"模式构建。2003年,经上海市市政工程管理局同意,上海市公路管理处下发了《关于成立路政大队沪宁高速公路路政中队等六个中队的通知》。成立上海市公路路政管理大队沪宁高速公路路政中队、上海市公路路政管理大队沪嘉高速公路路政中队、上海市公路路政管理大队沪杭高速公路路政中队、上海市公路路政管理大队市管公路中队(外环高速)。同时撤销了原上海市公路路政管理大队高速公路路政中队。高速公路路政中队人员按照高速公路里程配备,执法则以路政大队名义,路政审批业务由大队集中管理。截至2010年,设立了11个高速公路路政中队,配备路政执法人员131人。图6-2所示为沪青平、莘奉金、同三高速公路路政中队成立。

图6-2 沪青平、莘奉金、同三高速公路路政中队成立

三是高速公路路政管理"区域化管理"模式。自2003年实施高速公路"一路一中队"派驻式路政执法模式运作后,在实际管理中暴露出执法主体不适应、执法不规范、执法效率低、协调管理难等弊端和问题。根据法律规范和政府要求,2008年起,上海市公路管理处组织研究并实施高速公路路政区域化管理模式的创新,对高速公路路网进行划分,对人员、车辆装备、经费、管理用房等进行测算。2009年底,上海收费高速公路里程达660km。根据高速公路的分布现状和"片区管理,规模适度"的原则,将整个高速公路网划分为东片、南片和北片三个片区,实行区域化路政管理模式。本着精简、高效的原则,2009年启动高速公路路政区域化管理模式改革。经由上海市人事局组织牵头,开展事业单位招聘考试,率先向社会公开招聘路东片区路政人员。2010年,高速公路东片区路政管理大队成立;同年8月,高速公路北片区路政管理大队成立;2011年,高速公路南片区路政管理大队成立。至此,高速公路路政区域化管理模式基本形成。

二、高速公路路政执法重大举措

1. 高速公路非公路标志整治

随着上海高速公路建设的不断发展,传媒机构将公路视为具有巨大影响力的广告"阵地",不断在公路上设置广告。另外,随着城市工业外迁和园区建设,城市空间进一步向郊区扩展,在公路上违法设置非公路标志的趋势不断上升,给公路带来视觉污染,甚至造成视线混乱,影响交通安全。对于擅自设置非公路标志现象,高速公路路政管理部门依法实施拆除和处理。

自1997年起,路政管理部门逐年加大了非公路标志的拆除力度。1997年,拆除非公路标志1796件;1998年,拆除非公路标志7527件;到了2003年,上路执法拆除擅自设置非公路标志(含依附于电杆等设施上的小型广告)共11216块;2004年共拆除13498块;2005年共拆除13854块。

2006年,上海市公路管理处开展"强化路面执法,加强非公路标志整治"行动,制订了非公路标志统计、梳理和一期整治工作方案,加强了路政宣传力度。市公路路政大队共清理公路及公路用地范围内擅自设置的非公路标志10244块。2007年,上海市公路管理处对将到期未续办许可的非公路标志设置单位发函续办催办,编制了《非公路标志管理若干意见(草案)》。同年,市公路路政大队共清理非公路标志9054块。

2008年,上海市政府颁布《上海市迎世博加强市容环境建设600天行动计划纲要》,将清理户外广告、规范标牌管理列入市容市貌改观工程。同年6月,上海市公路管理处编制《上海市迎世博加强市容环境建设600天行动计划公路整治标准》。明确清理广告整治范围:高速公路用地范围内的不符合规划要求的高立柱广告、收费天棚广告、中央分隔带广告、跨线桥广告、龙门架广告、广场看牌广告等非公路标志等。600天行动计划动员了社会各方面力量,上海市公路管理处分六个阶段,经过不懈努力,全市高速公路用地范围以内拆除非公路标志数量共计 1914 块(座)。其中高炮广告 82 座;收费站顶棚广告 74 座;依附跨线桥设置广告 7 座;龙门架广告 16 座;机非隔离带、中央分隔带广告 528 座;其他(含指示牌、路牌广告)公路用地范围以内 1207 座。

  2012 年,市路政总队清除各类非公路标志 1568 块。2014 年,市路政总队清除各类非公路标志 4810 块(幅)。2015 年,市路政总队针对高速公路沿线路政举报牌开展排摸工作,并上报市路政局设施管理中心,由该中心组织拆除工作,市公路路政总队给予配合。先后拆除了 G1501 东环高速公路高东收费站、S20 外环高速公路徐浦大桥超限站广场大型广告等非公路标志,累计拆除各类指示牌、广告牌 1800 余块。

  2. 高速公路桥孔管理的整治

  为确保高速公路桥梁完好、安全、畅通,上海市政府要求必须把所有违章建筑全部拆除。市公路路政管理部门不断加强高速公路桥梁桥孔管理,取得了各阶段的工作成效。

  一是 1988—2000 年主要举措。1988—1990 年,上海市公路管理处拆除各类违章建筑 194 间计 2075 m^2。1997 年,市公路路政大队清除违章设摊 1703 处。1998 年,根据上海市委、市政府确定"必须把全市所有违章建筑全部拆除,还一个文明城市面貌"的目标,上海市市政工程管理局下发《关于工程建成后按期拆除临时设施的通知》,要求局属单位限期拆除管辖范围内的违章建筑,尤其是桥孔内的固定违章建筑。根据市公路路政大队的调查,由于历史原因,上海公路桥孔下共有违章建筑 10 万余平方米,其中公路管理部门自用的临时管理用房、仓库、停车场 1.2 万 m^2;出租商业用房 5.5 万 m^2;出租仓库、停车场 3.3 万 m^2。1998 年,市公路路政大队清除违章设摊 11419 处。1999 年,清除违章设摊 8410 处。1999—2002 年,市公路路政大队制订了分期全部拆除 10 万余平方米违章建筑的计划。在上级领导的支持下,市公路路政大队依靠各区(县)地方政府,动员各级路政管理部门克服困难、通力合作,至 2000 年底按计划拆除了 6 万余平方米的违章建筑。

  二是 2001—2010 年主要举措。1999 年,上海市市政工程管理局颁布的《关于加强对利用高架道路(高速公路)投影部分和桥梁桥孔管理的通知》规定,在一定条件下,桥孔下可以设置停车场。2001 年,上海市市政工程管理局颁布的《上海市临时占用公路管理规定》明确,除人民政府另有规定外,桥孔下设置停车场属不予批准。两个"规定"存在分歧,造成高速公路桥孔管理不到位。

  2002 年,市公路路政大队拆除公路用地范围内(主要是立交桥孔下)违章建筑 2 万 m^2。2003—2004 年,分两次共拆除沪嘉浏高速公路桥下违法建筑 10 万 m^2。2008 年,结合世博会保障及反恐工作开展桥孔集中整治工作。按照交通部以桥梁为重点的安全隐患检查的要求,将大型桥梁、隧道以及设有限载标志降级使用的桥梁作为工作重点。通过集中整治,消除了一批违法占用桥孔现象。对暂时不能清理整治的,通过规范管理、建立安全防范措施等方式,确保了桥孔的安全可控、有序管理。

三是"十二五"期间主要举措。2014年初,上海市路政局按照"抓两头、促中间,树样板、立规范,先易后难、逐步推进"的原则,制订了三年桥下空间整治方案,分别整治现有违规桥下空间存量的30%、50%、20%,完成对市管公路桥梁桥下空间的整治,消除桥下空间违规占用、违法搭建的现象。2014年12月9日,市路政总队拆除位于S20外环高速公路曹安公路至桃浦路段区域范围内高架桥下的550孔5000余平方米仓库等违法搭建,并圆满完成了当年30%的整治任务。

2015年,天津港"8·12"特别重大爆炸事件爆发以后,为吸取教训并举一反三,本着对国家和人民高度负责的态度,上海市委、市政府对全市桥梁桥孔整治工作进行了一系列批示,要求以最严的标准查找问题,以最严的要求加强执法、落实责任,以最严的措施落实整改。市路政总队会同区(县),按照上海市委、上海市政府《上海市桥梁桥下空间整治行动工作方案》(沪府办〔2015〕90号)和《关于进一步加强本市桥梁桥下空间管理工作实施意见的通知》(沪府办〔2015〕91号)要求,集中4个月时间开展了全市桥梁桥下空间的集中治理行动。截至2016年7月底,高速公路桥孔完成整治1290.5孔。

3. 高速公路超限运输治理

在市场经济运行中,部分道路运输经营者违反国家交通运输法规超限运输,由此而引发了恶性交通事故,严重损坏公路设施,给国家和人民生命财产造成损失。因而,加强超限运输治理显得十分重要。

一是2003—2010年主要举措。2003年,市公路路政大队加强超限运输治理。通过开展集中整治、联合整治、日常检查等方式,该年超限率下降到37%。2004年,经国务院同意,交通部联合七部委在全国开展货运机动车辆治理超限工作。上海市发展和改革委员会、上海市公安局、上海市市政工程管理局、上海市质监局、上海市安监局、上海市工商局、上海市政府法制办等部门联合展开超限整治行动,全年共检查车辆35376辆,处罚2666辆,罚款141.2万元。通过集中整治,使超限车辆大幅度减少,超限率从2003年的37%下降到8%左右,2005年又下降到4%。图6-3所示为路政总队、交警支队在长江隧桥开展"治超"联合执法行动。

2006年,上海市公路管理处路政部门牵头制定了《公路道口治超方案》。2007年,根据交通部"8·17"电视电话会议精神,上海市公路管理处成立治超工作小组,制定《关于联合开展集中治理超限运输车辆擅自行驶公路桥梁专项行动方案》《关于印发〈关于开展治理超限运输车辆擅自行驶公路工作制度〉的通知》。制作《公路路政治理超限运输罚款清单》及《公路路政治理超限运输罚款汇总单》,完善了治超工作相关制度。

2008年,根据交通部全国车辆超限、超载治理工作现场会精神,上海市公路管理处制定《关于开展货运机动车超限专项治理工作的方案》,将沪杭高速公路枫泾收费站、沪嘉高速公路朱桥收费站、沪宁高速公路江桥收费站、外环高速公路外环隧道等路段擅自超限运输情况严重的路段列为重点整治区域。2009年,上海市公路管理处以"迎世博600天行动"为契机,在高速公路安装了超限动态检测系统,实时掌握超限动态信息。通过该系统,对过往超限货运车辆进行实时记录,掌握超限车辆第一手资料,有针对性地开展治超工作。为开展治超宣传工作,上海市公路管理处编制了治超工作宣传标语,并利用高速公路电子显示屏滚动播放,同时编写治超工作宣传手册,将擅自超限运输造成的危害、治超工作法律法规等内容广泛告知运输企业和运输从业人员,在道口、重点路段设置大型路政宣传牌。此外,东方卫视、上海电台、《劳动报》、《东方早报》、《新民晚报》等媒体也相应对治超工作进行了宣传,营造了良好的治超工作环境和舆论氛围。

图6-3　路政总队、交警支队在长江隧桥开展"治超"联合执法行动

2010年,上海市公路管理处制定了《关于开展货运机动车辆超限超载运输专项治理工作的方案》,同时与市交警总队建立治超联动机制,按照"加强配合、各司其职、先易后难、突出重点"的原则,开展联合治超。同年,上海市公路管理处制定了上海市公路超限监测站点建设规划,全市省界道口设置用于监控全路网重要路段的Ⅰ类超限检测站6个、用于监控区域性路网重要路段的Ⅱ类超限检测站13个,采取位置预留用于流动监测的Ⅲ类超限检测点8个。至2010年,市公路路政总队共检查超限运输车辆22012辆,办理案件21397件,罚款金额1315.87万元。2005—2010年,每年的超限率基本控制在5%以下。

二是"十二五"期间主要举措。针对"十五"和"十一五"期间治超方面存在的治超力量单薄、联动机制不全等问题,2012年,市路政总队组织了华东片区联合治超行动,出动224人次,查处违法车辆数76辆,卸载货物158.15t。2014年,市路政总队开展"超限"整治37次,检查车辆536辆,查处擅自超限运输车辆77辆,卸载985.54t,处罚人民币21.61万元。

2015年,市路政总队针对上海公路违法超限超载运输态势,加强治超力度,坚持在S20外环隧道、S20徐浦大桥、洋桥、葛隆、G60沪昆高速公路枫泾收费站等处开展每月2次的常规治超工作。结合交通运输部关于开展"路政宣传月"活动精神,开展了包括"路政宣传月""超限运输专项治理月""惊雷"系列在内的各项治超整治专项行动,集中力量在市重要道口、越江桥梁打击违法超限运输行为。累计出动执法人员900余人次,检查车辆3500余辆车次,查处超限违法车辆257辆,罚款107余万元。同时,为加强科技含量,提高治超管理水平,市路政总队还利用国省干线省际道口宝山洋桥、金山枫泾固定治超站以及跨(穿)越黄浦江设施徐浦大桥固定治超站,增设了不停车电子检测系统,开始探索全市治超非现场执法手段。

第四节 高速公路专项整治

公路设施养护管理除了日常养护外,有时针对自然灾害对公路设施的毁坏、重大交通安全活动、政治活动、经济活动等还会开展一些专项整治工程。

20世纪90年代初期,上海市公路行业根据交通部1990年6月召开的全国公路养护与管理工作会议精神和上海市政府提出关于加强城市基础设施建设和管理的要求,在加快公路建设的同时,继续加强公路养护管理工作,并通过开展"双迎""四迎""迎东亚运"等一系列专项整治,改善和提高了公路的路况、路貌。

一、"三年大变样"整治工作

1998年,上海市委、市政府提出城市管理要"一年一个样、三年大变样"。同年,上海市公路管理处根据交通部提出的养护工作方针和上海市市政工程管理局的要求,结合上海公路实际情况,制定了《上海公路养护管理大变样三年规划》。全市各级公路管理机构把迎国庆50周年、迎全国干线公路养护与管理大检查、迎APEC会议在上海召开等重大事件作为实施"三年大变样"的契机。

通过3年的整治,至2000年底,大、中修和养护投资27.35亿元,改建危桥329座,新增公路养护里程624.07km,新增公路绿化里程805.06km,新增"GBM"工程611.29km。全部公路好路率达76.21%,干线公路好路率达91.35%。公路绿化形成了独特的景观效果并发挥了明显的生态效益。312国道(上海段)和320国道(上海段)先后被交通部评为部级文明样板路。在2000年交通部组织的全国干线公路养护与管理大检查中,上海公路养护与管理工作名列全国前茅。

二、"迎世博三年整治行动"

2005年交通部组织的全国干线公路养护与管理检查结果显示,上海公路路况水平处于全国中等水平,其中高速公路路况处于中下水平,与邻近江苏、浙江两省相比,差距很明显。检查结束后,上海市公路管理处开展了"关于上海高速公路路况水平的分析与建议"的课题研究,调查上海高速公路平整度现状,比较江苏、浙江两省的路况水平和管理模式,分析上海高速公路路况水平不佳的原因,提出"上海高速公路养护管理三年行动计划"的初步设想。2006年8月,上海市政府办公厅转发上海市市政工程管理局《关于本市市政道路设施迎世博三年整治行动计划实施意见的通知》。其中,高速公路为三年整治行动计划的重点,内容包括改善路面平整度,消除"桥头跳车";目标为全市高速公路路网中除外环高速公路以外90%以上路段的平整度达到并保持 IRI(国际平整度指数)≤2m/km,其中连接江苏、浙江两省95以上路段的平整度达到并保持 IRI≤2m/km,并不低于江苏、浙江高速公路的平整度水平;整治时间从2006年下半年到2009年上半年。

1. 情况概述

2008年,根据上海市政府"迎世博600天行动"办公室和上海市市政工程管理局的统一安排,将上海公路"三年整治行动计划"的后两年计划纳入"迎世博600天行动"中。为此,上海公路行业制定了《"迎世博600天行动"纲要》,明确600天行动须完成三大工程:市容市貌改观工程、市民生活环境改善工程、城市管理水平提升工程,实现路况路貌明显改观,市民生活环境不断改善,公路长效管理初步完善。

2008年7月31日,市公路行业举行了"上海公路'迎世博600天行动'计划"签约仪式,标志着公路"迎世博600天行动"全面启动。2010年初,上海市城乡建设和交通委员会主任黄融要求举全行业之力,全面按期建成世博会配套设施,全面展示"迎世博600天行动"成效,全面做好世博会举办期间的服务保障工作,努力为办成一届成功、精彩、难忘的世博会作出贡献。

2. 主要举措

(1)全面实施市容市貌改观工程。迎世博会期间,上海市公路管理处积极开展整治工作。

一是公路路面整治。公路整治签约数为1097.24km,其中市管公路整治里程232.24km,区管公路整治里程865km。因上海绕城高速公路北环段和同三段81.81km整治路段经上海市城乡建设和交通委员会多次协调未果,故实际可完成的整治里程比原计划有所减少,调整为计划完成1015.44km,其中高速公路162.06km,市管公路232.24km,区管公路621.14km。

至2009年4月底,完成整治里程1023.31km,占调整计划的100.76%。其中高速公路162.06km,占计划的100%;市管公路232.24km,占计划的100%;区县公路629.01km,占计划的101.27%。整治项目主要有路面整修、匝道疏理、安全设施增设改造、工程改扩建、景观维护增设等。加大了桥梁养护经费投入,2008年共投入桥梁养护经费1.16亿元,其中大中修4265万元;2009年共投入桥梁养护经费1.38亿元,其中大中修3388万元;2010年共投入桥梁养护经费2.03亿元,其中大中修9359万,公路路容路貌有了明显改观。

二是标志标线标牌整治。高速公路标志更换8252块,国省县道路名牌更换8722块,高速公路世博会辅助标志设立64块,设置了6个道口世博会安检站。

三是清理户外广告和规范店招店牌。清理非公路标志广告牌1895块,占原计划总数1354块的140%,其中高炮广告78块,收费站顶棚广告60块,跨线桥广告7块,龙门架广告15块,中央分隔带广告528块,其他广告1207块。

四是整治干线公路沿线环境。上海市公路管理处组织干线公路环境整治专项工作。至2010年4月底,完成里程1235km、高速公路收费站出入口共74处。

五是优化绿化景观。增添了9个绿化小品(图6-4所示为小品之一),优化、美化景观和增添绿化小品主要集中在高速公路与国道上,总面积达25.26公顷。

图6-4 高速公路迎世博绿化小品

(2)落实市民生活环境改善工程。上海市公路管理处负责治理公路交通噪声97处,主要分布在外环线与部分高速公路上,于2008年底完成。2010年4月前完成了81处高速公路隔音窗工程。

(3)推进公路管理水平提升工程。2008年,上海市公路管理处开始公路网格化管理试点运行,基本完成部件调查等工作,高速公路及市管干线公路的整体网格化管理工作方案经上海市城乡建设和交通委员会审批并实施完成。

600天内完成长三角地区电子不停车收费ETC车道数为107条,其中专用车道49条,混合车道48条,备用车道10条。完善了公路各类应急预案,建立了较为完善的公路应急管理体系,相关应急预案正式发文发布;全部完成购置包括车载显示屏、应急指挥车、应急发电机、监控中心显示屏等价值1676万元的应急设备和清扫车、吸尘车、多功能洒水车、登高作业车等价值405万元的保洁设备。

3. 工作成效

"迎世博600天行动"使上海公路整体面貌发生了变化,路面平整度有了提高,绿化景观有了改善,周边环境有了新面貌,关注民生有了新举措,服务质量有了新起色,精细管理有了新机制。世博会期间,公路道口秩序、路网流量、标志标识、信息服务等方面情况良好,使公路行业的世博会服务保障工作总体上做到了运行平稳、安全有序,为世博会交通保障作出了贡献。此外,交通运输部对"十一五"全国干线公路养护与管理检查安排在2011年,高速公路也列于其中。12个高速公路项目公司完成14个路段455km整治任务。嘉浏高速公路路况不佳,项目公司投入资金2.1亿元,使路面平整度IRI值从整治前的2.45m/km优化到1.47m/km,全线路况和路貌得到根本性改变。

第五节　全国干线公路养护管理检查

一、国检基本情况

20世纪90年代中期,交通部在全国组织了国、省干线公路养护与管理大检查(简称"国检"),规定今后每五年检查一次,由交通部统一组织,抽调各省(自治区、直辖市)有关人员组成检查组按部颁有关标准进行检查。检查结果由交通部汇总进行综合平衡后向全国公路行业通报。

二、1997年公路国检情况

1. 国检工作规范和检查办法

交通部于1996年上半年发文通知在全国组织国、省干线公路养护与管理大检查。同年4月24日,上海市市政工程管理局向上海市政府办公厅提交《关于迎接全国公路养护大检查有关事项的报告》。同年5月17日,上海市政府向各区(县)政府和市有关委、办、局下发《关于做好本市公路养护工作的意见》,要求以实际行动迎接全国干线公路养护管理大检查,针对全市公路路肩缺土等情况提出抓紧搞好路肩培土,保证公路设施的完好,严格按公路两侧的建筑规划红线控制,禁止在公路上乱设标牌等。

1997年6月5日,交通部下发《关于做好全国干线公路养护与管理检查准备工作的通知》,同时下发《全国干线公路养护与管理检查办法》和《国、省干线公路养护和管理检查记分标准》。

2. 迎检工作部署和主要措施

上海市市政工程管理局成立迎接全国干线公路养护与管理检查领导小组,制定《迎接全国干线公路养护与管理检查工作计划》。各区(县)公路部门也相应成立领导小组和工作小组,并制订迎检工作计划。

(1)组织实施大中修工程。为提高国、省干线公路服务水平,至1996年底全市完成国、省干线大、中修工程102.19km,占干线总里程的12.4%;国、省干线改建里程47.26km,占国、省干线总里程的5.74%,实现国、省干线公路好路率79.55%。1997年,上海市公路管理处养护资金投入达2.57亿元,实现国、省干线公路好路率87.18%。

(2)全面落实"三养"措施。上海市公路管理处积极推行全面养护、科学养护、机械化养护,编制《上海市公路掘路修复定额》,使养护工作规范化;推广"四新技术",应用公路路面管理系统(CPMS)和桥梁管理系统(CBMS),使养护决策更加科学化。坚持公路养护检查制度,每季度组织一次抽查,每半年组织一次大检查。加强大、中修工程质量管理,对经费300万元以上的工程一律由有资质的公路监理公司实行质量监理。1996年底,全市养护机械配备已达每百公里6213马力(1马力=735.499W)、每百公里91件。各养护单位均配备了铣刨机、摊铺机、清扫机、压路机和铲车、洒水车、综合养护车等,使养护机械化程度得到了提高。

(3)强化桥梁维护和检测。上海市公路管理处全面推行"公路桥梁养护管理工作制度",各单位设立了专职桥梁管理工程师负责该项工作;建立了专门桥梁养护道班或养护队,坚持桥梁日常、定期和特殊检查制度;配备了桥梁检测车、数据采集器等,建立了"一桥一卡"和桥梁数据库;加强了公路桥梁的执法管理和公路危桥的改建加固工作。1996年,公路桥梁养护维修资金共投入4280万元,修理桥梁293座,桥面铺装41816m^2,修理伸缩缝3893m,修理栏杆10082m,国、省干线公路上消灭了危桥,一、二类桥梁的比重大大提高,占干线公路桥梁总数的96.8%。

(4)提升绿化养护管理水平。上海市公路管理处在迎检活动中加强了绿化养护管理工作。根据季节的变化,分别向各单位下达绿化养护要求,重视对新种苗木发芽率、成活率、现有树木保存率的检查,使国、省干线公路做到公路绿化栽种整齐,无缺行断垄现象,无病虫害发生。

(5)加强公路路政管理工作。上海市公路管理处加强公路路政管理工作,市公路路政大队组织各区(县)公路路政中队,对国、省干线公路进行综合整治,拆除204、312国道两侧违章建筑,清除各类垃圾6500t;318国道沿线共拆除违章搭建245间,清除垃圾渣土2040t。市高速公路路政中队增加值勤巡查次数和时段,快速处理违章苗子,进一步完善了设施补偿修复、验收结算流程。通过整治,有效地维护了国、省干线公路的路产、路权。

(6)集中治理公路"三乱"。上海市公路管理处开展治理公路"三乱"和加强收费管理工作,对收费站点开展大规模的明察暗访。实行收费管理政务公开,做到审批机关、主管部门、收费单位、收费标准、监督电话"五个公开"。1997年,全市29个公路检查、收费、稽查站全部符合国家有关规定。上海市首批进入全国国、省干线公路基本无"三乱"的行列。

3. 国检工作取得的主要成效

1997年9月25日,上海市市政工程管理局会同上海市公路管理处,按照交通部检查评分要求进行了预检,认为养护与管理工作总体符合交通部要求。交通部检查组于同年10月9日至11日检查了上海公路养护与管理工作。同年12月底,交通部根据评分标准进行综合衡量并排名通报,上海市排名全国第一。

三、2000年公路国检情况

1. 国检工作规范和检查办法

2000年6月,交通部下发《关于印发全国干线公路养护与管理检查办法的通知》《全国干线公路养护与管理检查评比办法》。同年8月又下发《关于印发2000年全国干线公路养护与管理检查实施方案的通知》,决定从同年9月开始对全国干线公路养护与管理工作进行检查。

2. 迎检工作部署和主要措施

为做好迎检的各项准备工作,上海市市政管理局和各区(县)公路主管部门均成立了领导小组和工作小组。

(1)明确迎检工作指导思想。上海市市政工程管理局确定了迎检指导思想,即"以坚持深化公路行业改革为主导,以迎接交通部养护管理大检查为契机,以养护管理三年大变样为重点,强化行业管理,改善路容路貌,全面提高上海公路养护与管理水平,夺取全国公路养护管理大检查的好成绩",并制订了具体实施方案。市和区(县)通过各种会议或宣传媒体开展迎检宣传,提高公路系统广大干部、职工迎检认识,增强迎检责任感。

(2)查找公路设施薄弱环节。通过全面排摸巡查,发现上海公路设施养护管理存在的主要薄弱环节为:由于公路交通流量大、重车多,公路沿线集镇、工厂、商场较多,公路街道化现象比较突出,公路路况、路容存在较多问题。此外,国、省干线多数为老路,许多老桥、老路多年没有得到改造,路面狭窄,路肩缺土,边坡不规范,排水设施不齐全,仍存在许多不足之处。

(3)形成多方参与联动机制。市和区(县)公路管理部门对照迎检办法和有关标准逐条找出差距,提出整改措施,狠抓落实。上海市公路管理处在养护管理工作中引进激励和制约机制,与各管养单位签订"养护风险承包合同"。考核内容包括好路率、优良率、成本降低率和安全文明施工等指标。对养护质量符合要求的单位年底予以奖励,不符合要求的予以处罚,从而保证了养护管理质量的不断提高。

(4)落实设施维护整治措施。上海市公路管理处结合全市开展的公路养护管理"三年大变样"整治活动,改造宽路窄桥30座,消灭了危桥,整治了桥头跳车,完成"GBM"工程477.14km,创建文明样板路107.28km,改善了干线公路绿化130余公里。干线公路上绿化"点成景,线成荫","畅、洁、绿、美"的交通环境得已初步呈现。

3. 国检工作取得的主要成效

2000年9月29日至30日,市公路行业组织对国省干线公路进行预检。由上海市市政工程管理局和上海市公路管理处有关领导及专家组成,分内业和外业两个组,对照交通部的内、外业评分表进行自查评分。2000年10月10日至13日,交通部检查组检查了上海公路养护与管理工作。2001年1月,交通部办公厅发布了《关于全国干线公路养护与管理工作检查情况的通报》,上海市公路养护与管理工作总评分排列全国第一名。

四、2005年公路国检情况

1. 国检工作规范和检查办法

2004年10月交通部下发《关于开展2005年全国干线公路养护与管理检查工作的通知》。2005年7月交通部印发《2005年全国干线公路养护与管理检查实施方案》,同年9月印发《2005年全国干线公路养护与管理检查注意事项》。

此次大检查主要针对"十五"期间全国公路养护与管理工作进行系统的检查总结,分析查找工作中存在的问题,为研究探索"十一五"公路养护与管理工作发展思路提供依据。交通部检查实施方案中确定了检查的范围和内容:全国所有国省干线公路和高速公路均属本次检查的范围,检查内容包括公路路况和管理规范化两部分。其中路况检查以路面平整度为评价指标;管理规范化检查以服务与保畅、公路和桥梁养护工作开展情况、路网改造计划执行情况、路政管理和收费公路管理等为重点。

2. 迎检工作部署和主要措施

上海市市政工程管理局于2004年11月25日召开"上海公路迎接2005年交通部全国公路大检查的动员会",对迎接2005年全国干线公路养护与管理大检查的工作进行动员和部署。

(1)确立指导思想和工作目标。上海市市政工程管理局在2005年6月下达的《关于迎接交通部2005年全国干线公路养护和管理检查的通知》中,确立了"迎检"工作指导思想:以"迎检"工作为契机,推动各项养护与管理工作,全面提高上海公路的公共服务能力、安全畅通能力和应急处置能力,全面提升上海公路养护与管理水平。同时明确总体目标:加大养护力度,完善管理制度,确保资金投入,始终保持公路及其附属设施完好,保障公路安全畅通,服务全面高效,管理科学动态,运营规范达标,充分展示上海公路特色。上海市公路管理处在对市管公路、高速公路、区管公路的路况及养护管理情况进行全面调研的基础上制订了"迎检"方案。

(2)成立领导小组和工作小组。2005年6月,上海市市政工程管理局成立"迎检"领导小组和工作小组,上海市公路管理处下属单位也都成立相应的工作班子。同时,各区县公路主管部门也成立了"迎检"领导小组和工作小组。

(3)提前启动,提升公路好路率。为使上海公路的路况水平在"十五"期间有较大改善,加大公路养护资金投入,强化养护质量管理,到2004年底,上海全部公路好路率为79.18%,干线公路好路率为92.65%,分别比"九五"期间增加2.97个和1.3个百分点,提前完成了"十五"计划指标。高速公路自2003年采用交通部的MQI指标体系后,MQI值均保持在90以上。干线公路GBM达标里程占干线公路总里程的90.48%。干线公路大中修里程比例21.4%,较"九五"期间有大幅度增加。2001年结合开展立功竞赛活动,颁布"上海市公路行业创建文明样板路立功竞赛活动实施办法"。2000—2005年,已创建312国道、320国道、204国道等3条部级文明样板路及外环线等20条市级文明样板路。

至2004年底,干线公路桥梁中一、二类桥梁技术状况占干线公路桥梁总数的98.2%,干线公路无危桥。在桥梁管理上,树立了由静态管理向动态管理转变的理念。2005年突出了对特大型桥梁,特别是跨越黄浦江的桥梁安全运行的动态化管理,实行实时监测,确保大型桥梁安全处于安全受控状态。

(4)规划先行,推进公路绿化建设。在公路绿化的建设方面,按照《上海市公路绿化发展规划纲要(2001—2010)》和《上海市公路绿色通道规划(2002—2010)》,做到规划先行,有步骤有计划地建设。从2001年到2004年底,以上海举办APEC会议及"创建国家园林城市"为契机,新建公路绿化1598公顷,干线公路绿地面积达2051公顷,至2005年底,上海公路绿化面积约占全市绿化总面积的四分之一,国省干线公路绿化基本形成"点成景、线成荫、片成林"的绿色通道。

(5)加强执法力度,治理"三乱"。在公路路政管理方面,加强路政执法力度,在全市21个出省道口45条车道上安装了固定式称重仪,并添置了若干移动式称重仪。2005年,全市共检查车辆43460辆次,处罚超限车辆3477辆次,卸载1973辆次,计18163t,处罚金额151万元,使上海公路车辆超限率由2003年的37%下降到8%左右。

按照交通部《关于继续做好公路养路费等交通规费征收工作的意见》(2号令),规范收费管理,治理公路"三乱"。2001—2004年上海共计征收通行费85.66亿元。贷款道路建设通行费实行收支两条线,全额上缴市财政专户,专款专用。"十五"期间,上海市治理公路"三乱"工作取得了显著的成效。2001年12月,在国务院纠风办、交通部、公安部召开的新闻发布会上,上海被首批命名为所有公路基本无"三乱"省份。

3. 国检工作取得的主要成效

2005年10月28日至11月2日,由交通部规划设计院、部公路检测中心、天津市、河南省组成的国家交通部检查组对上海市全部干线公路进行了养护与管理检查。在为期5天的路况检测中,共检测高速公路237.9km,普通干线公路523.3km,检测里程总计761.2km。

检查结果认为"上海干线公路规划布局合理,通行能力较强,服务水平较高,特别是信息技术应用走在全国前列",同时提出了加强对基层单位的检查,立足长效管理,加大超限运输整治等建议。2006年4月,交通部发布《关于"十五"全国干线公路养护管理工作检查情况的通报》,上海市在直辖市中总评分和高速公路均排名第二。

五、2011年公路国检情况

1. 国检工作规范和检查办法

2008年5月交通运输部下发了《关于做好2010年全国干线公路养护管理检查准备工作的通知》,预定在2010年下半年组织"十一五"全国干线公路养护管理检查工作,后由于当年我国部分省市和地区发生多次重大自然灾害,交通部为保证国检工作的客观公正,决定把2010年下半年"国检"延期至2011年上半年进行。

2. 迎检工作部署和主要措施

2009年,上海市城乡建设和交通委员会成立了以主要领导为组长的迎检领导小组和工作小组,上海市公路管理处、各区(县)公路主管部门、各高速公路项目公司也成立了相应的迎检领导班子和工作班子。

(1)提升指导思想和工作目标。2010年7月上海市城乡建设和交通委员会印发了《上海市迎接交通运输部2010年全国干线公路养护管理检查工作实施方案》,明确并提出了迎检工作指导思想和工作目标:以科学发展观为统领,以改革创新为动力,以依法治路为保障,以"迎检"工作为契机,牢固树立"建设是发展,养护管理也是发展"的新发展观和"以人为本,以车为本"的新服务观;坚持建管养并举、重在管理,建立养护管理规范化体系,树立全寿命周期成本的理念,全面提高上海公路的公共服务能力、安全畅通能力和应急处置能力,增强公路服务功能,充分展示"畅、安、舒、美"的上海公路特色。

(2)公路优良路率达到新水平。到2010年底,全市国省道MQI为94.08,优良路率达到97.10%;普通公路MQI为86.74,优良路率达到86.42%。全市干线公路一、二类技术状况桥梁占其总数的97.7%,其中,高速公路一、二类技术状况桥梁占其总数的97.3%,

普通干线公路一、二类技术状况桥梁占其总数的98.2%,干线公路和县级公路均无危桥。全市公路绿地面积已达到7237公顷,占全市绿地总面积的20.1%。

(3)养护经费管理实施新办法。燃油税费改革后,上海研究制定了《上海市公路养护经费管理暂行规定》。公路养护经费拨付分为市、区(县)两部分。其中,用于国省干线公路养护管理的专项资金,由市公路管理部门编制年度计划,经市公路主管部门批准后执行;用于区(县)公路养护管理的专项资金,则在公路处每年一次从服务绩效、费用绩效、质量绩效、管理绩效等方面对各区(县)养护管理工作进行绩效考核评价,在将考评结果与养护经费分配直接挂钩的基础上,由市财政通过财政转移支付方式下拨至各区(县)财政,再由区(县)公路管理部门编制年度计划,经所在区(县)公路主管部门批准后执行。"十一五"期间,上海安保工程完成投资达到4818万元,危桥改造完成投资8813万元。

(4)行业制度建设推出新举措。在行业管理制度建设方面,制定了《上海市高速公路管理办法》等政府规章;结合养护管理和燃油税费改革等工作,陆续制定了《上海市收费公路管理暂行规定(试行)》《上海市公路养护管理规定》等一系列适应上海公路养护、运营、管理特点的规范性文件;先后主编或参编了《公路技术状况评定标准》(JTG H20—2007)、《公路沥青路面养护技术规范》(JTJ 073.2—2001)等5个交通部技术规范;制定出台了《公路路面养护技术规范》《公路桥涵养护规程》《公路沥青路面预养护技术规程》等一系列技术规范。

与此同时,编制出台了《上海公路突发公共事件应急处置预案》,建立健全针对恶劣天气和公路桥梁隧道运行等突发事件的预警响应、信息报告、应急处置等一整套工作流程。公路行业还组织开展针对恶劣天气、交通排堵保畅和突发事故处置等各类应急演练,并经受了2008年初冰雪灾害天气对高速公路通行的考验,完成了世博会期间的公路应急保障任务、"5·12"汶川大地震后救灾物资运输、鲜活农产品"绿色通道"以及F1赛事、清明扫墓和黄金周期间的公路交通保障任务。

此外,制定出台了《关于推进预养护技术的指导意见》和《公路沥青路面预防性养护技术规程》,明确了推广应用预防性养护技术的工作重点、具体措施和方法步骤。"十一五"以来,预防性养护逐步深化,全市公路行业坚持"预防为主、防治结合"的原则,将预防性养护作为养护工作的重点之一,大力推广应用稀浆封层、微表处、沥青还原处置、地基聚合物加固、桥梁碳纤维加固等预养护技术。

(5)公路网络化管理有新进展。建成了覆盖全路网的"上海公路路网管理中心",该中心整合了公路交通信息采集与发布、交通信息分析与研判、应急管理、公众出行信息服务等各项动态运行管理功能。以GIS公路设施基础数据库为基础,推进公路设施的数字化管理,运用快速检测设备,对公路路面管理系统实施升级改造,为公路设施管理提供科学辅助手段,使养护决策建议实际采纳率超过70%。

3. 国检工作取得的主要成效

2011年5月12日至17日,由陕西省交通运输厅为组长单位,甘肃省交通运输厅为参检单位,交通运输部公路院、山东省公路检测公司组成的国家交通运输部检查组,对上海市干线公路养护与管理工作进行了检查。

管理规范化检查意见认为,"十一五"期间,上海干线公路养护管理工作主要体现为:加快路网建设,形成较为完善的公路路网体系;适应税费改革,公路养护管理资金的管理和使用有了保障;加强基础管理,养护管理精细化、信息化以及应急保畅能力处于较高水平;精心打造的"数字公路、绿色公路、智能公路"已初具规模;重视公路养护技术研究和推广;高度重视桥梁、隧道的安全管理;服务和保畅能力明显增强;行业精神文明建设有了很大提高。同时建议要加强对高速公路的行业监管;加强对养护管理规范化的行业指导监督力度;加强治超工作力度;理顺高速公路路政管理体制,发挥路政管理系统的作用;严格按照《收费公路管理条例》规范高速公路收费站点审批工作,完善收费站的审批手续。

2011年10月,交通运输部印发《关于十一五全国干线公路养护管理工作检查情况的通报》,上海市总评分排名第十四,普通公路排名第七,高速公路排名在第十五名以外。

六、2015年公路国检情况

1. 国检工作规范和检查办法

2012年9月,交通运输部下发《关于做好"十二五"全国干线公路养护管理检查准备工作的通知》,确定全国所有干线公路均为检查范围,地方各级公路管理机构和收费公路经营管理单位均为受检对象,检查主要内容由路况检查和管理规范化检查两部分组成,路况检查占总评分的65%,管理规范化检查占总评分的35%。2014年12月,交通运输部印发了《"十二五"全国干线公路养护管理检查方案》。

2. 迎检工作部署和主要措施

2014年9月,上海市交通委员会召开全行业"迎检"动员大会,各层级管养单位均成立"迎检"工作领导小组和工作小组。市路政局编制了"迎检"方案和任务分解表,并建立"周报、简报、例会"制度。值得一提的是,上海公路历经多年的加快建设、加强管理,为迎接国检工作奠定了坚实的基础。主要体现在:

(1)公路设施量有了全面提升。上海高速公路技术状况指数(MQI)为94.80,路面使用性能指数(PQI)为92.85,优良率为88.14%;上海普通干线公路技术状况指数(MQI)为93.99,路面使用性能指数(PQI)为92.45,优良率为94.71%。一类桥4525座,占41.6%;二类桥5462座,占50.3%;三类桥791座,占7.3%;四类桥87座,占0.8%;无五类桥。

(2)行业改革与发展持续推进。"十二五"期间,上海公路行政管理体制进行了较大调整。2012年成立了上海市路政局;2014年3月,根据上海城市发展需要,进行机构职能调整,组建了上海市交通委员会。上海市交通委员会是上海公路主管部门,上海市路政局是公路管理机构,负责全市公路的具体管理。

"十二五"期间,上海从"世博前"的大建设时期迈入了"后世博"的"管建并举、管理为重"的新时期,在养护管理模式和体制机制方面进行了一系列的改革,逐步理顺了高速公路运营管理机制,由原高速公路多元化投资而形成的"一路一公司"分散式运营管理模式,转变为由上海城投公路(集团)有限公司和上海上实(集团)有限公司为主的相对集中统一运营管理模式,为高速公路规模化经营、专业化管理创造了条件。与此同时,养护作业市场化改革不断深化。2013年起,出台了7项配套管理文件、9类招标文件模板、22份示范合同文本、12项养护维修定额、6个养护管理标准(新增)、四大类12种道路设施考核标准和评分办法。

(3)养护与管理水平不断提升。一是增加管养资金投入。"十二五"期间,上海公路共投入养护经费255.9亿元,相比"十一五"期间投入增长超过50%。其中,国省干线公路养护经费投入121.1亿元,占全部养护经费投入的47%。2011—2014年,上海燃油税返还收入用于公路养护管理经费总支出为164.6亿元,占财政转移支付燃油税返还收入总和的82%。上海公路养护管理经费均按公路设施量和养护维修定额,统一全额分配,且每年进行动态调整。大中修工程资金投入累积达130亿元,占养护经费总投入的50.8%。

二是强化养护精细管理。在国省干线公路日常养护方面,建立养护监理制度,形成了管理单位、监理单位和养护单位三层次的养护管理架构。"十二五"期间,干线公路养护计划中每年均安排预防性养护工程,投入资金1.73亿元,预养护总里程达661.2km,占总里程的8.8%。对一些特大结构、特殊构造和重要节点的桥梁,如S32闵浦大桥、G40长江大桥,建立符合各自特点的养护管理和健康监测系统,对其他中小桥梁,则有针对性地布设运行监测系统,随时掌握桥梁运行动态。

三是提升安全管理能级。"十二五"期间,投入3000万元实施安全生命保障工程。编制了《道路突发事件应急管理预案》,修订防汛防台、冰雪灾害等专项预案,修订公路特大桥隧设施突发事件处置手册。针对汛期易积水的下立交,建立了路政、水务、交警"三合一"的应急联动机制。提升路网通行能力,2014年底实现ETC全国联网。

四是优化信息化辅助效能。"十二五"期间,累计投入管养信息化系统开发维护经费2700万元。在决策科学化方面,升级改造了"路面技术状况评价系统、桥梁安全运行管理系统",更新评定决策算法,引入病害智能分析功能,开发手持式终端,提高决策分析能力和使用效率。在管理信息化方面,重点开发并应用了"干线公路养护综合信息管理平台",实现了各业务管理系统之间的信息共享。利用视频监控,可远程巡视各类公路设施,重点区域设施还可自动检测、智能报警。

3. 国检工作取得的主要成效

2015年10月26日至31日,交通运输部路网中心对上海22条(6条高速公路、16条普通干线公路)共计821.27km的干线公路进行了路况检测。11月2日至6日,由黑龙江省为主检、河北省为参检单位组成的交通运输部管理规范化检查组听取了上海市交通委员会关于上海市"十二五"干线公路养护管理工作情况的汇报,查阅了上海市路政局、浦东新区公路管理署、G2、G40、G60等高速公路运营管理单位的内业资料,实地查看了检查方案规定的检查项目。

检查组在情况反馈中给出评价:上海"大交通"体制机制基本形成,公路技术状况保持在较高水平,公路通行能力和服务水平稳步提高,有力地支撑了上海国际大都市的建设。同时提出了要进一步加强交通基础设施的建设,完善公路和桥隧的应急车道的建议。2016年6月,在交通部关于"十二五"全国干线公路养护管理工作检查情况的通报中,上海市综合评分、普通干线公路、高速公路均排名第三。

第六节 高速公路运行管理案例

一、G60沪昆高速公路(上海段)运行管理

1. 运营养护管理路段概况

G60沪昆高速公路(上海段),即原沪杭高速公路(上海段),全长47.67km,是上海建成的第二条高速公路,也是上海至杭州的主要干线公路。2009年12月全线拓宽改建完成后,高架段路面宽26m,设双向六车道;地面段路面宽33.5~42m,设双向六~八车道。全线设8个互通式出入口和枢纽,桥梁共计75座,包含特大桥1座、大桥16座、中小桥57座、高架桥1座(6.1km),长度共计15.95km。道路绿化总面积约105万m^2。全线8个收费站、1个养护道班和1个服务区,其中新桥主线收费站和枫泾收费站为主线收费站。全线收费车道97条,其中ETC专用车道23条。

G60沪昆高速公路(上海段)流量在整个上海高速路网内一直处于高位,目前日均流量已达到15万辆次,节日高峰流量达到20万辆次。该高速公路属上海路桥发展有限公司负责经营管理。经过不懈努力,该高速公路运营养护管理服务水平一直走在全市高速公路运营服务行业的前列。

2. 运营养护管理体制沿革

1990—2002年期间,运营养护管理单位多次变更。原沪杭高速公路(即现在的G60沪昆高速公路)(莘松段)建成通车后,运营养护管理单位为上海市公路管理处莘松高速

公路管理所。沪杭高速公路(松枫段)建成通车后,原来的上海市公路管理处莘松高速公路管理所更名为上海市公路管理处沪杭高速公路管理所。1999年管养分开,成立了上海沪杭高速公路实业有限公司。

2000年8月上海路桥发展股份有限公司成立,同年9月购入沪杭高速公路收费经营权,资产划归上海城投总公司,业务上由上海市公路管理处指导。2002年上海路桥发展股份有限公司将其拥有的全部股份转让给上海福禧投资控股有限公司。2003年5月,上海路桥发展股份有限公司、上海市政养护管理有限公司、上海市政实业总公司、上海福禧置业有限公司签署四方股权转让协议,上海路桥发展股份有限公司受让上海沪杭高速公路实业有限公司90%股权,上海福禧置业有限公司受让上海沪杭高速公路实业有限公司10%股权。上海路桥发展有限公司2002—2006年期间为上海福禧投资的控股企业,其股份占比99.35%,其余0.65%股权同比分属上海地铁运营总公司、上海公路建设总公司、上海城建(集团)公司、上海城投置业有限公司。

2006年12月,福禧投资控股有限公司与上海企业年金发展中心签署了协议书,将其持有的路桥公司99.35%股份全部转让上海市企业年金发展中心。2007年10月,上海市企业年金发展中心与上海实业(集团)有限公司签署了《股权转让协议书》,将其持有的路桥公司股份全部转让上海实业(集团)有限公司。同年,路桥股份公司经过改制,成为上海实业控股有限公司独资子公司——上海路桥发展有限公司。

3. 运营养护管理理念提升

沪杭高速公路项目管理团队清晰地认识到:社会需求是高速公路建设和运营管理努力的方向。社会需求不断发生变化,要求高速公路的运营服务也要与时俱进,不断提升服务质量和扩展服务内涵。上海的高速公路自20世纪80年代建成沪嘉高速公路以后,运营已从静态管理、动态管理、多要素管理阶段,进入到综合服务品质管理阶段。

(1)由低水平运行转向高效通行。上海在20世纪70年代及以前,经济不发达,交通流量不大,公路交通维持在低水平运行状态。进入80年代后,上海在改革开放政策的引导下,经济社会发生很大变化,交通流量突飞猛进,交通拥堵成为上海三大问题之一,排堵保畅自然成为人们的一大需求。交通设施服务业从静态设施保障转为静态与动态保障并举的格局。

(2)由单一排堵保畅转为环境优化。上海自进入20世纪90年代后,高速公路出行比例逐步增大,特别是沪杭高速公路(松枫段)自1998年通车、上海与浙江对接以后,旅游经济得到迅速发展。这个时期,公路消费需求开始呈现出多要素特点,主要表现为:不仅要求高速公路设施完好、通行顺畅,而且要求路容路貌整洁漂亮,舒适旅途成为人们出行的又一个需求。沪杭高速项目管理团队在一如既往做好养护收费工作基础上,更加注重突发事件快速响应,并加强设施保洁、路貌整洁,基本满足了热门旅游线路服务要求和景观要求。

（3）由满足通行需求转型品质服务。上海进入21世纪特别是举办世博会以后，随着高速公路大量兴建，依托高速公路沟通上海与邻省联系变得十分方便。上海"四个中心"的功能不断得到发挥，客流、物流以前所未有的速度发展，并从各层面渗透进人们的生活中，交通大流量、突发事件发生后的大拥堵，节假日呈潮汐式出行和回城高峰，服务区出现大量蓄车、人满为患等问题，也就成为市民出行关注的焦点和社会热点。

高速公路在现代社会是一个不可或缺的重要服务设施。社会日益增长的服务需求，是引领高速公路运营管理发展方向、提升综合服务水平、增加多种服务方式的主要依据。进入21世纪，社会发展迅速，社会生产和人们的消费水平以前所未有的速度发展，追求高品质的需求呈全面均衡、综合性特征。

沪杭高速管理团队理清思路，找准定位，对公司的运营管理作出适应社会发展、本路段特点的总体布局。一方面配合市有关部门拓宽莘松段公路；另一方面对枫泾服务区实施改造，为满足顾客需求又增加了新的服务内容：提供实时路况信息，休闲环境进一步改善，购物餐饮更加方便，更有照应老年人、残疾人、婴儿哺乳等特殊服务设施，高速公路服务呈现品质内涵多样化的综合性特征。

4. 运营养护管理组织架构

沪杭高速公路归并上海实业(集团)有限公司以来，公司发挥业主单位与运营养护企业一体化、管理架构扁平化优势，将国有企业服从和服务大局的价值导向与企业经营的效率与竞争机制完美结合，十年磨一剑，经过多年探索和坚持不懈的努力，通过管理制度创新，逐步建立了适合现代通行服务的比较完善的运营管理总体架构。

通过科学的运营管理总体设计，为高速公路服务找准定位、明确方向、优化模式、制定步骤。管理定位：为社会提供高品质综合性服务的与时俱进新思路；经营理念——"优质、安全、高效、快乐"的八字方针；管理策略——"大运营、大服务、大安全、大联动"四大布局；发展路径——完善管理体系、创立推进机制、立足以人为本、侧重现场管理、持续改进提高的五大环节。

5. 运行管理模式的优化

（1）抓住服务型企业特征，大力加强企业文化建设。完善制度体系是落实公司经营理念的基本保障，是建设企业文化的关键步骤。2007年，沪杭管理团队提出了"整治年"的年度工作主题。首先，结合公司实际，提出了大运营、大服务的概念，即以运营管理为龙头，主导高速公路对外服务，运营部是整个高速公路设施的服务过程的操作者、服务需求的提交者、病害维修质量的验收者，其他部门都要围绕运营服务这条主线配合运营部展开工作，承担的是运营服务保障角色，是为运营部提供服务的内部保障机构。公司人力资源部负责部门履职考核,综合办公室负责部门之间管理协调。根据这一思路,公司完成管理架构的调整,理顺了关系。其次,着力推动企业内部的规范化管理进程。以职责为框架完成各部门岗位设置和人员的调配,在此基础上完善管理制度、岗位职责和应急预案,优化对外服务流程。第三,着手推行目标管理和计划管理。各部门根据公司总体目标及阶段性目标编制季度《目标管理展开书》,将总目标及阶段目标层层分解为局部目标,制定对策与措施,明确责任人、督查人与完成时间,成为部门、班组、个人的工作指导书。同时制定工作计划和经费计划管理制度,加强了可控性。

制度修订以后关键在落实,而落实的主体又是广大员工。沪杭高速管理团队始终坚持"敬业、乐业、传递快乐"的企业文化理念,以"以事业培养人、以事业留住人"为出发点,通过一系列措施提高员工的主人翁意识,确保员工的主人翁地位。

一是开展凝聚力工程建设。通过建立多渠道联系方式,密切公司与员工的关系;开展谈心家访活动,及时了解情况,化解矛盾;建立见习领班制度,帮助有培养潜力的员工成长;精心设计立功竞赛载体,提升员工的参与度;实施看板管理,帮助员工规范作业行为。

二是完善员工绩效考核体系。公开考核标准,公开员工的考核得分,公开员工的绩效和奖金分配额。收入分配向一线员工倾斜,适当拉开员工收入差距,用公正合理的考核手段来保障管理制度的执行,使员工切身感受到自己的工作贡献量与自己的经济收入密切挂钩,而且员工之间横向比较公平合理。

三是发挥员工的主人翁精神。通过班前会、班后会,听取员工的意见和建议,让员工参与管理。加强人本管理,发挥党、团、工会等组织作用,完善基层班组组织,如工会小组长设立等,对员工个人开展了一系列送温暖活动,增强集体归属感。沪杭高速公路管理团队正是通过各种具体化的形式,以公司经营理念为统领,以人为中心,将程序化的管理制度化解成生动活泼的具体活动,再转化成为员工自觉的职业习惯。

(2)注重服务者的主体作用,大力提高员工职业素养。沪杭高速公路管理团队对公司实行了管理架构调整、制定部门和管理岗位职责和工作流程、推行目标管理和计划管理、优化对外服务流程,管理体系完善以后,公司按照交通部"惠民、奉献、服务"的行业价值观和市路政行业管理要求,针对公司在管理过程中的薄弱环节,分别以"效率年、作风年、过程管控年、培训年、承诺年、服务提升年"作为各年度工作主题,组织开展相关工作。尤其是推出了各个管理岗位"履责指南",将管理工作细化到了每一个环节,明确了做什么有非常具体的工作项目,做好的标准细化到了活动频率是多少、多长时间完成,还为活动明确了记录载体、执行依据。还推出了"项目管理一览表""5S活动""现场管理星级评价""管理服务承诺"等一系列活动载体和管理措施,均取得显著效果。员工的管理意识、服务意识和工作技能得到提升,员工的职业素养得到整体提高。

(3)针对路域运营管理特点,推行值班长负责制管理。面对热门旅游线路、沪杭骨干大通道、昼夜流量比差逐渐缩小的这样一个交通大动脉,要保障沪杭高速公路的正常运行,就必须做到 24 小时全天候快速响应、各部门无缝对接,就必须强化值班长职权,充分发挥值班长的巡查、协调、督导作用。通过公司总经理授权形式,赋予值班长全权负责,全天候对路段全线的道路状况、收费运营、通行保障等进行巡查督导、统筹协调、应急处置等职能。日常运行保障以值班长为核心,以四班二运转方式,所有内部和外部占路作业安排均需通过值班长核准。对一般事件处理,值班长有 2000 元以内的现场处罚决定权。公司还不断细化和优化日常巡查、督导的内容、标准和要求,并通过培训,不断提升值班长巡视督导的视野和质量,使其指挥协调作用得到更加充分的发挥。针对固定巡查督导项目、每日动态重点跟踪内容和频率,建立由值班长决定、由公司运调中心统一安排和人员车辆等资源调配的运转机制,做到区域全覆盖、重点全明确、动态全掌控,确保了高速公路安全有序运行。

(4)基于行业发展总体需求,强化运营现场过程控制。一切管理制度和企业的价值取向,都需要在现场得到落实。沪杭高速公路管理团队立足于大运营、大服务策略,把系统化理念融入管理全过程。

一是在收费道口保畅方面。沪杭高速公路管理团队强化保畅措施,采取复式收费、发卡方式,作为常态化保畅措施。对重大节假日、主线站早晚高峰、双休日等流量可预测高峰期采取"四定、两早、一推迟"的要求("四定"即定人、定时、定岗、定责,"两早"即提早预警和提早上岗,"一推迟"即适当推迟高峰后下岗时间)。对不可测性的突发高流量采取收费站之间联动,提早做好排堵保畅措施。另外,占道作业做到通行优先、集中作业、文明作业,尽可能降低对道路通行的影响。

二是在设备维修和道路养护作业方面。沪杭高速公路管理团队提出了"环境整洁,秩序井然;仪容得体,特色鲜明;纪律严明,令行禁止;安全操作,规程明确;前后工序,接口平顺;工料供应,保障及时;劳动定额,科学合理;考核有效,赏罚分明;士气高昂,协调一致;精益求精,持续改进"的十项现场管理目标,强调以人为本,以车为本,文明施工,设施设备功能的"常用常新"。

首先,对作业方案的把关、视设备设施的现场实际状况做好个性设计,严控工艺规程细节。公司注重分析行业相关检测数据,对每个检测数据与现场踏勘结合,数据与现场实际相联系,讨论形成具有针对性的处理方案及科学养护施工初步意见,通过时间、人员、技术处理方案的合理安排,提高项目实施的效率,最大限度降低对道路通行的影响,更好地体现"借路施工"的理念。对于工程项目的执行,坚持全过程监管和施工旁站监管,实施"三控三管一协调"(即工程进度控制、工程质量控制、工程成本控制;合同管理、环境与安全管理、信息管理;全面的内部与外部协调)的管理模式。为更好地控制施工质量和对施工方形成有效约束,实行了"工程项目工序验收"管理办法,以道路桥梁施工项目为例,重点对安全管理、施工质量管理、部分数据检测、工作量计量及复核等实施管控,要求对于交通维护达标、铣刨、铣刨面处理、沥青摊铺、开放交通等各个阶段、各个环节进行验收,使得工程项目管控更具针对性和方向性。在项目过程管控中,严格按照施工进度计划、施工质量保证情况推进施工,实行过程中特别事项协调和后续整改跟踪管理。在工程施工收尾阶段,根据《公路养护验收技术规范》(2015版)要求,严格控制和把好质量验收关,能够第一时间将现场及验收中存在的问题反馈施工单位,并给予技术帮助,使得施工现场质量和验收资料能够符合验收技术规范中所要求的标准。

另外,管理团队进一步提升对"四新技术"重要性的认识,以市场为导向,以企业为主体,产学研相结合,围绕增加安全性、降低成本、缩短工期、提高质量、方便管理的目标,不断加大"四新技术"的推广和运用力度。尤其是不断加大"四新技术"引进力度,注重合理配置较高技术含量、节能减排的设备,大力提升机械化养护水平和科学养护水平。

公司注重平时的学习培训,不断增强技术储备,以实施的工程项目为载体,积极参加新技术学习会、培训班,并上网查阅相关资料,组织召开内部研讨会共同学习新技术,并结合实际认真研究可行性方案主动加以运用。在养护行业"四新技术"应用的大背景下,公司自行编制了《养护"四新技术"应用管理办法》,并成立工作小组,明确了职责和内容等,从已应用的、计划应用的、可应用的、适应应用但未应用的以及公司内部合理化建议创新的"四新技术"五个层面进行系统管理。在工作中借助路政行业工作平台和区域平台,考察、学习其他单位尤其是在养护管理方面和安全管理中"四新技术"应用方面的长处,提升管理水平。

其次,要求避峰施工,建立相应的报告制度,将每天施工的具体路段、开工和收工时间等信息及时上报中控室及行业应急中心。同时,在占道施工作业前,及时组织值班长、路政、牵引等方面召开协调会,分工布置,明确要求,并以书面通知的方式下发各有关方面,作为现场管理的依据。

再次,要求值班长、作业管理人员必须到施工现场检查安全措施落实情况并对全过程进行跟踪,监督流量的变化状况,发现问题及时纠正。通过上述措施,确保施工期间不发生人为拥堵。通过加强现场监管,以不断满足公路服务环境高标准要求。

(5)面对大流量现代化交通,立足预防为主多方联动。主要体现在以下五个方面:

一是加强流量研判,通过大数据积累,形成有针对性的流量研判,确保预案更加实用、可操作;做好政策、特殊事件引起流量变化的跟踪分析,形成专题分析报告,增加应对措施,不断满足顾客安全、有序、快速通过要求。

二是针对固定巡查督导项目、每日动态、重点跟踪的内容及频率,建立由公司运调中心统一安排和调配运转机制,做到区域覆盖、重点明确、动态掌控,确保了道路安全有序运行。

三是以大联动为抓手,发挥内外联合巡视机制,整合内外部资源,统一协调安排交警、路政、巡检、清扫、牵引等各方实行错时巡查,发挥了资源集约化的共享优势。

四是充分利用中控设备和操作平台,对全线道路24小时、全覆盖视频监视,并根据流量变化,做到高峰时段重点监控、平稳时段滚动监控、晚间定位监控,确保突发事件及时发现、快速处置。

五是强化保畅意识,采取复式收费、发卡方式,作为常态化保畅措施。对重大节假日、主线站早晚高峰、双休日等车流可预测高峰期采取"四定、两早、一推迟"措施。对不可测性的突发高流量采取收费站之间联动,提早做好排堵保畅措施。另外,占道作业做到通行优先、集中作业、文明作业,尽可能降低占道作业对公路通行的影响。

(6)确立了大安全管理理念,建立大安全的管理网络。沪杭高速公路管理团队确立大安全管理理念,其目标是要做到内外安全齐抓,所有要素统管,全部过程受控。在养护作业和外来施工作业配合中,融入"三全"模式,贯彻大安全策略,即安全管理涵盖作业全部范围,覆盖作业项目的全部内容,贯穿作业行为的全部过程。在各个环节上加强管理,一是做到"三不",即"安全交底未进行不开工,安全措施未落实不盲干,安全方案不完善不推进",确保作业过程安全可控。二是分级预警,制定了《道路养护维修作业安全预警管理办法》,根据路段特点,结合历年通行规律、养护作业事故分析等,从施工单位安全管理、作业区域道路通行状态、天气(时间)状态、施工车道占用情况、施工作业内容、作业形式、人员安全、设施设备、其他等9个方面21个要素综合分析,以打分制形式确定养护维修作业的风险等级,发布相应的预警信息,并根据不同等级采用相应的管控措施及动态跟踪,力求道路养护维修安全受控。三是强化安全意识,围绕安全工作"讲什么,怎么讲;查什么,怎么查"等主题内容,先后推行了"一分钟、五分钟教育""安全彩票管理活动""安全隐患排查表单式管理""养护作业预警管理""驾驶作业预警管理""365日365题"等活动,将安全工作与活动载体相结合,增强了员工安全意识,提高安全知识技能和应急处置能力。四是抓好安全标准化体系建设,公司自2011年下半年开始,以安全标准化体系"四个方面、十三个要素"为抓手,以"提升安全管理水平"和"创建一个安全、文明、和谐生产工作环境"为目标,积极开展安全标准化体系建设工作。突出"人员安全管控、施工作业安全文明、相关方有效监管、设施设备有效完好、应急事件快速处置"等管理目标,抓"责任落实和制度建设、重隐患排查治理、练职工队伍安全防护、应急处置技能",着重开展了安全规章制度完善、危险源辨识及控制、作业安全管控、应急处置机制完善、隐患排查治理工作落实、安全绩效考核执行等一系列工作,结合立功竞赛,组织开展安全隐患表单式管理、安全彩票、养护作业安全预警管理等载体活动,并在过程中邀请外部机构对标准化体系的建设进行了指导,使体系不断完善。

6. 运营养护管理主要成效

沪杭高速公路的管理团队10年来通过各项管理措施不断创新、不断改进和落实，保障了G60沪昆高速公路（上海段）的安全畅通，营造了良好的路段服务环境，获得了行业和过路驾乘人员的认可。该团队先后获得"全国交通系统文明示范窗口""全国'安康杯'竞赛（上海赛区）优胜单位""上海市文明单位""上海市优秀公司""上海市市政工程金奖""上海市公路行业优秀""金杯养护公司""上海市公路行业十大示范样板路段"等区级以上各层面的近百项荣誉。该团队秉承"优质、安全、高效、快乐"的经营理念，不断推进企业"敬业，乐业，传递快乐"文化的建设，动静态管理和应急管理相结合，从管理的各个环节入手，带动了各项工作质量的全面提高，做到社会效益和经济利益同步提升，取得了显著成果。

二、G40沪陕高速公路运行管理——《上海长江隧桥运营养护手册》编制

1. 编制运营养护手册的背景

上海长江隧桥建设发展有限公司作为G40沪陕高速公路建设和运营管理单位，结合长江隧桥工程结构的多样性以及环境气候的复杂性，并针对长江隧桥管理运营具有交通组织难度大，时间、空间限制多，工作频率高和时效限制强等特点，组织编制了《上海长江隧桥运营养护手册》。

长江隧桥建成通车后，管理将面临如何将工程建设的成果（包括设施设备硬件和科研课题成果软件）在运行养护中充分体现出来的重大任务。要使管理运行、保洁、养护维修达到高效、优质、安全的目的，必须要有一整套与之相匹配的工作。通过编制运营养护手册，可以引进国内外的技术资源和管理资源为我所用，以真正达到上海市政府领导提出的"一流工程、一流管理、一流服务"的国内领先标准。做到：管理流程有程序、运行安全有保障、工作内容有计划、完成任务有反馈、检查检测有记录、应急处置有预案。

欧美等发达国家基于丰富而先进的工程设计和施工经验，对隧桥工程的运行养护也已建立了安全性控制的技术标准和完善的运营养护技术规范，并开发了运营管理和变异诊断专家系统。日本在长期的隧桥运营养护工作中，建立了较为完善的养护维修管理体系，切实提高了养护维修的质量和效率，增强了桥隧结构的耐久性，延长了结构的使用寿命。香港青马管控区的经验也证明了在隧桥设施建成之初，修订好运营养护手册具有非常重要的作用。

在过去的10多年中，中国的隧桥设施以前所未有的速度发展，当前已进入隧桥的运营养护管理期，但对隧桥的管理与养护技术还不完善，尤其是还缺少隧道运营养护方面完整的技术规范。基于我国对交通基础设施存在重建设、轻管养的现状，尽早对大型跨江工

程的隧桥结构运行养护管理进行全面、深入和细致的研究，做好运营养护手册的编制，是一项十分必要且具有前瞻性的迫切任务。

2.编制运营养护手册的目的

（1）为实现高品质的运营养护管理提供指导和依据。为确保长江隧桥设计使用寿命达到100年提供技术与管理支撑；为实现结构安全性、运营良好性、构件耐久性提供操作指导，以保证长江隧桥主体结构及其附属设施的安全可靠性、使用良好性和功能耐久性。

（2）将有关技术规范标准转为可操作的程序。运营养护手册与长江隧桥设计单位等编制的隧桥运营养护须知、手册及行业部门颁布的规范有所不同。设计单位提供的养护须知（手册）、行业主管部门发布的规范，主要侧重于所要达到的技术标准和操作要求；而运营养护手册应满足于在符合技术标准和操作要求前提下的实际操作要领、程序，即为达到某一个目标所要走的途径、采取的方法、经过的流程，包括人、设备、材料等方面的具体措施。公司想通过运营养护手册的编制，进一步规范操作人员的作业行为。

根据本项目运行养护实施方案和相关部门设置、人员配置情况，设计维护管理架构和养护设施配置方案，制定有针对性的、可操作的运行养护程序，为运行养护工作的切实、有效实施提供制度保证。

通过运营养护手册的规范化使用，使养护管理和作业人员能够掌握各类构件检查频率、手段，及时查出并明白解决病害应该采取哪些手段、使用哪些设备；发生病害、突发事件，能够按照手册的指引找到相关单位、人员，按照相关程序解决；制订科学的运行养护计划来管理好设施；突出本工程对于规范引用的针对性和本工程运行养护工作重点；体现功能涵盖、操作规范、参数量化、流程管理；加强运行养护工作的监督和监管；为运行养护管理数字化、网络化打下基础。

3.运营养护手册的适用对象

运营养护手册适用于直接从事长江隧桥运营养护管理工作的相关技术人员以及作业人员。

4.运营养护手册的主要组成

运营养护手册由结构养护篇、机电养护篇、交通运营篇、综合篇等四部分组成。结构养护篇包括大桥养护、隧道养护及接线道路养护等3个分册；机电养护篇主要包括隧道机电设备、大桥机电设备2个分册；交通运营篇主要包括设施保护、应急预案、通车管理、安全管理4个分册；综合篇包括综合养护、绿化养护及管理案例3个分册。手册内容以围绕长江隧桥主体结构养护为主，附属设施养护为辅。

5.运营养护手册的编制过程

2009年5月，上海长江隧桥建设发展有限公司与美国艾康公司签订了咨询合同，内容包括：参与长江隧桥运营养护招投标文件的审核、修改；介绍具有先进管理水平的香港及国外大型隧桥运营养护手册及标准的主要内容；介绍国内外运营养护的重要操作经验和经典案例；参加《上海长江隧桥运营养护手册》的编制；定期提供长江隧桥运营养护管理的评估报告和建议；组织长江隧桥管理和工程技术人员，到香港及国外大型隧桥进行针对性的培训。

合同内容中最大一项工作就是编制运营养护手册。为此，长江隧桥公司与艾康公司分别成立了工作小组，制订了编制工作计划。定期召开联席会议进行协调。在起草过程中又扩大了修订的范围，吸纳了业主单位、养护单位的一些管理技术人员共同参加编写。最后委托市建设交通委科技委员会组织专家进行评审，在评审基础上再次修订成稿。历时约1年半完成手册的编制工作。

第七章
上海高速公路管理法规制度建设

第一节　高速公路地方性法规和政府规章

一、《上海市公路管理条例》

1. 立法背景

经过多年建设,到1996年底,上海公路总里程已达3881多公里,其中高速公路65km,公路路网已经初步形成。但与国外发达城市相比,公路的里程、技术等级和路况等方面还有一定的差距,与上海市经济发展还不太适应,特别是随着社会主义市场经济体制的逐步建立,公路管理面临了一些新情况新问题:有些公路工程的建设质量还存在安全隐患;损坏、破坏、侵占公路、公路用地以及公路附属设施的现象时有发生,影响了公路的安全、畅通和效能的正常发挥。原有的公路管理方面的规章,即1962年上海市人民委员会颁布的《上海市郊区公路管理暂行规定》,已不能适应新形势下公路管理的需要。为了加强上海公路的建设和管理,促进公路事业发展,发挥公路在经济建设、国防建设和人民生活中的作用,亟须制定一部比较系统、全面的公路管理的地方性法规。1997年7月3日《中华人民共和国公路法》的颁布,使上海制定公路管理的地方性法规和政府规章有了上位法的依据。

2. 起草过程

1997年7月17日,上海市市政工程管理局向上海市政府法制办报送了立法报告,要求制定《上海市公路管理条例》(以下简称《条例》)。同日,上海市市政工程管理局下发了《关于成立〈条例〉立法起草领导小组的通知》。立法起草领导小组由上海市市政工程管理局领导,局有关部门、上海市公路管理处组成,上海市市政工程管理局还成立了《条例》立法起草工作小组。经过大量调研、讨论、论证及广泛征求意见,1999年5月,上海市市政工程管理局完成了《条例》草案的编制。

1999年5月26日,上海市市政工程管理局向上海市政府法制办报送了《关于报请审查〈条例(草案)〉的函》及立法说明。上海市政府法制办经调研、修改后,同年8月16日向上海市人大常务委员会报送了《上海市政府关于提请审议〈条例(草案)〉的议案》及立法说明。上海市人大城建环保委及法工委就《条例(草案)》进行了广泛调研和征求意见,并报送上海市人大常务委员会讨论。

1999年9月20日,上海市第十一届人民代表大会常务委员会召开第十三次会议,部分代表提出了一些修改意见、建议;同年11月22日,上海市人大常务委员会召开第十一届十四次会议,对《条例(草案)》进行审议;同年11月26日,上海市人大常务委员会第十一届十四次会议表决通过《条例》并决定自2000年5月1日起施行。

3. 主要内容

《条例》共七章六十一条,分总则、规划和建设管理、养护管理、路政管理、收费公路管理、法律责任和附则。《条例》除了引用和细化《中华人民共和国公路法》的一些管理制度、措施外,还设立了以下具有上海公路管理特色的制度和措施:

(1)明确了上海公路分级管理体制。上海市公路行政管理部门是上海市公路的主管部门,其所属的市公路管理机构负责全市公路的具体管理。区(县)公路行政管理部门按照其职责权限,负责所辖区域内公路的管理,其所属的区(县)公路管理机构按照规定的职责,负责所辖区域内公路的具体管理。乡(镇)人民政府负责本行政区域内乡道的建设和养护工作。

(2)对市区两级公路管理机构的行政处罚权进行法规授权。市、区(县)公路管理机构按照本条例的授权实施行政处罚。

(3)划定了上海公路的用地范围。公路用地按照以下要求划定:"(一)公路两侧有边沟、截水沟、坡脚护坡道的,其用地范围为边沟、截水沟、坡脚护坡道外侧一米的区域;(二)公路两侧无边沟、截水沟、坡脚护坡道的,其用地范围为公路路缘石或者坡脚线外侧五米的区域;(三)实际征用的土地超过上述规定的,其用地范围以实际征用的土地范围为准。"

(4)明确上海公路实行管养分离制度。上海市实行公路养护管理和公路养护作业分离制度。

(5)限制对新、改、扩建及大修后一定年限内公路的挖掘。"新建、扩建、改建的公路建成后五年内或者大修的公路建成后三年内,不得挖掘。因特殊情况需要挖掘的,应当按照规定向市或者区(县)公路管理机构缴纳掘路修复费一至五倍的费用;影响交通安全的,还应当经公安交通管理部门批准。"

4.《条例》修改

(1)第一次修改。2001年初,上海市政府启动行政审批改革工作,要求政府各部门和相关事业单位对本单位所涉行政审批事项进行清理,取消有关行政审批事项。同年10

月,上海市人大常委会审议通过了《上海市人民代表大会常务委员会关于中止执行部分以地方性法规为依据的行政审批事项的决定》,决定在依照法定程序修改相关法规之前,中止执行以《上海市河道管理条例》等地方性法规为依据的60项行政审批事项,其中包括4项由《上海市公路管理条例》设定的行政审批事项,即公路工程项目的建成验收;新建、改建、扩建的公路建成后5年内或者大修的公路建成后3年内挖掘的审批;公路上公交客运车辆站点设置或者移位的审批;收费公路车辆通行费收费标准审核。

2003年8月,《中华人民共和国行政许可法》颁布。规范行政审批的法律出台,以及为了适应行政审批制度改革,必须修改《条例》的相关条款。

2003年10月10日,上海市第十二届人民代表大会常务委员会第七次会议通过了《上海市人民代表大会常务委员会关于修改〈上海市公路管理条例〉的决定》,决定对《上海市公路管理条例》作如下修改:第十七条第一款修改为:"公路工程建设项目建成验收后,建设单位应当向市或者区(县)公路行政管理部门办理备案手续。经验收合格的,方可交付使用。"第三十一条第一款修改为:"新建、扩建、改建的公路建成后五年内或者大修的公路建成后三年内,不得挖掘。因特殊情况需要挖掘的,应当按照规定向市或者区(县)公路管理机构缴纳掘路修复费一至五倍的费用;影响交通安全的,还应当经公安交通管理部门批准。"第三十七条修改为:"公交车辆和其他固定线路客运车辆的站点设置或者移位,除征得公安交通管理部门的同意外,还应当符合国家有关公路管理的规定。"第四十二条修改为:"收费公路的车辆通行费收费标准,由公路收费单位提出方案,并由市财政、物价部门征求市公路行政管理部门的意见后予以确定。"删去了第五十二条第二款。

(2)第二次修改。随着上海行政审批制度改革的不断深入,一些原来由市审批的事项下放到区,由行政主管部门审批的事项下放给管理机构。为适应改革需要,2015年7月23日,上海市第十四届人民代表大会常务委员会第二十二次会议通过了《上海市人民代表大会常务委员会关于修改〈上海市建设工程材料管理条例〉等12件地方性法规的决定》,自2015年8月1日起施行。涉及《上海市公路管理条例》4条,主要是行政审批主体及对应的处罚主体由市公路行政管理部门调整为市公路管理机构。第二十七条修改为:"公路及公路用地范围内的树木不得任意砍伐、迁移。确实需要更新砍伐的,应当经市公路管理机构同意后,按照有关法律、法规的规定办理审批手续,并更新补种。"第二十八条第三款修改为:"公路建筑控制区的范围经划定后,市或者区、县公路管理机构应当设置明显的标桩、界桩。"第二十八条第四款修改为:"除公路防护和养护需要以外,禁止在公路两侧的建筑控制区内修建建筑物或者地面构筑物;需要在建筑控制区内埋设管线、电缆等设施的,应当事先征得市公路管理机构或者区、县公路行政管理部门的同意。"第五十条修改为:"违反本条例第二十八条第四款规定,在公路建筑控制区内修建建筑物、地面构筑物或者擅自实施管线工程的,由市公路管理机构或者区、县公路行政管理部门责令其限期拆除,并可处以五万元以下的罚款;逾期不拆除的,由市公路管理机构或者区、县公路行政管理部门予以强制拆除,有关费用由责任方承担。"

5. 施行效果

《条例》是上海第一部全面规范公路管理的地方性法规,上海高速公路依据《条例》实施管理。《条例》施行17年来,公路设施量增长迅猛,公路总里程由2000年底的5894km发展到2016年底的13292km,高速公路总里程由2000年底的97.93km发展到2016年底的825km,上海公路的技术等级、通达性、运行效率和总体服务水平都得到很大提高,为上海"一年一个样,三年大变样"发挥了重要作用,也为推动上海经济社会发展,提高市民出行起到了积极作用。同时,《条例》也为制定公路管理政府规章和规范性文件提供了上位法依据,上海依据《条例》制定了大量公路管理文件,大大促进了上海公路的健康、稳定、可持续发展,为上海依法治路提供了强有力的法制保障。

二、《上海市高速公路管理办法》

1. 立法背景

自1988年10月沪嘉高速公路建成通车后至2000年,上海市高速公路里程达到97.93km。2000年开始,高速公路建设改变以往政府单一投资模式,采取了社会招商(BOT或OT)市场化运作模式,建设速度显著提升。截至2011年底,上海市已建成高速公路15条,通车里程达到805.913km,密度为12.79km/100km^2,市域及与相邻省市的高速公路骨架路网已初步形成。通过立法加强对高速公路建设和运营的监管势在必行。

多年来,上海高速公路在建设、养护、收费、服务管理等方面取得了很多成绩,为社会提供了高效便捷的公共服务。但是高速公路安全保障与城市安全运行要求还有不小的差距;高速公路公共服务能力与人民群众日益增长的服务需求的矛盾仍然突出;高速公路管理与上海经济快速发展的要求不相适应,特别是随着投资、管理体制的改革,以及地区间经济交往的进一步加深,也使上海高速公路管理面临了一些新情况、新问题。

(1)设施运行安全存在隐患。随着上海市高速公路投资、管理体制的改革,以及高速公路里程、汽车保有量的快速增长,高速公路运行安全问题日趋复杂,挑战更加严峻。上海大部分高速公路为收费高速公路,部分经营者片面追求投资回报,投入的养护经费不足,管理不规范,致使部分路段路况差、隐患多,影响了行车安全,也危及了整个高速公路路网的安全运行,损害了上海这个国际大都市的形象,而管理部门缺乏有效管理手段。另外,随着社会经济的发展,高速公路交通流量急剧增长,超限运输车辆也随之不断增多,公路、桥隧设施被损坏的情况不断发生,2011年底,全市高速公路上有8座危桥,给人民的生命财产安全带来极大隐患。为保障高速公路运行安全,亟须制定管理办法为高速公路运行安全提供制度保障,将各种安全隐患消除于未然,切实保障高速公路通行者的人身财产安全。

(2)公共服务能力与公众服务需求之间的矛盾仍突出。近年来,上海围绕提高高速公路公共服务能力做了大量富有成效的工作。但是,高速公路的公共服务能力与公众日益增长的服务需求还有着不小的差距,比如:现有信息服务水平还难以满足公众出行的需求,主线收费道口高峰时段经常出现的拥堵状况与市民出行畅通便捷的需求还存在较大差距。世博会期间,公路管理部门制定了一些制度,采取了一些措施,取得了一些成效,但这些好的制度、措施有些是有时效的。因此,需要制定管理办法,将这些好的制度、措施用法律规定的方式变为长效管理制度,巩固放大世博会管理成效,提高高速公路管理水平,以满足公众对高速公路的服务需求。

(3)高速公路管理的法规不健全。《收费公路管理条例》《公路安全保护条例》对规范高速公路的管理起了很大作用,但是其中有些规定较为原则,在上海缺乏操作性,需要结合上海高速公路管理实际予以细化和明确。《上海市收费高速公路运行管理规定(试行)》和《上海市高速公路电子不停车收费管理规定》的实施,对加强全市高速公路运行管理起了一定作用。但是,高速公路的管理是一项社会系统工程,需要多部门紧密协作以及社会公众的支持。规范性文件法律阶位低,有些管理制度无法设定,不能满足上海高速公路管理的实际需求。为加强上海高速公路管理,向社会提供更安全、便捷的服务,有必要依据上位法,结合上海多年高速公路管理实践经验,制定一部比较系统、全面的高速公路管理的政府规章,为上海高速公路管理提供有力的法制保障。

2. 起草过程

2011年3月,《上海市高速公路管理办法》(以下简称《办法》)起草工作启动,起草人员收集资料,深入调研,反复论证,广泛征求、协调各方意见,完成《办法》草案。在起草过程中最大的争论点是:对经营管理者未按照规定标准对高速公路实施养护的情况,是否可以设置"暂停清分通行费"措施(即由高速公路联网收费结算中心暂扣统一收费中属于该公司的通行费)。2008年,根据上海市人大常委会授权,上海市政府办公厅转发的《关于加强本市高速公路管理意见的通知》中明确了"暂停清分通行费"措施。在《办法》草案起草过程中,上海市城乡建设和交通委员会认为该项制度实施效果很好,建议在规章中延续;但上海市政府法制办认为按照2012年《中华人民共和国行政强制法》,"暂停清分通行费"属于行政强制措施——"扣押财物",规章无权设定,《办法》最终未设定该制度。

在上海市政府法制办、上海市城乡建设和交通委员会和市路政局共同努力下,《办法》于2013年9月9日上海市政府第22次常务会议通过,于2013年11月1日起施行。

3. 主要内容

《办法》共六章四十五条,分总则、建设和养护管理、收费、服务和使用管理、路政管理、法律责任和附则。《办法》主要设定了以下管理制度和措施:

(1)确立了收费信息公开制度。市交通行政管理部门应当按照国家规定,向社会公布收费高速公路及收费站名称、收费单位、收费标准、收费期限等信息。收费高速公路经营管理者应当按照国家规定,定期向社会公布通行费收支情况。

(2)明确了路网信息系统建设要求。市公路管理机构应当建立全市高速公路路网管理信息系统。高速公路试运行前,高速公路项目建设单位应当将通信、监控、收费系统接入路网管理信息系统,并通过市公路管理机构组织的联网测试。新建、改建、扩建高速公路,按照国家和上海市有关技术标准铺设的通信管道,其冗余管道容量应当留作路网管理信息系统扩容、升级之用。高速公路经营管理者将上述管道容量用于其他用途的,应当承担重新铺设通信管道的费用。

(3)明确了高速公路管理和养护者的权利义务。为提升上海市高速公路养护水平,《办法》规定高速公路经营管理者承担以下五方面义务:一是建立日常巡查制度。经营管理者应当安排专门人员开展日常巡查,及时发现和处置坍塌、坑槽等各类问题。二是开展定期检查、检测。经营管理者应当定期对公路进行检测和评定,为科学、合理安排养护计划打下基础。三是严格执行养护程序。《办法》对小修、中修、大修有关程序作了详细规定,经营管理者必须严格遵照执行。四是编制年度养护运行计划。经营管理者应当根据高速公路技术状况,按照有关养护标准和定额,编制年度养护运行计划。五是明确专业人员养护桥隧设施。经营管理者应当配置桥梁、隧道专业养护人员对桥梁、隧道进行养护。为督促经营管理者做好养护工作,《办法》赋予市公路管理机构审核年度养护运行计划,对高速公路开展检查、检测工作等权利。

(4)制定了车辆快速通行措施。《办法》规定了三项措施:一是规定经营管理者应当根据车流量开通足够数量的收费道口。二是规定了免费放行措施,但考虑到给实际操作留下空间,《办法》没有规定具体的免费放行距离,而是授权市交通行政管理部门根据实际情况加以确定:"除公安交通管理部门采取通行管理措施外,当收费道口待交费车辆排队长度超过市交通行政管理部门规定的距离时,收费高速公路经营管理者应当在不妨碍前方道路通畅的情况下,在收费道口采取部分或者全部车道免费放行措施。收费高速公路经营管理者应当在规定距离处设置免费放行标志及监控设施。"三是对违反快速通行措施的经营管理者处以罚款:"由市交通行政管理部门责令改正,处3000元以上3万元以下罚款。"

(5)制定了电子不停车收费管理制度。《办法》规定收费高速公路应当按照有关标准设置和运行电子不停车收费车道,并授权市交通行政管理部门制定电子不停车收费具体管理办法。针对非电子不停车收费车辆故意驶入电子不停车收费车道问题,《办法》专门设定了 100 元的罚款,以保障电子不停车收费车道通行效率。

(6) 规定了清障施救牵引服务要求。《办法》作了三方面规定:一是明确经营管理者负有提供清障施救牵引服务的义务,可以自行配置牵引车辆或者委托有资质的牵引企业提供服务。二是禁止其他单位和个人在高速公路上从事清障施救牵引活动,从制度上禁止"黑牵引"。三是明确具体服务规范,要求牵引企业将障碍物或故障车辆拖移至距事发地最近的出口处或者当事人选择的地点,并严格按照规定的收费标准收取费用。

(7) 划定了高速公路的建筑控制区范围。"高速公路建筑控制区的范围为公路用地外缘起算向外 30 米的距离;弯道内侧、互通立交以及平面交叉道口的建筑控制区范围根据安全视距等要求确定。"

(8) 明确了非高速公路设施的安全管理要求。对可能危害高速公路交通安全的非高速公路设施,《办法》规定:一是设施管理单位应当立即采取措施加以修复或者清除;二是高速公路经营管理者发现该设施可能危害高速公路交通安全的,应当及时设置警示标志,并立即通知相关设施管理单位进行处置。情况紧急,需要当场清除障碍物的,高速公路经营管理者应当立即进行处置。

4. 施行效果

《办法》是上海第一部规范高速公路管理的政府规章,为上海高速公路有序发展和依法管理提供了法制保障。《办法》施行 3 年多来,上海高速公路的管理和服务水平稳步提高,较好地满足了城市发展过程中对交通运输提出的要求以及市民出行的便利快捷需求,加快了上海城乡一体化发展速度,密切了长三角地区城市群的有机对接,促进了上海乃至长三角地区社会经济的发展。

第二节　高速公路管理规范性文件

一、《上海市收费高速公路运行管理规定(试行)》

1. 立法背景

为加强上海市收费高速公路的运行管理,上海市城乡建设和交通委员会制定了规范性文件《上海市收费高速公路运行管理规定(试行)》(以下简称《规定(试行)》)(图 7-1),于 2011 年 1 月 1 日正式实施。为进一步加强上海市高速公路管理,提高高速公路服务和管理水平,2013 年 11 月 1 日,上海市政府颁布实施《上海市高速公路管理办法》。

2013 年下半年,上海市城乡建设和交通委员会对《规定(试行)》的实施开展了立法后评估,全面评估了其施行情况、实施绩效以及存在的问题。经评估,《规定(试行)》在收费高速公路运行管理实践中得到了较好的贯彻实施,其实施对规范收费高速公路运行管理行为、提高收费高速公路运行管理和服务水平起到了积极作用。但是,《规定(试行)》的部分条款与目前管理体制、管理要求不相适应,与新颁布的上位法不一致。因此,亟须修订《规定(试行)》,调整其与管理实际不相适应、与《上海市高速公路管理办法》规定不一致的部分,使其更加符合收费高速公路运行管理实际需求,符合相关法律规定。修订后的《上海市收费高速公路运行管理规定》(以下简称《规定》)自 2015 年 1 月 1 日起施行,有效期至 2019 年 12 月 31 日。原《规定(试行)》同时废止。

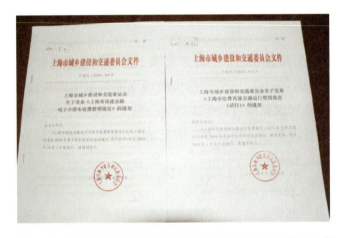

图 7-1 《上海市收费高速公路运行管理规定(试行)》等两个规范性文件

2.《规定》修改

(1)调整行政主管部门。上海在高速公路管理机构上进行了一系列改革,调整了《规定》中的相应行政主管部门和管理机构。2012 年,根据《关于机构改革后事业单位相应调整的通知》(沪建委〔2011〕198 号),上海市路政局成立,上海市公路管理处的事业单位建制被撤销,其职责由上海市路政局承担。2014 年,根据《中共中央办公厅、国务院办公厅关于印发〈上海市政府职能转变和机构改革方案〉的通知》(厅字〔2014〕20 号),设立了上海市交通委员会。根据上海市编办《关于调整上海市城乡建设和管理委员会所属部分事业单位隶属关系的批复》(沪编〔2014〕192 号),上海市路政局归上海市交通委员会管理。因此,在《规定》中根据实际情况,将收费高速公路运行管理的行政主管部门和管理机构予以修改。(《规定》第四条第一款)

(2)调整相关资质的表述。虽然《公路安全保护条例》规定养护作业单位要具备资质,并授权交通运输部制定养护作业单位资质管理办法,但交通运输部还没有制定,而上海对养护工程的养护作业、设计、监理单位的资质也没有规定,因此在表述时回避用"资质",而用"具备一定数量符合要求的技术人员及与高速公路养护作业、设计、监理相适应

的技术设备和经历"。(《规定》第九条)

(3)调整大修工程前期审批程序。根据2010年上海市政府文件《上海市市级城市维护项目管理暂行办法》(沪府〔2010〕76号)要求,500万元以上的工程类项目需要进行两阶段设计(工程可行性研究报告和初步设计文件)审批,公路项目参照执行。政府还贷收费高速公路大修项目实施两阶段设计审批。2014年1月,上海市政府颁布实施的《上海市政府关于公布本市第七批取消和调整行政审批事项目录的通知》(以下简称《通知》)将公路大修工程设计的两阶段审批改为工可阶段一次审批。因此,在此次修订中,根据《通知》和《上海市高速公路管理办法》,对相应条款进行了调整。(《规定》第十二条)

(4)细化"未履行有关养护义务的行政处罚"自由裁量权。《规定》明确上海市交通委员会有权对经营管理者未履行有关养护义务行为,根据情节轻重,处5万元以上20万元以下的罚款。该行政处罚自由裁量幅度较大,为缩小执法人员的自由裁量空间,保证处罚行为合法、合理、公正,从管理实际出发,根据违法情节及违法行为产生的后果区分违法程度,设置了两档处罚幅度。考虑到执法过程中情况多变复杂,执法人员仍需要在一个幅度内根据实际情况行使裁量权,为此在确定处罚幅度时保留了一定的裁量空间。(《规定》第四十一条)

(5)增加公路安全运行保障制度。一是对跨越江海特大型桥梁、隧道,因其投资巨大,在经济社会中作用大,其安全性不仅关乎人的生命和财产,也会产生巨大社会影响。需要建立桥梁隧道信息化管理制度,实时检测桥梁隧道的性能,以确保其安全。桥梁结构健康监测系统能够在不影响桥梁正常运行的情况下,实时监测桥梁的结构安全状况,帮助桥梁养护工程师进行病害的检测、分析和评估,能极大提高桥梁管理信息采集的标准化、智能化水平。因此,在《规定》中要求跨越江、海特大型桥梁、隧道的经营管理者应当加强特大型桥梁、隧道健康监测系统的维护管理,确保系统正常使用。(《规定》第十四条第五款)

(6)增加"紧急维修工程""非高速公路设施安全管理"条款。为高速公路通行者提供安全的通行环境,保障其通行安全,《办法》设立了突发事件造成高速公路及其附属设施损坏时的"紧急维修工程"制度以及可能会危害高速公路通行安全的"非高速公路设施安全管理"制度。根据《办法》的规定,结合收费高速公路运行安全管理实际,在《规定》增加以上两项制度,使公路安全运行保障体系更加完善。(《规定》第十三条、第三十七条)

(7)细化相关条款。一是根据上位法调整并细化行政强制条款。针对经营管理者未按要求履行养护义务的情形,《规定(试行)》第四十四条设定了"暂停清分"措施。《办法》第三十八条针对该情形,根据《中华人民共和国行政强制法》的规定,用代履行取代了"暂停清分"措施。因此,在此次修订中,按照《办法》,取消了"暂停清分"制度,并对执行该条款的具体流程进行了细化,增加了上海市路政局先行要求经营管理者限期整改的措施,对上海市交通委员会的限期整改措施不履行的,其后果已经或者可能危害交通安全的,上海市交通委员会可以委托符合条件的单位代为养护,养护费用由该经营管理者承担。拒不承担的,由上海市交通委员会申请人民法院强制执行。并明确:代为养护工程结束并经验收合格后,该收费高速公路的经营管理者应当接管养护。(《规定》第四十条)

二是细化行政处罚条款。为了正确、有效、规范地实施,避免执法的随意性,从违法情节轻重等方面,依据合法性、适当性、可操作性原则,对处罚幅度进行了细分。关于"违反快速通行规定的处罚":第三十九条规定了对经营管理者违反快速通行规定的处罚,处罚幅度为3000元以上3万元以下。第四十二条根据违法行为造成拥堵后果的轻重程度,设置了不同的处罚幅度。关于"违反专用车道通行规定的处罚":第四十二条对违反电子不停车收费专用车道规定的行为设定了处罚,其中对情节严重的行为,设定了100元的罚款。在管理实际中,经常出现非电子不停车收费车辆驶入专用车道后,不服从现场工作人员指挥,挤占专用车道,严重影响了专用车道的正常运行,影响了专用车道快速通行效能的发挥。因此,在《规定》中将此行为确定为情节严重的行为,处以100元的罚款。另外,由于执法过程中可能遇到各种情况,需要执法人员根据实际情况处理,所以在《规定》中并未对其他严重影响电子不停车收费车道正常通行的情形一一列举(《规定》第四十三条)。关于"违反服务区管理的处罚":第四十条规定了对经营管理者违反服务区管理行为的处罚。为更好地体现服务区的服务功能,为通行者提供良好服务,根据管理实际情况,从社会影响和服务区正常使用两个方面考虑,对处罚自由裁量权幅度进行了细化(《规定》第四十四条)。关于"违反清障施救牵引规定的处理":第四十一条规定的经营管理者接到清障救援信息后不履行清障施救牵引义务,情节严重的,由市交通行政管理部门处1万元以上5万元以下的罚款。根据不履行清障施救义务产生的后果,列举了"情节严重"的一些情况,细化该项行政处罚。(《规定》第四十五条)

(8)相关说明内容。关于第十二条(中修和大修工程),根据《办法》第十七条的规定:高速公路及其附属设施的中修项目由高速公路经营管理者按照初步设计文件深度编制工程可行性研究报告,经市公路管理机构组织技术审核通过后,方可组织实施。高速公路及其附属设施的大修项目由高速公路经营管理者分别编制工程可行性研究报告和初步设计文件,报市交通行政管理部门审批。但是,根据财政预算内项目管理要求,利用财政资金进行大中修的项目,必须要经市建设交通行政管理部门审批,否则预算不能下达。因此《规定》对中修项目没有完全根据《办法》的规定,而是根据中修工程资金来源的不同,对政府还贷和经营性收费高速公路分别制定不同程序。(《规定》第十二条)

3. 主要内容

(1)适用范围。《规定》共设四十七条。适用范围为收费高速公路的养护、收费、监控、服务、使用及相关的监督管理活动。收费高速公路指政府还贷高速公路和经营性高速公路。上海市交通委员会为上海市收费高速公路运行管理的主管部门,其所属的上海市路政局具体负责上海市收费高速公路运行的检查、监督、指导和路政管理。经营管理者具体负责其所管理或经营的收费高速公路的养护、收费、监控、服务和日常管理等工作。

(2)管理要求。一是收费高速公路运行管理要求。《规定》要求上海市路政局进行行业规范化管理和业务指导,制定检查考核办法,加强监督管理;要求经营管理者按照国家和上海市的技术规范、操作规程和标准,对设施实行预防性、经常性养护,保障设施处于良好的技术状态;对收费和服务行为制定规章制度,加强培训、考核,提高服务水平。二是养护、运行、服务等相关要求。《规定》分门别类对检查检测、年度养护运行计划、运行经费、养护作业、小修保养、中修、大修和改建、紧急维修、桥梁隧道管理、设施损坏处置、安全质量管理、标志标线、工程验收、档案管理、联网收费、收费标准、通行费缴纳、通行费票据、车辆快速通行保障、电子不停车收费管理、通告凭证管理、收费人员、通信管道管理、信息服务与监控管理、服务区管理、清障施救牵引服务都提出了明确规定。三是路政管理工作要求。《规定》要求上海市路政局应当建立高速公路路政巡查制度,依法做好收费高速公路保护工作。经营管理者应当为路政管理提供相应的设施和条件,配合做好收费高速公路的路政管理工作。《规定》重申了《上海市公路管理条例》第二十九条、《上海市高速公路管理办法》第三十四条规定的禁止行为;对建筑控制区管理,对设施损坏的赔偿、补偿,对非高速公路设施的安全管理提出了明确规定。四是突发事件处置要求。《规定》对高速公路突发事件的处置提出了要求,经营管理者要制订具体的应急预案;预案包括组织应急队伍、储备应急物资和设备、组织应急演练;发生突发事件时,应采取应急措施,并配合政府管理部门,做好应急处置工作。五是综合管理要求。《规定》对高速公路运行管理的基础性资料报送的规范化管理提出了要求,监督管理工作要求,《规定》对上海市路政局的监督管理提出了严格要求,包括养护、收费、服务、检查机制,检查考核等行业规范化管理。要求上海市路政局与高速公路经营管理者建立社会投诉平台,接受社会监督,反馈处理意见。《规定》列举了违反本规定的处理,包括违反养护规定、未履行养护义务的行政处罚,违反快速通行规定的处罚,违反专用车道通行规定的处罚,违反服务区管理的处罚,违反清障施救牵引规定的处理等。

二、《上海市高速公路电子不停车收费管理规定》

1. 立法背景

随着高速公路路网交通量的不断增长,高速公路收费站,特别是主线收费站的拥堵问题日益突出,高峰时段部分主线收费口流量均在3300辆/h以上,而原设计通行能力仅为2200~3200辆/h。若采取收费口扩建方案,则需征用土地,难度很大,亦非长久之计。电子不停车收费(ETC)技术是解决高速公路收费口拥堵、节约高速公路用地及节能减排的有效手段,相比较正在使用的人工半自动收费方式,电子不停车收费可使车道通行能力提升3~5倍,不失为解决高速公路收费道口拥堵、节约用地及节能减排的有效手段。

上海于2008年12月31日在部分车道实施了以ETC方式收取车辆通行费,但当时国家及上海市都没有关于ETC管理的法律法规。上海市城乡建设和交通委员会于2009年1月颁发了《上海市高速公路电子不停车收费管理试行意见》(以下简称《试行意见》),但《试行意见》试用至2009年12月31日。随着ETC不断推广,亟须在原《试行意见》基础上,制定《上海市高速公路电子不停车收费管理规定》(以下简称《规定》)(图7-1),以规范上海市高速公路电子不停车收费的管理,保障电子不停车收费工作有序运行。《规定》由上海市城乡建设和交通委员会于2010年8月19日发布,2010年10月1日起施行,共二十一条。

2. 主要内容

(1)立法依据表述为"根据国家的相关规定,结合本市实际"。这里的"国家的相关规定"主要是指《收费公路管理条例》及交通部的技术规范《收费公路联网收费技术要求》(交通部2007第35号公告)。因为ETC是计算机联网收费方式的一种,《收费公路管理条例》第十三条规定:"收费公路应当实行计算机联网收费,联网收费的具体办法由国务院交通主管部门会同国务院有关部门制定。"但国家未制定联网收费的具体管理办法和ETC管理办法,因此在制定本规定时统写为"国家的相关规定"。(《规定》第一条)

(2)关于管理部门、机构和经营单位。自2002年开始研究、运用ETC技术以来,已完成了涉及ETC政策及相关技术文件的编制,但未制定一套完整的ETC发展规划,上海市城乡建设和交通委员会作为ETC的行政主管部门,根据上海社会经济发展和高速公路网规划编制ETC发展规划,引导ETC合理有序发展。因此,《规定》中规定:"上海市城乡建设和交通委员会是上海市不停车收费的行政管理部门,负责制定ETC的发展规划、政策以及相关技术标准和规范。"

(3)ETC系统运行的管理分工。上海公共交通卡股份有限公司(以下简称"交通卡公司")主要负责ETC客户服务系统及相应的结算;高速公路经营管理者负责ETC车道系统建设与运行;上海市公路管理处主要对ETC实施行业检查和监督,并负责管理ETC的资金清分以及与高速公路经营管理者的资金结算工作。(《规定》第四条)

ETC客户服务系统主要指完成车载单元初始化、交通卡公司应用的车载单元密钥管理、车载单元客户名单管理及客户服务等功能的系统。交通卡公司负责ETC客户服务系统的建设与运行,主要包括建设和运行客户服务中心及发展服务网点,发行、安装和维护车载单元及沪通卡,发展和经营ETC车辆用户等。交通卡公司通过建立服务网络和相关设施,为ETC客户提供各种便捷服务。

ETC 车道系统主要指应用无线电射频识别及计算机等技术完成对通过车辆的识别、收费操作、车道设备控制和收费数据处理的系统。系统中存在两种类型的 ETC 车道，即 ETC 专用车道和 ETC/MTC 混合车道。该系统是依附于收费高速公路收费道口的，由经营管理者负责建设和运行。

在 ETC 资金结算方面，上海市公路管理处负责管理 ETC 的资金清分以及与高速公路经营管理者的资金结算工作，交通卡公司负责 ETC 车辆用户的车辆通行费结算工作。

(4) 关于"ETC 非正常运行情况"。"ETC 非正常运行情况"是指影响 ETC 正常运行的情况，主要包括上海结算中心与外省结算中心之间可能发生的如数据无法传输、传输记录不完整、对账数据不一致等情况，或者行驶在高速公路上的车辆出现无卡、U 形行驶等情况。上述情况只是在试运行中出现的，针对 ETC 非正常运行情况，研究制定相关处理办法，在本规定中尚无法就此问题提出具体管理措施，因此作如下规定："上海市城乡建设和交通委员会应当制定处理 ETC 非正常运行情况的相关规定。"(《规定》第十三条第二款)

(5) 关于"通行费票据"。由于 ETC 车辆用户在购买沪通卡或者给沪通卡充值时，交通卡公司已给其发票，因此，《规定》中规定："ETC 车辆用户通过收费道口时，经营管理者不再提供通行费票据。"

由于有些 ETC 车辆用户需要不作报销的通行凭证，仅以证明其某时通过了高速公路某道口。因此，《规定》中规定："ETC 车辆用户需要通行凭证的，经营管理者应当提供。"(《规定》第十四条)

(6) 关于"车辆通行"。采用 ETC 技术是为了缓解收费道口的拥堵问题，如果 ETC 车辆不按规定通行 ETC 收费道口，势必影响 ETC 效能的有效发挥。为了提高车辆通行效率，《规定》中规定："ETC 车辆用户通过 ETC 收费道口时，应当按照指示牌和路面标识提示，与前车保持充分的车距，减速通行。"

由于 ETC 车道是开放式的，可能会发生非 ETC 车辆误入 ETC 专用车道，影响 ETC 车辆的通行。为提高 ETC 收费道口通行效率，《规定》中规定："非 ETC 车辆，不得进入 ETC 专用车道，一旦误入，应服从指挥，尽快驶离。"(《规定》第十六条)

(7) 关于"对单位和个人违反规定的处理"。为更好发挥 ETC 车道的作用，经与市公安交通管理部门联系，公安部门将发布有关 ETC 的文件，将 ETC 车道纳入专用车道管理。为此，《规定》作为管理上的衔接，规定"非 ETC 车辆违反规定进入 ETC 专用车道的，由有关部门按照相关法律法规进行处罚。"同时，对"非 ETC 车辆通过 ETC 车道逃缴高速公路车辆通行费的，按照《上海市公路管理条例》相关规定(《条例》第五十六)处理。对违反规定的其他行为，规定责令其改正。"(《规定》第二十条)

三、《上海市高速公路服务区运营管理暂行规定》

1. 立法背景

(1)出台具备了可行性。2008年时上海已投入运营的收费高速公路有10条,其中沪宁高速公路、沪嘉高速公路、郊环高速公路(北环段)在规划设计中未设有服务区,但沪嘉高速公路、郊环高速公路(北环段)为了给过往车辆及驾乘人员提供方便,设置了加油站和公共厕所,其余高速公路都设置了服务区。其中沪芦高速公路、莘奉金高速公路、嘉金高速公路(嘉浏段)、沪杭高速公路、郊环高速公路(同三段)的服务区已投入使用,并提供一系列公益性及经营性的服务项目。A5(嘉浏段)将扩大服务区的用地范围,并增加服务设施。规模较大、基本设施和服务项目较完备的有沪杭高速公路和郊环高速公路(同三段)两个服务区,其余服务区有的尚未建成,有的正处在招商阶段,有的规模较小,服务项目较少。凡已投入使用的高速公路服务区都已通电、通水,并具备服务用房、消防安全等设施。

(2)上海市公路管理处具体实施高速公路(包括服务区)的监管工作。为加强服务区管理,上海市公路管理处曾先后制定了管理制度及检查考核办法,每年结合2~4次的养护运行管理检查和平时抽查,计入养护运行考核,提出整改意见,并通过监管月报、简报或行业会议形式进行通报。服务区所在地的工商、物价、消防、食品、卫生、公安、汽车维修等行政管理部门都能定期或不定期地进行检查。大多数高速公路经营管理者将服务区管理纳入公司整体管理之中,一般都有专人负责,并制定了一些规章制度。服务区经营大多通过招标或委托等方式承包给具有资质的企业。但在实际管理中,存在着一些问题:各高速公路项目公司管理方式不一,服务水平参差不齐;部分承包者偏重于经济效益,有的擅自改变服务功能,卫生状况不尽人意,服务质量令人担忧;行业管理部门和高速公路经营管理者对其管理缺乏经验。上海市公路管理处曾经制定过一些服务区管理文件和制度,但不具备行政规范效力,缺乏约束力。为此,亟须制定一部规范性文件来弥补管理空缺。

2. 起草过程

2003年12月31日,上海市公路管理处下发了《上海市高速公路服务区管理暂行规定》,共十条。文中明确了服务区经营管理的责任主体、监管部门、服务区建章立制、管理标准等,并着重对餐厅、商场、加油站、汽修、客房、公共厕所、停车场等服务设施提出了质和量的服务标准。在这基础上,上海市市政工程管理局制定了《上海市高速公路服务区运营管理暂行规定》(以下简称《暂行规定》),并征求上海市城市规划管理局等管理部门和各高速公路项目公司意见。《暂行规定》于2008年1月16日经上海市市政工程管理局办公室会议审议通过,自2008年2月1日起施行。《暂行规定》共二十九条。

3. 主要内容

(1)高速公路经营管理者责任。《暂行规定》确定高速公路经营管理者需对高速公路服务区的管理全面负责,要求高速公路经营管理者根据实际情况设立服务区的专门管理部门或者指定专人负责,建立各项具体管理制度和服务规范,保持服务区设施完好,持续提供公益性服务,合法经营,规范管理。对具体服务项目的经营者,高速公路经营管理者应当进行管理,在经营者损害消费者利益时,高速公路经营管理者承担先行赔付责任。(《暂行规定》第四条、第七条、第八条、第二十五条、第二十六条)

(2)服务区基本设施以及变更、调整程序。根据交通部《公路工程技术标准》(JTG B01—2003),高速公路服务区应当具备公共厕所、停车场、加油站、汽修点、餐饮与卖品部等基本服务设施。但由于上海市行政地域小,又是高速公路网终端,以及用地限制,规划部门没有按照交通部标准设立服务区全部基本设施,因此《暂行规定》中规定服务区应当根据规划在服务区内设置为车辆和驾乘人员提供服务基本设施。(《暂行规定》第五条)

针对有些高速公路经营管理者偏重服务区经济效益,擅自改变服务区基本设施的行为,《暂行规定》中规定高速公路经营管理者不得擅自改变或调整规划许可的基本设施的规模或者服务功能;确需改变或调整的,应当征求上海市公路管理处意见后报上海市市政工程管理局,按有关规定(主要指规划和建设程序)办理相关手续。(《暂行规定》第六条)

(3)服务区管理要求。服务区各类服务分属不同行业,都应有管理制度和规范。《暂行规定》从经营规范、设施完好、队伍建设方面提出了总体要求,要求高速公路经营管理者遵守法律、法规、规章和相关行业管理部门制定的各项制度和规范;保持各种设施完好并处于良好的工作状态,并且免费为过往车辆和驾乘人员提供便民利民服务;服务区内昼夜不间断正常供电、供水,公益性基本设施昼夜不间断提供服务;组织服务区的各类工作人员进行培训,实行挂牌上岗,统一着装。(《暂行规定》第七条)

《暂行规定》对各类设施及服务提出了基本要求,包括道路设施、绿化、环境卫生、停车场、公共厕所、便民利民以及加油站、卖品部、餐饮、汽车维修、客房、消防等。(《暂行规定》第十条至第二十二条)

(4)内部制度建设、承包人选择等备案要求。为加强对服务区内部制度建设、承包人选择、应急预案等监督,规定高速公路经营管理者应当将相关内部制度、经营承包合同、应急预案送上海市公路管理处备案。(《暂行规定》第八条、第九条)

(5)服务区内服务秩序维护和应急处置的要求。为维护服务区内服务秩序和社会治安,及时处置突发公共事件,《暂行规定》要求高速公路经营管理者建立24小时值班制度,配合相关执法人员及时制止、处理服务区内的破坏社会治安、影响公共卫生及损坏路产路权的行为,在服务区内发生突发公共事件时,按应急预案及时处置并上报。(《暂行规定》第二十三条、第二十四条)

(6)服务质量内部考核和接受社会监督制度。《暂行规定》要求高速公路经营管理者

建立相应的责任考核制度,设立监督电话和意见投诉箱,及时处理群众投诉。(《暂行规定》第二十五条)

(7)行业监管和违规处理制度。《暂行规定》中规定上海市公路管理处应当加强服务区的监督管理,对服务区经营活动和服务质量进行检查考核,并将检查结果在行业内公布。对违法违规行为,上海市公路管理处可提请相关部门按有关规定进行处罚或处理,可以要求高速公路经营管理者更换该服务项目的经营者,并在行业内通报。(《暂行规定》第二十七条、第二十八条)

4.相关说明

2014年12月,上海市路政局针对高速公路服务区的实际发展现状,制定颁发了《上海市高速公路服务区管理制度》。

第八章
上海高速公路建设和养护科技成果

第一节 高速公路科技成果概述

上海的高速公路建设技术研究,自1984年开始建设沪嘉高速公路起就同步进行。上海地处中国大陆东部的长江三角洲冲积平原,濒江临海,地势平坦,水系发达,土层具有含水率高、孔隙比大、压缩性高、承载力低的特点。

上海的高速公路建设者在建设高速公路过程中,根据上海地区的地质地貌特征,在设计、施工、养护、管理方面进行有针对性和前瞻性的"四新技术"研究实践。随着上海高速公路建设发展和相继建成的高速公路到渐次形成的高速公路路网,高速公路建设科技研究课题项目与应用也不断扩展和深入,高速公路的建设、养护和运行管理成果也收获颇丰,为上海的高速公路建设添上浓浓一笔。

第二节 高速公路建设科技成果

一、高速公路建设科技发展经历三个主要阶段

随着上海高速公路的发展,高速公路建设科技发展经历了三个主要阶段:一是自1984年第一条高速公路建设开始,到2005年期间,高速公路建设科技研究重点是软土地基处理及路桥结合处的沉降差异控制,是上海地区建设高等级公路面临的难题。二是自2000年开始至2010年,是高速公路建设大发展时期,高速公路建设科技研究重点是跨江跨海复杂条件下桥梁、隧道关键技术。三是2010年至今,高速公路建设科技进入了创新发展的新阶段,高速公路建设科技研究重点是环保型高速公路建设、城市环境下公路桥梁建设以及桥梁预制快速化施工技术。

二、高速公路建设起步及稳步发展阶段科技成果

1. 软土地基处理及路桥结合处的沉降差异控制

软土地基处理及路桥结合处的沉降差异控制,是上海地区建设高等级公路面临的难

题,在处理克服这一上海地区特殊的地质形态和高路堤填筑、桥梁等构筑物两端接坡路堤中,公路建设者在摸索中积累经验,在借鉴中引进引用,采取了多种"四新技术"处理方法,有粉煤灰材料应用、袋装砂井预压、分层压实和部分堆载预压及塑料芯板排水固结结合堆载预压、粉喷桩和钢渣桩复合地基等综合处理,加速了软基沉降固结,减少了工后沉降。

1984年12月21日和1985年5月23日,上海第一条、第二条高速公路——沪嘉高速公路和莘松高速公路正式动工。这两个工程地基处理采用了袋装砂井、塑料排水板工艺,高路堤采用粉煤灰间隔土填筑、全粉煤灰填筑技术。1992年2月沪嘉高速公路东延伸段,软基处理采用粉喷桩复合地基处理技术。1993年6月沪宁高速公路(上海段)在软基处理方面推广粉喷桩处理技术并进行钢渣桩应用研究。1996年1月,沪杭高速公路(上海段)对排水固结技术、复合地基技术以及超载预压技术进行了综合应用。1997年12月,浦东龙东大道工程研究了真空井点降水、优化压密注浆工艺、布袋注浆工艺在减少桥头跳车方面的应用技术。1998年,浦东国际机场南干线快速干道工程对浅层真空降水、超载预压结合塑料排水板、水泥搅拌桩、二灰挤密桩以及石灰桩进行了研究。2000年,同三国道(上海段)采用了钢渣桩处理以及EPS桥头处理技术。2001年初,沪青平高速公路中段工程开工建设,应用了真空预压工艺、真空降水工艺及强夯处理工艺。2001年7月,莘奉金高速公路使用了EPS超轻质材料及珍珠岩混合料进行台背填筑。2002年6月,北环高速公路推广了真空预压处理技术,并进一步探索了现浇薄壁管桩地基处理技术。2002年以后,沪芦高速公路、南环及亭枫高速公路、沪青平高速公路西段工程等推广使用了超载预压、塑料排水板处理技术以及真空预压技术。2003年,沪宁高速公路安亭立交拓宽工程以及上海国际赛车场工程,采用EPS进行拓建部分路堤填筑。

(1)粉煤灰填筑高等级公路路堤。1985年起,上海市政工程研究院与沪嘉高速公路工程建设指挥部合作进行"利用粉煤灰修筑高等级道路路堤"科研项目课题研究。在沪嘉高速公路分别填筑三种形式的试验路段,填筑长110m纯粉煤灰路段,路堤高2.83m;填筑500m长1∶1(一层灰一层土)每层填筑厚20cm的间隔灰土;填筑200m长1∶2(一层灰二层土)每层填筑厚20cm的间隔灰土段。1989年5月动工的莘松高速公路全线20.59km均采用粉煤灰间隔填土(一层灰二层土),用灰量42万t。利用粉煤灰修筑高等级道路路堤项目,1988年获"上海市市政工程管理局科技进步一等奖",1989年获"上海市科技进步一等奖",被《科技日报》评为1988年国家十大科技新闻之一。

(2)高路堤软基粉喷桩加固技术研究。上海市公路管理处于1993年在沪嘉高速公路东延伸段首次进行粉喷桩加固高路堤软基的测试研究,1994年9月至1996年9月,上海市公路管理处与上海软土地基处理公司合作,在沪宁高速公路(上海段)进行高路堤软基粉喷桩加固技术研究。经研究得出上海地区采用粉喷桩加固高路堤软基的合理填土厚度为 4~6m,以及复合地基总沉降量和工后沉降量的计算方法、粉喷桩在道路纵横断面上的合理布置和采用高钙粉煤灰水泥作为专用加固材料的结论。采用粉喷桩较用袋装砂井或塑料芯板排水法加固高路堤软基的方法,总沉降量和工后沉降量减少 30%~40%,使路堤横断面沉降比较均匀,可减轻桥头跳车问题和减少路面养护费用,工期可缩短半年以上,抗震性能较好。1996 年 10 月,通过上海市科学技术委员会鉴定,1997 年获"上海市市政工程管理局科技进步三等奖"。该项技术被评为"国家一级工法"。

(3)堆载预压结合竖向排水通道(砂井、塑料排水板)处理方法。堆载预压:包括浅载、等载、超载预压三种。堆载预压的堆载速度快慢和超载高度大小,直接影响路堤与路基的稳定。1996—1998 年间,上海市公路管理处和上海市政工程研究院合作,在以往上海高速公路软土地基处理、工后沉降、桥头跳车等方面研究的基础上,依据沪杭高速公路(上海段)实体工程及观测数据,对不同软土地基处理技术开展了适用性研究。课题研究得出在深厚层软土地基的条件下,选用超载预压结合竖向排水通道(砂井、塑料排水板)处理方法。在软土地基存在浅层持力层条件下,选用超载、等载预压结合竖向排水通道方法或超载、等载结合复合地基方法处理持力层,前者经济,应优先选用。在硬壳层较厚或软土层较薄条件下,应采用超载预压法;当路堤高度小于 4m 时,应以超载预压、等载预压为主;当路堤高度在 7~7.5m 时,应首选超载预压结合竖向排水通道法;当路堤高度大于 7.5m 时,应以复合地基处理为主;当工期较紧时,应以超载预压结合竖向排水通道为主。该科研课题 1998 年 10 月通过上海市科学技术委员会鉴定,研究成果达到国内领先水平。"不同软基处理技术适用性研究"1999 年获"上海市市政工程管理局科技进步二等奖"。

(4)复合式路面性能的研究及其应用。1996 年 6 月至 1999 年 6 月,上海市公路管理处和同济大学合作对复合式路面性能及其应用进行研究。从工程应用经验和材料本身的性能考虑,水泥混凝土和沥青混凝土两种结构往往都难以在使用年限内保持良好的服务能力和结构承载力,以致经常发生过早的功能衰减或大面积的结构损坏。复合式路面结构集刚性路面与柔性路面于一体,既具有较好的路面结构承载能力,又具有沥青混凝土路面噪声低、行车舒适性好、易维修等特点。该课题结合大亭公路铺筑了试验路,采用了不同规格的土工布,对不同厚度的路面进行实际比较,研究结果表明设置土工布夹层能降低温度应力和荷载应力作用下裂缝尖端应力值,为采用经济有效的延缓和减少复合式路面的反射裂缝措施和工程实施方案提供了理论依据。与国内、外同类型的研究成果相比,该课题具有创新之处:采用掺粉煤灰的混凝土,具有节约水泥用量,改善混凝土脆性的效应。作为复合式路面的基础层既保证了路面结构强度,又降低了造价,利于推广应用。1999 年 4 月 24 日通过上海市科学技术委员会鉴定,该研究成果接近国际先进水平。2000 年获"上海市市政工程管理局科技进步一等奖"。

(5)测定公路路堤填料 CBR 值及其应用研究。交通部在 1996 年 10 月 1 日实施的

《公路路基设计规范》(JTJ 013—95)和《公路路基施工技术规范》(JTJ 033—95)中,对路基压实度和路基填料的强度均有新的要求,特别提出了路基填料最小强度CBR值,规定高速公路、一级公路路基上路床填料最小强度CBR值应不小于8%。1997—1998年间,上海市公路管理处和上海市政工程研究院合作对上海常用路堤材料CBR值进行研究。结合沪杭高速公路(上海段)工程土质路堤填料,通过对选择的两种常用土(黄褐色低液限黏土、灰色高液限黏土)和粉煤灰的一系列试验,了解了上海地区常用路堤填料在正常施工条件下的CBR值。研究结论:一般低液限黏土能用于下路床填筑,但不能用于上路床的填筑;灰色高液限黏土不能用于高速公路路堤填筑,应弃用或处理到满足规范CBR值后用;粉煤灰能满足对路堤填料的规范要求。1998年10月经上海市科学技术委员会鉴定,该研究成果达国内领先水平。1999年获"上海市市政工程管理局科技进步三等奖"。

在高速公路等重大工程建设中,对软土地基处理技术研究越来越深入,开展进行了"公路改造路基路面关键技术研究""EPS轻质路堤工程应用""钢纤维混凝土在公路工程中的应用研究""超轻质材料SLM应用研究""真空堆载联合预压"等课题的研究。沪宁高速公路拓宽改建时的"新老结构基础间的沉降差控制标准以及控制新建桥墩沉降"的有效方法,填补了上海地区高速公路路基拼接设计技术空白。采用"足尺寸加速加载(APT)"等先进手段,在高等级公路大中修设计方法上取得创新性突破。开展的"公路改造路基路面关键技术研究"2005年获"上海市科技进步二等奖"。

2.桥梁体外预应力技术系统化的基础试验研究

1997—1998年,上海市公路管理处与上海市政工程设计研究院、上海建筑科学研究院合作对体外预应力在水泥混凝土预应力连续箱梁上的应用进行研究。采用体外预应力技术与传统的体内预应力比较具有以下优点:减少构件截面或壁厚尺寸,质量轻;便于检测、复位和更换钢束;施工简便、快速,质量可控制性强;预应力摩阻损失减少;可增加钢束,提高构件的承载能力;易于补强加固和造价经济。该课题以沪杭高速公路(上海段)长浜里跨线桥(主桥为3跨35m+44m+35m)连续箱梁为实体,进行了系统化的基础试验研究。箱梁截面为单箱双室,体外预应力束全桥连续通长。通过实桥的设计、施工、试验,研制出具有创新技术的TWN锚具和防护工艺,研究成果验证和补充了国内的基础研究。1998年10月通过上海市科学技术委员会鉴定,"体外预应力在PC连续箱梁上的应用研究"1999年获"上海市市政工程管理局科技进步三等奖",2001年获"上海市科技进步三等奖"。

3.拉、压双作用预应力混凝土梁的研究

1996—1998年间,上海市公路管理处和上海市政工程研究院合作,对拉、压双作用预应力混凝土梁进行研究。先压法预应力筋是有中心孔道的压杆,在浇注混凝土前通过张拉穿入钢筋预先受压,然后埋入混凝土受压区,待混凝土结硬后,抽出张拉钢筋,对混凝土施加预拉力。该成果应用于沪杭高速公路(上海段)香长桥、甪曹公路跨线桥,由于该工艺降低了梁高,缩短了引桥长度,比原设计普通预应力混凝土 T 形桥梁节省工程造价 131 万元。试验研究采用长细比很大的钢筋,使先压法预应力筋的应用成为现实,完善了试验研究、设计方法和施工工艺。首次应用先压法预应力筋的两座预应力混凝土桥是混凝土结构的一个突破,1998 年 10 月通过上海市科学技术委员会鉴定,1999 年获"上海市市政工程管理局科技进步一等奖",2001 年获"上海市科技进步三等奖"。

4. 钢质波纹板通道的试验研究

钢质波纹板通道替代传统钢筋混凝土结构的通道,不仅能解决软土地基道路常见的"桥头跳车"病害,而且能节省工程投资,在公路建设中颇有其使用价值。1998 年 3 月 1 日至 10 月 31 日,上海市公路管理处、上海市政工程设计研究院和上海市张桥钢板开料总厂合作进行钢质波纹板通道的研究。钢质波纹板材料主要由波纹板和连接件构成,课题实体研究在四号线、浦东机场工程进行,四号线新朱公路工程应用了长 40m、直径 4m 的钢质波纹板通道;浦东机场工程应用了长 20m、直径 4m 的钢质波纹板通道。通过实体荷载试验,顶点最大活载应力小于设计值,竖向、横向变形小,应力应变实测曲线符合计算曲线,结构基础无沉降。课题研究于 1998 年 10 月通过上海市科学技术委员会鉴定,填补了国内空白。1999 年 8 月获国家知识产权局颁发的实用新型专利证书。1999 年获"上海市市政工程管理局科技进步三等奖"。此外,在公路工程建设项目计算机辅助管理系统、施工安全风险与保险、绿化用作噪声屏障等方面的研究也在不断推进。

三、高速公路建设跨越式发展阶段主要科技成果

1. 重交通快速干道综合技术研究

在外环线(浦东段)二期工程中,上海浦东工程建设管理有限公司申报的上海市科技攻关项目"重交通快速干道综合技术研究",其中路桥一体化设计理论与技术的研究突破传统设计思想,将着眼点从常规性的通过增大路堤的刚性来减小路堤沉降,转到综合考虑路堤与桥梁沉降协调上来,相对增大桥梁桩基的沉降量,以实现路、桥沉降量的趋同,达到消除或减缓桥头跳车之目的。工程被评为"中国市政金杯示范工程"。

2. 世界上跨度最大的双层公路斜拉桥建设关键技术

闵浦大桥工程坚持科技自主创新。国内外大跨度双层桥面斜拉桥为数不多。因此,对闵浦大桥大跨度双层公路大桥在设计、施工、运营等方面进行系统性关键技术的研究具有重要意义。通过对抗震性能、抗风性能、主跨正交异性板结合钢桁梁、边跨桁架组合梁

设计与施工技术、钢桁架斜拉桥施工过程分析及控制、运营风险分析与防范措施等课题研究，解决了世界上跨度最大的双层公路斜拉桥建设关键技术难题，其研究成果成功应用于闵浦大桥设计、施工，确保了大桥安全、优质、快速建成。2010年12月，该研究成果通过上海科学技术委员会鉴定，2010年获"上海市市政工程金奖"（图8-1）。

图8-1 闵浦大桥关键技术研究成果获得"上海市市政工程金奖"

3. 大型沉管隧道工程技术研究

2003年6月建成通车的外环隧道是上海首次采用沉管法施工建设的越江隧道，沉管段长736m，最大埋深33m，共设7节管段。在上海的特定软土地质条件和所处水上交通、环境条件下进行如此超大规模的沉埋隧道工程，经过多项研究来解决设计、施工过程中的技术难题和风险，其中所采用的多项关键技术，均达到了国际先进水平。

在大型沉管隧道江中深槽部位管段局部高出河床的设计研究中，将江中沉管段深潭部位管段顶标高局部高出原河床3.61m，较常规设计方案（管段顶在河床下1.5m）工程施工难度降低，减少了浦东、浦西暗埋段间距离，且隧道埋深浅使通过车辆上下高差小，此项节支人民币6496万元。大型超深基坑工程中的旋喷桩施工技术的重大突破，在砂质土层中实施成功的高压旋喷形成深度47m的止水帷幕，是迄今我国最大最深的大型基坑旋喷法实现挡水。具有原创性知识成果的"管段浮运沉放实时监控软件"获得软件著作权专利授权（专利号2002SR1239）。"大型沉管隧道工程技术研究"2003年获"上海市科技进步一等奖"，2004年获"国家科技进步二等奖"。"大型沉管隧道混凝土管段制作工法"经评审批准为"国家级工法"。

4. 超大特长越江盾构隧道关键技术研究

上海长江隧桥（崇明越江通道）工程位于上海东北部长江口，工程采用"南隧北桥"方案，全长25.53km。其中上海长江隧道工程全长8.95km，穿越水域部分7.5km为两条外径15m的盾构法圆形隧道，采用两台直径15.43m的泥水加气平衡盾构机从浦东由南向北一次掘进至长兴岛。

在上海长江隧桥建设工程中开展的"863国家科技攻关"项目"超大特长越江盾构隧道关键技术研究"，首次采用泥水盾构相似模型试验，模拟高水压浅覆土条件下泥水盾构的推进过程,进行超大断面泥水盾构开挖面温度、施工参数匹配的研究。原创性地研发高重度高稠度抗剪切浆液,创新了控制隧道稳定的同步浆材料和同步单液注浆施工方法,确保了超大直径隧道成环稳定和工程质量。首创的预制和现浇"即时同步施工"工艺解决了隧道结构在脱出盾尾之后整体上浮的难题。首创的富水软土地层的泥水处理方式解决了黏土颗粒回收利用的技术难题,泥水循环利用率达到了80%。首创的常压下刀具更换技术和隧道盾尾环冻结、盾尾刷更换等施工应急新技术确保了重大工程的工程质量和工期。工程经上海长江隧桥工程国家建成验收委员会验收,盾构隧道贯通偏差控制在5cm和2cm(上、下行线),两塔中心距离误差仅为12mm,两塔身其垂直度分别达到1/9600和1/10300。隧道工程创造了两项世界纪录:第一是单月掘进556m,第二是单日掘进26m。该技术填补了国内空白,工程被评为"建国60周年公路交通勘察设计经典工程"。2012年11月,由国际隧道协会评选的2012年度国际隧道奖颁奖典礼在加拿大多伦多举行,宣布上海长江隧道工程荣获"国际隧道大奖"(图8-2)。这是我国工程项目首获此项大奖。国际隧道大奖评审组推荐意见是,该工程建设团队开创了未来城市地下工程施工项目的全球标准,必将成为未来同等规模隧道工程典范。

图 8-2 2012 年,上海长江隧道工程被国际隧道协会授予"国际隧道大奖"

上海长江隧桥工程获得国家科技进步二等奖 1 项,上海市科技进步一等奖 2 项、二等奖 3 项,教育部科技进步一等奖 1 项,华夏科技进步二等奖 3 项等。其中隧道工程建设过程承担国家"863 计划"1 项,上海市科委计划 12 项,累计开展了 60 余项课题攻关,构建了超大特长复杂软土盾构隧道建设的技术体系,包括超大直径泥水盾构隧道关键技术、特长距离泥水盾构隧道关键技术、江底复杂软土盾构隧道关键技术和超大特长越江复杂软土盾构隧道综合技术等四方面。

(1)超大直径泥水盾构隧道关键技术。

一是超大直径泥水盾构隧道抗浮成套技术。国内首次研制了高重度、高稠度、高抗剪性和抗液化新型单液浆,并通过上浮规律、施工工艺及注浆检测等研究,形成抗浮成套技术,解决了超大直径盾构隧道抗浮难题。

二是超大直径泥水盾构开挖面稳定控制技术。基于宏微观试验相结合的方法,形成了超大直径泥水盾构开挖面稳定技术体系,建立了基于泥浆支护压力阈值控制的施工参数匹配技术,攻克了超大直径盾构隧道开挖面稳定性难题。

三是超大直径泥水盾构隧道结构设计技术。首次建立了基于全真整环、接头试验与现场结合的超大直径盾构隧道衬砌结构设计计算方法,第一次完整地提供了隧道结构设计计算模型的所有力学参数取值,为衬砌结构科学设计提供了充分的依据。

四是超大直径盾构隧道结构技术经济优化及计算技术。建立了超大直径盾构隧道断面优化模型和结构优化模型,进行了隧道双线施工过程与考虑内部结构及运营荷载的有限元动态模拟,提高了隧道结构设计的安全性、适用性与经济性。

(2)特长距离泥水盾构隧道关键技术。

一是盾构机盾尾密封等核心部件检测、检修及更换技术。首次进行了在高水压下采用冻结加固方法更换盾尾刷的大型模型试验,独创了高水压、大断面、长距离推进盾构机核心部件检修技术,并形成一套越江隧道工程检修环境施工风险应急预案。

二是特长泥水盾构隧道三维轴线控制技术。首次完整地形成了基于高精度管片、盾构掘进姿态控制和超长距离特殊联系测量的三维轴线控制集成技术,使超大特长盾构隧道单向一次推进7.5km的贯通精度为2cm,达到国际领先水平。

三是基于高压细水雾的长距离隧道降温技术。通过全比例隧道细水雾降温试验与数值模拟,形成了长大隧道的高压细水雾降温技术,解决了特长隧道温升问题(进口与出口处温差近20℃)。

四是特长泥水盾构隧道通风与照明技术。解决了长大隧道运营期烟气流动慢、波及范围广而排烟难与能见度低的问题,可使上海长江隧道运营交通事故发生率降低20%~30%。

五是特长泥水盾构隧道结构纵向稳定及结构整体化设计技术。创新性地提出了考虑隧道接头特性的隧道整体化设计计算方法;提出了能够考虑隧道周围土体时效特性的隧道长期沉降计算方法,解决了特长复杂地层条件下软土隧道长期不均匀沉降发展及对隧道性态影响的技术难题。

(3)江底复杂软土盾构隧道关键技术。

一是江底复杂软土盾构隧道结构的耐久性和可靠性安全控制技术。建立起统一、完整的越江盾构隧道结构耐久性研究理论体系,从而明确了越江盾构隧道结构的耐久性演化机理和服役寿命预测方法,进而预测隧道管片衬砌结构抗氯离子侵蚀的使用寿命在100年以上。

二是江底复杂软土盾构隧道抗震与长期运营动载影响与控制技术。针对性地提出了长大隧道动应力引起沉降防治措施,为长期运营动荷载下公轨结合隧道结构安全提供了保障。

三是高水压江底复杂软土盾构隧道结构防水技术。开发了大掺量复合矿物掺和料的高性能混凝土以降低混凝土内氯离子渗透性,采用减少用水量以提高蒸养热处理的正效应,利用综合措施来限制蒸养热处理的负效应的管片混凝土新型养护技术,确保了管片结构具有很好的自防水性及止水耐久性。

四是江底复杂软土盾构隧道连接通道技术。建立了含盐复杂软土地层人工冻结温度场理论和计算方法,提出了人工冻土帷幕自然解冻和强制解冻计算模型,从而形成了冻胀融沉地层改良控制技术。

五是超大直径泥水平衡盾构环保型模块化泥水处理技术。开发了具有自主知识产权的高效环保型模块化泥水处理系统,成功解决黏土地层超细颗粒分离难题,使泥水回收利用率超过80%,达到国际先进水平。

(4)超大特长越江复杂软土盾构隧道综合技术。

一是特长泥水盾构隧道防灾减灾技术。国际上首次开展了全比例大直径火灾试验,建立了长大公轨结合隧道的综合立体疏散救援体系,编制了上海市工程建设规范《道路隧道设计规范》,填补了该领域防灾设计规范的空白。

二是特长盾构隧道衬砌结构火灾反应与防火抗爆技术。通过管片火灾力学试验,得出了混凝土材料火灾后的力学特性和衬砌结构火灾高温下的力学行为,提出了衬砌结构火灾安全性评估方法,形成了长大隧道衬砌结构防火、耐火技术。

三是江底复杂软土盾构隧道风险控制技术。第一次基于动态风险管理方法形成了风险状态动态评估体系,建立了超大特长盾构隧道动态风险管理模式和预警预案系统。

四是基于全寿命周期数据的盾构隧道数字化管理体系。首创了集勘察、设计、施工、运营和监测等全生命周期信息的盾构隧道数字化管理体系,实现了超大特长盾构隧道工程全生命周期信息的可视化和信息化智能管理。

五是长江隧道工程LED照明技术。国内首先在隧道大规模采用LED照明技术,使用寿命达到5万小时以上,节能效果比传统灯具可达到30%以上,直接推动了上海隧道工程LED照明技术的全面推广。

此外,在重大工程建设中,还开展了"生态环保综合技术在城市快速干道中的应用研究""公路改造路基路面关键技术研究""EPS轻质路堤工程应用""钢纤维混凝土在公路工程的应用研究""超轻质材料SLM应用研究"等课题的研究,提升了上海公路建设质量和技术水平。

四、高速公路建设协调发展阶段的主要科技成果

1.滨海地区粉细砂路基修筑与长期性能保障技术

在我国水网密集、地势较低的冲积平原地区或滨海地区,路基填料土源匮乏,就地取

土将占用大量宝贵的耕地,增大当地环境保护负担。而与此同时,此类地区河(江)沙或滨海细砂储量丰富,若以之作为填筑材料,则节约耕地、保护生态,减少道路工程建设对当地资源和环境产生破坏。该项目主要针对普遍缺乏合适路基土源的实际情况开展研究,成功解决了上述地区充分利用粉细砂修筑公路路基的世界性技术难题,2016年荣获"国家科技进步二等奖"。

2. 上海公路桥梁桥墩预制拼装建造技术

为了解决上海地区公路桥梁桥墩建造采用现浇工艺带来的诸多不利影响,上海城投公路投资(集团)有限公司引入了专业化工厂预制、现场快速化拼装的建造技术。该技术减少了现场施工作业量,进而减少了环境影响;减少了施工人数,进而降低了安全风险;缩短了施工工期,进而减少了对繁忙交通的影响。在解决建设和民生矛盾的基础上大幅提高了上海国际大都市形象。在投资总额不增加的前提下,现场工期平均缩短50%,工地工人减少60%,对交通影响减少50%。真正让"以人为本"四个字在上海城市建设中发扬开来,为未来上海乃至全国高架桥梁建造方式的革新,提供了绿色、节能、高质、高效的新范本。该技术已经在嘉闵高架、S6沪翔高速公路、S26沪常高速公路、虹梅路高架、S3沪奉高速公路、G1501上海绕城高速公路等工程中得到大规模应用。

第三节 高速公路养护科技成果

一、高速公路养护科技成果概述

随着高速公路车流量的迅速增长,道路的损坏和病害程度也加大加快,养护经费也随之攀升,在做好高速公路日常性的道路和桥梁养护、专项整治工程等,保持高速公路的技术性能状况上,市公路行业在养护管理中开展进行了一系列的技术对策研究以及"四新技术"推广和预养护技术研究,突出了上海公路走可持续发展之路的战略。

二、高速公路养护施工"四新技术"

1. 路面病害处理

高速公路结合大中修项目,开展了"高速公路路基路面整治关键技术研究"。主要开展了开槽灌缝、路面加强剂涂覆、修路王热补等技术的推广运用。在沪昆高速公路(上海段)、沪渝高速公路(上海段)、沪嘉高速公路对水泥混凝土道路地基加固方面,采取地聚混合物注浆技术对部分路基进行加固处理,采用这种新工艺不必重新翻挖道路,给路基注入一针"强心剂"后,经过1~2个小时的养护即可开放交通,与传统的路基加固技术相比,可节约大量投资。

在保持管养公路表面良好的构造,保障沥青路面早期使用安全和周期性养护方面,公路行业推广应用了病害处治新技术——LTC技术。LTC沥青再生养护剂材料能使老旧沥青路面具有良好的封水效能,同时还原了路面沥青性能。

2. 进行旧桥承载力快速检测、评价和加固技术研究

1995—1998年间,上海市公路管理处与上海市政工程设计研究院合作对旧桥承载力快速检测、评价和加固技术进行研究。该课题采用ABC-130型伸臂桥梁检查车代替桥下脚手架,完成桥下检查和测试。同时为采用先进的自动测试仪,包括BDI传感器、IMP分散式数据采集器、DIN10电子水准仪创造了条件,使数据采集快速、精确、可靠、易操作。该方法基本上能反映桥梁的承载能力,是国际上正在推广的一种较为先进的方法。1998年10月通过上海市科学技术委员会鉴定,该研究成果达到国内领先水平,1999年获"上海市市政工程管理局科技进步二等奖",同年11月获"上海市科技进步三等奖"。

2015年,上海市路政局在G1501上海绕城高速公路同济路高架大修工程中试点"水刀"工艺进行桥梁混凝土铺装层破除,降低了施工噪声和扬尘,得到了市民的一致好评。

三、高速公路预防性养护技术研究

路面"预养护"是指在不增加路面结构承载力的前提下,对结构完好的路面或附属设施有计划地采取某种具有费用效益的养护措施,以达到延缓损坏、保持或改进路面功能状况的目的。对此,市公路行业组织开展了"公路沥青路面预防性养护技术"课题研究并形成相关技术规程。通过课题研究,提出了以效益费用比作为评判指标来确定最佳预养护的时间。经过室内试验和在叶新支线、外环线、沪宁高速公路、浦星公路4段试验路的修筑和验证,形成了8种常用预养护措施(包括稀浆封层、微表处、碎石封层、复合封层、HMA、填缝和封缝、雾状封层和沥青再生剂)的适用条件、配合比设计方法、原材料要求、施工工艺和质量控制技术,形成了《上海市公路沥青混凝土路面常用预养护措施设计与施工指南》,明确在道路损坏初期即对病害进行修复,保证了道路平整,延长了使用寿命,降低了养护维修成本。"公路沥青路面预防性养护技术"2007年获"上海市科技进步三等奖"(图8-3)。

开展了沥青路面现场再生应用、TL2000、微表处、雾封层等路面预防性养护技术研究。2010年对南环高速公路浦卫立交匝道桥梁进行维修与加固,全面推广了SBS改性沥青、SMA抗滑表层、TL2000、ERAC等一系列新材料、新工艺,对全线道路进行了预防性养护,取得了良好的效果。

图 8-3　公路沥青路面预防性养护技术获得"上海市科技进步三等奖"

在沪芦高速公路沥青混凝土路面上改进坑槽修补养护方法,采用贴缝带解决接缝封水,克服了传统做法中封水效果不好的毛病。京沪高速公路(上海段)、沪嘉高速公路、沪昆高速公路(上海段)等路段水泥混凝土路面修复采用日本电化超级早强水泥的新材料进行桥梁铰缝、伸缩缝维修工程,修复效果良好。

2004年4月,上海市公路管理处联合同济大学成立公路沥青路面预防性养护技术研究课题组,先后选择外环线为试验路,对其进行了跟踪观测和分析,有效缩短了公路养护施工工期,延长了公路使用寿命,降低了养护维修成本。2005年,外环线沪嘉下穿孔路面整治工程中设置了透水混凝土路肩,保障下穿孔箱体混凝土顶部排水顺畅。

在预养护中应用的西尔玛沥青还原剂封层技术,在不降低路面结构深度和抗滑性能的前提下延缓沥青老化,封闭细微裂缝,减少病害发生,抵抗污染物的侵蚀;蕰川公路立交桥摊铺 TL2000 聚合路面强化剂,隔绝空气、紫外线、油污及酸碱盐对路面的损害,杜绝对主梁及铺装层的水损害,有效地控制了裂缝、松散等病害的扩散;实施沥再生预养护的措施,密封沥青路面以抵抗燃油、水、紫外线和化学剂等侵蚀,延长路面使用寿命;采用加铺"水泥乳化沥青"技术进行黑色面层补强,形成强基薄面的结构,较传统方法更有效地克服反射裂缝的产生,节约了养护成本,提高了养护质量。

第四节　高速公路运行管理科技成果

一、设施信息化管理系统研究应用

1. 上海市公路设施管理地理信息系统

1998年12月1日,上海市市政工程管理局提出了建立上海市市政行业信息化三级网络系统的要求。按此要求,上海市公路管理处成立了领导小组,在扩展整合以往公路设施管理系统的基础上,与同济大学联合开展了"上海市公路设施管理地理信息系统"的研发工作,并投入经费约 960 万元。

上海市公路设施管理地理信息系统是以信息化、系统化和科学化为手段,在"上海市公路路面—桥梁管理系统"和"上海市公路设施管理系统"两个系统基础上进行的升级和完善。

1993—1995 年,上海市公路管理处和同济大学合作研究开发"上海市公路路面—桥梁管理系统"。课题由数据库管理系统、路面管理系统、桥梁管理系统和系统设置四部分组成,通过采集路面、桥梁现状数据,分析应用该系统以实现路面和桥梁现状评价、维修决策支持、费用估算、性能预估和项目优化排序等。系统还运用效益分析法,以最佳经济效益确定公路基础设施合理的维护投资水平和维护投资政策,在有限的维护资金条件下,提出最佳效益的资金分配方法和路面、桥梁基础设施养护(改建)项目的优选方案。该系统在 1994 年对沪嘉高速公路、莘松高速公路和区(县)公路部门的公路设施状况采集了 50 多万个数据,成果在市公路系统中得到应用。1996 年获"上海市市政工程管理局科技进步一等奖""上海市科技进步二等奖"。

上海市公路路面—桥梁管理系统的建立与应用,初步解决了路面、桥梁的数据管理和状况监测,但缺乏对公路附属设施管理和监测。为实现对公路设施的全面管理,1996—1999 年,上海市公路管理处和同济大学合作研究开发了"上海市公路设施管理系统",使系统的管理对象涵盖了公路断面和沿线的所有设施,实现了应用管理系统对整个公路设施的全面管理。1999 年 5 月完成了沪嘉、沪宁(上海段)、沪杭(上海段)三条高速公路及沪青平公路等路面、桥梁和附属设施的数据采集,并于同年在沪宁高速公路管理所和青浦区公路所进行试运行,取得了良好效果。1999 年 10 月通过上海市科学技术委员会鉴定,2000 年获"上海市市政工程管理局科技进步二等奖"。

在前两个系统基础上升级完善的"上海市公路设施管理地理信息系统",将公路养护管理专业知识和研究成果与现代化的计算机应用技术紧密结合,采用地理信息系统平台 ARC INFO,在 1∶2000 的基础数字化地图之上,应用国际先进的 GIS-T 理论,将公路设施的属性数据(包括路面、桥梁和附属设施及设施状况数据)和空间数据(包括电子地图、公路控制点数据、公路基线网等)有机地整合连接起来,实现了 GIS 和公路行业管理的一体化。

该系统由数据库管理、公路设施管理、其他信息管理及网络分析四部分组成。数据库管理部分为空间线路网建立、属性数据输入及处理、空间应用图层的生成,提供了方便、详尽的管理工具。公路设施管理利用 GIS-T 生动的信息显示、方便的图文互访查询、灵活的输出,将涉及的空间信息、设备量信息、设备状况信息、交通量信息以及多媒体信息按地理位置集成进行综合管理,并与"上海市公路设施管理系统"实现了无缝链接。该系统采用GIS-T 的空间分析功能,实现了路网最短路径和重车过桥路径分析,为公路养护、路政和收费等信息管理提供了科学的辅助工具。

为了推动该系统的应用,上海市公路管理处专门组织数据采集人员,完成了 2700 多公里公路控制点等空间数据和路面、桥梁、附属设施的设备量及设施状况等所有属性数据的采集。自 2000 年 8 月 17 日始,集中进行了数据输入,于同年 9 月完成了系统开发、数据处理。

系统以公路设施管理工作业务为信息来源,以数据库为核心,实现公路设施管理信息的采集、存储、分析与应用,为上海市市政工程管理局及上海市公路管理处和各区(县)公路所提供公路规划、建设、养护与管理一体化服务的信息联网。系统将公路设施管理、现代管理科学和计算机科学等相结合,为公路管理部门开发和应用其他地理信息系统提供了很好的理论依据和实践基础,提高了公路管理的科学化、信息化水平,增强了公路设施的服务功能。

2000 年 10 月,该系统在全国干线公路养护与管理大检查中得到交通部与外省市的肯定和好评,同月通过上海市科学技术委员会组织的专家评审,2001 年 5 月获"上海市市政工程管理局科技进步二等奖"。但该系统不足是采集方式仍以人工为主,应用领域还需不断推广、深化与完善。

2. 公路技术状况评定系统

自 2002 年起,上海市公路管理处组织开展了全市公路路况检测工作,通过"公路路面管理系统"和"公路桥梁管理系统"进行数据统计分析和辅助决策,编制路况分析报告,为各级公路管理部门提供维修养护依据。同时,市、区两级财政部门将路况分析报告作为对养护维修计划审批的依据。"公路路面管理系统"与"公路桥梁管理系统"后升级为"公路技术状况评定系统"。系统经过多年运作,成为公路路况检测和分析的标准规范。

2007 年,交通部颁发实施《公路技术状况评定标准》(JTG H20—2007),对原有的公路技术状况评定标准作了重大调整,由 MQI 代替沿用多年的好路率。为此,上海市公路管理处在 2008 年着手开发"公路技术状况评定系统",并于 2010 年完成。该系统整合了原有"公路路面管理系统"功能,依托"公路基础数据库系统"的基础数据,导入定期或实时更新的公路设施状况动态数据,通过系统分析评价,实现辅助决策功能。其中,评定功能既可按部颁标准《公路技术状况评定标准》(JTG H20—2007)进行评定,也可按上海市标准《公路技术状况评定规程》(DG/TJ08-2095—2012)评定,为公路养护大中修辅助决策提供了评定依据。

3. 公路桥梁安全运行管理系统

2007 年 8 月 10 日,上海市公路管理处开发完成了"公路桥梁安全运行管理系统"。

"系统"主要内容有:一是充分利用现有公路基础数据系统,以保证基础数据来源及数据的一致性。二是对相关检查进行细化,包括桥面及构造检查、钢筋混凝土和预应力混凝土桥梁检查、拱桥检查、钢桥检查、跨线桥与高架桥检查、斜拉桥检查、支座检查、墩台与基础检查等。三是确立桥梁动态数据采集方法及建立桥梁动态数据库,针对不同类型的桥梁(简支梁、连续梁、斜拉桥等),不同种类的桥梁(特大、大、中、小桥),不同部分(桥面系、上部结构、下部结构)的每一个部件建立单元细目静态数据库和各类病害动态数据库;同时按桥梁使用年限和其所在公路交通量大小,特别是重型交通繁忙的公路桥梁,按轻重缓急对各类桥梁实行深度动态监测,并建立相应的桥梁动态信息数据库。四是针对不同结构形式和材料形式的桥梁,建立详细的桥梁结构安全性能评估方法,包括月度、年度评价,以及评价工作流程、评价标准和专家预处理对策。评估结果分为安全、安全略有疑虑和不安全。五是建立桥梁安全决策系统,根据桥梁结构安全状态评价理论和方法,提出桥梁养护维修方案。六是做好桥梁安全性能预测工作,根据桥梁使用变化规律,在积累历史数据的基础上,对桥梁未来状况进行预测,做好防患工作。为了确保该系统在公路行业的应用,上海市公路管理处颁布了《上海市公路桥梁安全运行管理工作制度》,制定了桥梁经常性检查、定期检查和特殊检查的规定,完善了单元细目,形成了考核制度。"公路桥梁安全运行管理系统"的运行,成为公路桥梁安全管理的有效手段。图8-4所示为从国外引进的公路桥梁检测车。

图8-4 从国外引进的公路桥梁检测车

4. 公路绿化管理系统

2004年7月,上海市公路管理处进行"公路绿化管理系统研究"项目。通过课题研究,一是建立了公路绿化评价决策模型,便于管理部门掌握公路绿化现状,合理安排公路绿化养护经费;二是开发公路绿化管理系统,采集路段信息、行道树信息、绿地信息和绿化种类信息等,做好数据的维护与更新。在此基础上对公路绿化的现状进行统计和分析、决策分析、辅助养护计划制订、提示养护重点以及预防措施、预警病虫害防治等,为做好绿化养护提供技术支撑。

5. 高速公路机电管理系统

2006年5月,上海市公路管理处启动了"上海市高速公路网机电设施管理系统"项目。一是编制了上海市高速公路网机电设施管理的设施编码规则,建立了高速公路网机电设施管理系统的技术构架、管理系统,建立了机电设施管理系统的数据字典,开发了机电设施在GIS上的可视化管理。同时建立了高速公路机电设施静态数据库,可快捷了解外场设备、通信管道、光缆、电缆、收费广场、收费站、收费中心和路网结算中心、通信站、通信中心的分布和属性等内容。二是开发了基于GIS的上海市高速公路网机电设施管理系统,系统具备路网机电设施管理数据库、机电设施信息查询、汇总生成所需报表和计划、机电设施故障与维护警示等功能。该系统降低了日常管理维护成本和劳动强度,延长了机电设施的使用寿命,实现了高速公路网机电设施管理的规范化和自动化。

此外,研发的还有"贷款道路通行费征收系统"和"公路导航和数据采集记录系统"等项目,为公路管理提供了技术储备与技术支撑。

二、养护管理信息化研究

1. 公路养护管理系统

2008年,上海市公路管理处开发了"公路养护管理系统"。该系统主要内容:一是通过整合数据资源,充分利用公路基础属性数据库的数据,搭建养护信息资源库,实现养护信息共享。二是实现对小修保养的流程化和精细化闭环管理,如日常养护巡查、检查、考核、病害发现、通知、小修、验收、计量等流程形成闭合。三是实现对中修工程全面管理,包括工程计划、进度和质量管理。四是实现突发事件从发现、处理到事后跟踪全过程管理。五是建立养护质量考核,强化行业监管。六是开发基于多维地理信息技术,建立综合查询分析系统,面向不同层级管理者,实现道路路产设施、技术状况、动态病害、突发事件、养护工程、巡视轨迹、小修保养和外场实时监控视频、检测信息的综合查询、统计分析,并实现形象直观的数据展示和空间分析。该系统于2008年底开发完成并投入使用。

2. 高速公路养护管理技术研究

结合沪嘉、莘松高速公路的养护管理,完成了"高速公路能见度测试系统"与"高速公路养护安全防护标准编制"的课题研究。

高速公路能见度测试系统是一个以IBMPC/XT为主机,采用CAM200图像捕获器组成的计算机图像处理系统,能实时捕获、存储景物图像,然后进入处理状态,并可按菜单方式对图像进行开窗处理,设置游标,寻找景物标志,进行图像匹配运算,按设置的视觉识别阈值算出最远可视距离(能见度),最后把该视距换算为最高限速值。系统主要功能是当高速公路在运营时出现恶劣气候条件,如遇雨、风雪天而引起能见度降低,可通过研究完成的系统由交通监控设施及时了解情况并作出相应的控制对策。

"高速公路养护安全防护标准编制"课题研究,结合沪嘉和莘松高速公路路面维修工程实施,进行了保证高速公路养护维修时需要的一系列安全管理措施的研究。研究从国内高速公路现有发展水平出发,借鉴国际先进技术和经验,分析了高速公路养护时的风险状况,并运用灰色理论,首次提出了近期我国高速公路养护时的风险度预测计算方法及有效的安全对策,并编制完成了高速公路的安全标准。研究成果应用于沪嘉和莘松高速公路的维修养护作业中。

3. 公路路政许可管理系统

2003年,上海市公路管理处开发了"公路路政许可管理系统"。系统内容包括超限运输车辆行驶许可路线、占路、掘路、路政管理政务公开等,在公路网站以及上海市市政工程管理局政务网上发布,供市民查阅。2006年,"公路路政许可管理系统"网络版正式投入使用,实现了"路政许可申请表"网上下载和办事流程网上告知。

2007年,完成了"公路路政许可管理系统"开发。系统主要包含:一是基础数据管理。通过基础数据录入,实现对道口、管线、掘路、占路(包括非公路标志)等项目以及公路用地范围内设施进行动态管理。二是路政许可管理升级。实现路政许可网上流转,针对审批流程中每一个节点,生成对应文书。对到期的许可项目及即将超过期限的许可项目实现报警提示,对事前和事后管理设计了接口,为各部门分工和衔接建立了操作平台。三是人员、装备管理。四是数据上报。许可信息、路政执法(包括治超)信息的及时上报、公布。五是通过与"上海公路门户网"对接,实现网上受理、网上查阅、下载表式、文件、公示许可信息、提供超限运输许可路线等。同年11月在各区(县)推广应用。

三、高速公路路网运行信息化应用研究

1. 高速公路交通监控和联网收费结算中心系统工程

2002年底,同三国道(上海段)、沪青平高速公路、莘奉金高速公路相继建成,同已有的沪嘉浏高速公路、沪宁高速公路(上海段)、沪杭高速公路(上海段)形成了上海市西部区域高速公路网。上海市高速公路联网收费结算中心、交通监控中心和应急指挥中心(下称"三个中心")同步建成(图8-5),实现了6条高速公路联网收费运行和交通监控。随之,上海市高速公路网早期网络框架也基本形成。全路网网络采用622兆带宽的DPT(SRP)通信技术组建了冗余双环网结构,核心节点设在上海市公路管理处高速公路管理署(即"三个中心"),为一台Cisco GSR 12008核心路由器,相应的各路段节点都配置了Cisco 7500系列路由器。同时为充分发挥公路行业资源共享优势,在上海市市政工程管

理局组织协调下,"三个中心"作为一个节点接入了市政环网。

高速公路 DPT 骨干通信网多年运行情况表明,622 兆的 DPT 环网运行稳定,具有一定的前瞻性和技术先进性,时属高性能、高稳定性网络的典范,为高速公路的各项业务开展提供了一个稳定的基础平台,支撑了路网进入 21 世纪快速发展的需求。

图 8-5　上海高速公路交通监控和联网收费结算中心

2008 年,随着网络需求增长和新建成高速公路网络的陆续接入,原 DPT 环网的技术服务停止,且原骨干网络在带宽和结构上也无法满足新的需求。经过严密论证和反复讨论,上海市公路管理处制订了全网络升级改造方案,出台了《上海市高速公路通信专网建设的若干意见》,投资 400 余万元,实施了上海市高速公路主干网络的全面升级改造。网络采用了以太网技术组成万兆双环网结构。升级改造后的骨干网络设备容量能满足 5~8 年的业务增长需求,网络设备具有良好的通用性,能按要求进行局部或整体升级。

2010 年,除个别路段外,上海又投资 4000 万元完成了高速公路网主干路由器升级改造工作,上海高速公路新骨干网络框架基本形成。

2. 高速公路与城市快速路联动诱导系统工程

高速公路网交通监控系统和中心城快速路交通监控系统为两个独立系统,分别对所辖范围内的公路、道路实施交通监控。但两个相对独立的系统与上海整体性交通监控要求不符,需要两个系统在一定程度上互联互控,信息共享和协调一致。

2006 年 2 月,在上海市市政工程管理局及相关部门的支持协调下,上海高速公路和中心城快速路交通监控系统之间的互联及诱导研究工作启动。上海市公路管理处投资 550 万元,进行了"外环线、沪青平高速公路、延安高架西段联动诱导试点工程",地点选择在延安高架路与外环立交交汇区域,发布外环线南北方向、延安路高架、沪青平高速公路的出城、入城路段交通信息。2006 年底,工程建成投入运行,有效改善了交通环境,使上海高速公路与中心城快速路的交通诱导系统形成一个"系统互联、资源共享、协调控制"的整体。图 8-6 所示为外环高速公路信息诱导系统。

图 8-6 外环高速公路信息诱导系统

四、"十二五"期间运行管理系统整合工作

1. 高速公路信息化系统建设工作

自 2010 年以来,围绕"四个中心"建设,上海已经初步形成了"枢纽型、功能性、网络化"的现代化城市基础设施体系构架。智能交通快速发展,交通信息服务日趋完善。高速公路自动收费系统、快速路流量实时自动采集和发布系统全面实施,公共交通智能管理系统、公交一卡通管理系统、停车诱导系统等均广泛推广和应用,为市民出行提供了更为完善的信息服务,提高了出行效率。

在"十二五"期间,上海在公路设施数字化管理的基础上,运用云计算和移动互联等技术,进一步加强数据整合和共享,逐步对公路设施动态监测,实现全行业养护管理质量的信息化综合监督,以信息化促进养护管理的制度化、规范化,进而提高公路养护管理质量。

2. 高速公路信息化管理主要成果

(1)实现了数据整合和共享。2014 年开发了"上海市路政局综合信息平台",实现了路面养护管理、桥隧养护管理、路政许可、治超管理等各系统一站式登陆,系统间数据共享。此外,实施了公路设施动态监测,借助于快速发展的监控技术,如高清视频技术、视频监测技术和移动互联技术等,将视频监控的对象逐步从交通运行情况向设施运行情况延伸,对设施安全情况、路容路貌等进行视频动态监控。

(2)实现了重点设施智能监测。针对桥梁等重点设施,实施智能监测,动态掌握设施运行状态。对跨越黄浦江等重特大桥梁,初步实现桥梁监控监测系统的全覆盖,并加强对监测结果的分析应用,提高桥梁运行监测水平;对其他小桥梁,则通过有针对性地布设运行监测系统,达到对重点桥梁运行状态的动态掌握。

(3)实现了公路养护信息化全过程管理。在设施动态监测以及养护全过程信息化管理的基础上,开发应用"公路养护管理平台",将养护计划管理、养护作业管理、设施病害处置等日常养护过程纳入信息化管理,实现日常养护信息化监管。例如,在日常养护作业中,可通过手机 NFC 功能在桥梁日常巡查中"打点",实时上传到养护管理系统中,确保桥梁日常巡视到位,实现对养护作业的动态监管;又如,在设施病害处置过程中,养护人员通过手机 APP 进行现场病害采集,并上传至养护管理系统,养护监管人员可通过系统对病害处置过程进行动态干预及全过程监管。

(4)实现了大中修工程信息化管理。在养护大中修工程管理中,逐步推行项目信息化管理,即对大中修的招投标、合同管理、进度管理、质量管理、安全管理、文明施工、验收等全过程进行数字化的记录及网络化的流转管理。此外,通过布设摄像机等手段,对重要大中修工地进行远程在线监控,提高大中修工程的管理水平。

五、电子不停车收费系统

2002 年,上海高速公路网实现了联网收费。随着车辆每年以 20% 的速度增长,高速公路进出收费道口拥堵状况日趋严重。针对此情况,上海开始着手电子不停车收费系统建设的研究。

2007 年 1 月 25 日,交通部召开京津冀和长三角区域高速公路联网电子不停车收费联席会议,明确长三角三省一市实施 ETC 联网示范工程。2007 年 10 月,交通部颁布《收费公路联网收费技术要求》,明确了省际互联的应用、管理标准和要求。

同年,上海市公路管理处编制上海高速公路 ETC 系统工程建设计划,明确上海高速公路 ETC 系统的构成框架、系统功能与应用流程等,并根据建设计划开始在已建成的联网收费系统基础上实施(ETC)一期工程建设,设置 ETC 专用车道或 ETC/MTC 混合车道、ETC 清分结算系统以及 ETC 客服等系统,涉及 30 个收费站共 80 条车道。一期 ETC 车道改建布局主要以省市间射线高速公路为主,整个高速公路网 ETC 车道断面覆盖率达到 30% 以上。

2008 年 12 月 31 日,上海市高速公路电子不停车收费系统正式开通运行。同时,江苏省、上海市举行了跨省高速公路电子不停车收费试联网开通仪式,在全国率先实现了省市间的高速公路 ETC 联网收费。电子不停车收费标准体系及成套检测技术获得"中国公路学会科学技术奖特等奖"(图 8-7)。

2009 年 7 月 28 日,上海市、江苏省、安徽省和江西省举行三省一市高速公路电子不停车收费系统联网签字仪式,标志着长三角部分区域交通无缝对接和一体化进程又向前推进一步。11 月 28 日,安徽省实现了与江苏省、上海市高速公路电子不停车收费联网对接。

截至 2010 年底,整个高速公路路网日均 ETC 流量已超 6 万辆,占高速公路路网流量的 10% 左右。上海市 ETC 车道总数达到 118 条,分布在全市高速公路网的 20 个主线收费站(35 个主线收费断面)和 82 个匝道收费站(195 个匝道收费断面),主线收费站基本实现全覆盖,京沪、沪渝、沪嘉高速公路实现收费断面 ETC 车道全覆盖。ETC 的推广应用,使高峰拥堵时间和一般拥堵时间都相应减少,车辆通过收费口的排队时间明显减少。

图 8-7　电子不停车收费标准体系及成套检测技术获得"中国公路学会科学技术奖特等奖"

2014 年底实现 ETC 全国联网,出台上海市地方标准,实现 ETC 设施设备、车道位置、车道布设的"三统一",并试点建设了浦东机场停车场的 ETC 车道。截至目前,上海市所有收费站均已建有 ETC 车道(主线收费站"二进二出"以上),共计 286 条,ETC 流量占高速路网客车总流量的 32%,发展用户 60 万户,占上海市汽车保有量的 20%。

第五节　高速公路标准规范体系建设

一、标准规范体系建设工作

2006 年,上海市市政工程管理局发布了《上海市公路行业技术标准体系》,以有序地开展标准化工作。据此,上海市公路管理处主编和参加了交通部、上海市、市公路行业共计 30 个技术标准的编制。技术标准体系内容涵盖了公路规划、工程设计、施工、养护管理、验收评定等。截至 2016 年底,经过不断修订和完善,已建立较为完善的《上海市公路行业技术标准体系》。

二、上海编写(主编、参编)的技术标准

1. 交通部标准(表 8-1)

交通部标准　　　　　　　　　　　　　　　　表8-1

序号	标准名称	标准号	标准性质	编写单位	施行日期
1	公路沥青路面养护技术规范	JTJ 073.2—2001	中华人民共和国行业标准	上海市公路管理处主编	2002.01.01

续上表

序号	标准名称	标准号	标准性质	编写单位	施行日期
2	公路桥涵养护规范	JTG H11—2004	中华人民共和国行业标准	陕西省公路局主编,上海市公路管理处参编	2004.10.01
3	公路养护安全作业规程	JTG H30—2004	中华人民共和国行业标准	上海市公路管理处主编	2004.09.01
4	公路机电系统维护技术指南	—	—	上海市公路管理处主编	—
5	公路技术状况评定标准	JTG H20—2007	中华人民共和国行业标准	交通部公路科学研究院、上海市公路管理处联合主编	2008.02.01
6	公路养护技术规范	JTG H10—2009	中华人民共和国行业标准	浙江省公路管理局主编,上海市公路管理处参编	2010.01.01

2. 上海市地方标准和上海公路行业标准（表8-2）

上海市地方标准和上海公路行业标准　　　　　表8-2

序号	标准名称	标准号	标准性质	编写单位	施行日期
1	高速公路监控、通信、收费、供电、照明工程质量检验评定标准	DB31/T 257—2001	上海市地方标准	上海市公路管理处主编	2001.03.15
2	公路路面养护技术规范	DB31/T 489—2010	上海市地方标准	上海市公路管理处主编	2010.10.01
3	公路路名牌	DB31/T 575—2011	上海市地方标准	上海市公路管理处主编	2012.06.01
4	旧水泥混凝土路面共振碎石化技术规程	DB31/T 828—2014	上海市地方标准	上海市路政局、同济大学主编	2014.12.01
5	纤维增强复合材料加固混凝土结构技术规程	DG/TJ08-12—2002 J10158—2002	上海市工程建设规范	上海市建筑科学研究院主编,上海市公路管理处参编	2001.08.01
6	公路工程施工质量验收规范	DGJ08-119—2005	上海市工程建设规范	上海公路学会主编	2005.11.01
7	温拌沥青混合料路面技术规程	DG/TJ08-2083—2011	上海市工程建设规范	上海市公路管理处、上海市市政工程管理处联合主编	2011.06.01

续上表

序号	标准名称	标准号	标准性质	编写单位	施行日期
8	道路声屏障结构技术规范	DG/TJ08-2086—2011 J11877—2011	上海市工程建设规范	上海市市政工程管理处、上海市公路管理处、上海建设钢结构安全检测有限公司联合主编	2011.08.01
9	公路技术状况评定规程	DG/TJ08-2095—2012 J12046—2012	上海市工程建设规范	上海市公路管理处主编,上海市浦东新区公路管理署、上海市闵行区公路管理署、上海沪杭路桥实业有限公司参编	2012.04.01
10	公路养护工程质量检验评定标准(土建工程)	DG/TJ08-2144—2014	上海市工程建设规范	上海市路政局主编,上海市公路学会、上海市浦东新区公路管理署、上海市松江区公路(市政)管理署、上海市奉贤区公路管理署、上海长江隧桥建设发展有限公司参编	2014.08.01
11	高速公路网电子不停车收费系统(ETC)技术规程	DG/TJ08-2159—2015	上海市工程建设规范	上海市路政局、上海市公路学会主编,上海亚太计算机信息系统有限公司、上海长江智能数据有限公司、上海电科智能系统股份有限公司、上海市城市建设设计研究总院、上海公共交通卡股份有限公司参编	2015.06.01
12	公路大中修工程设计技术规程	DG/TJ08-2191—2015	上海市工程建设规范	上海市路政局主编,上海市城市建设设计研究总院、上海兰德公路工程咨询设计有限公司参编	2016.05.01

3. 上海市市政公路行业协会标准（表8-3）

上海市市政公路行业协会标准　　　表8-3

序号	标准号	标准名称	施行日期	备注
1	SZ-15—2001	上海市公路工程质量检验评定标准	2002.01.01	被DGJ08-119—2005替代，已失效
2	SZ-16—2004	上海市高速公路联网收费系统技术要求	2004.09.01	待修订，并升级成市工程建设规范
3	SZ-18—2001	高速公路监控、通信、收费、供电和照明系统维护规程	2001.04.01	待修订，并升级成市工程建设规范
4	SZ-21—2002	公路沥青路面养护技术规程	2002.07.01	被DB31/T 489—2010替代，已失效
5	SZ-24—2006	公路大中修工程质量检验评定标准	2006.08.01	已列为市工程建设规范，在编中
6	—	上海市高速公路路网视频系统暂行技术条件	2002.11.01	主要内容被SZ-G-B08—2008替代
7	SZ-30—2002	公路水泥混凝土路面养护技术规程	2003.05.01	被DB31/T 489—2010替代，已失效
8	SZ-32—2003	高速公路专用通信网语音互通技术规定	2003.09.01	待修订，并升级成市工程建设规范
9	SZ-35—2004	上海市高速公路网电子不停车收费（ETC）车道布设技术要求	2004.05.01	被DG/TJ08-2159—2015替代，已失效
10	SZ-36—2004	公路绿化养护技术规程	2004.06.01	被DG/TJ08-2167—2015替代，已失效
11	SZ-40—2005	公路桥涵养护规程	2005.05.01	待修订，并升级成市工程建设规范
12	SZ-46—2005	上海市高速公路联网收费、监控应急和通信系统操作规程（试行）	2005.10.01	待修订，并升级成市工程建设规范
13	SZ-G-D01—2007	公路沥青路面预养护技术规程	2007.02.01	被DG/TJ08-2176—2015替代，已失效
14	SZ-G-B01—2007	上海市高速公路交通监控系统联网技术规范	2007.03.01	待修订，并升级成市工程建设规范
15	SZ-G-B04—2007	公路基层、路基地聚合物材料补强加固技术规程	2007.12.01	专项技术标准

续上表

序号	标 准 号	标 准 名 称	施 行 日 期	备 注
16	SZ-G-B05—2007	上海公路桥梁限载标准	2007.12.01	待修订,并升级成市工程建设规范
17	SZ-G-B07—2008	上海市公路规划技术导则	2008.06.01	待修订,并升级成市工程建设规范
18	—	上海市公路行业技术标准体系	—	被上海市道路工程标准体系替代
19	—	上海市城镇化地区公路工程技术标准	2013.01.28	已列为市工程建设规范,在编中
20	—	公路机电系统维护质量评定标准	2014.03.28	待修订,并升级成市工程建设规范
21	—	上海市高速公路节能降耗(照明)暂行技术要求	2016.05.01	待修订,并升级成市工程建设规范
22	—	公路附属设施养护规程	2017.04.01	待修订,并升级成市工程建设规范
23	SMETA/T-06—2012	沥再生®预养护应用技术规程	2012.03	上海市市政公路行业协会,参编
24	SMHTA/T-07—2012	水泥—乳化沥青混合料应用技术规程	2012.07	上海市市政公路行业协会,参编

第九章
上海高速公路行业文化建设

第一节　高速公路行业文化的孕育

一、高速公路行业文化的源泉

自中华人民共和国成立以来,尤其是改革开放以来,上海公路建设有了巨大发展,公路文化建设也随之成长繁荣。在公路建设和维护的历程中,积淀着几代公路人自力更生、艰苦奋斗、顽强拼搏、无私奉献的精神本色,他们用智慧和汗水架起了上海公路的基本骨架,谱写了上海公路的创业史、奋斗史。与此同时,也形成了公路行业的文化。高速公路行业文化是在这基础上的传承和发展。

公路行业文化是一种客观存在的文化现象,它随着公路事业的发展而发展,与公路相伴而生,共其始终。公路行业文化作为一种具有丰富内涵的亚文化,是公路行业软实力的体现,它对于增强公路行业内部的凝聚力、提升公路行业社会的影响力、促进公路事业又好又快地发展有着日益重要的作用。公路作为社会公益性的项目,具有网络性、动态性和服务性,公路人在提供公路设施产品和服务产品过程中,锤炼与凝聚了行业思想、精神、价值、道德和行为规范,由物质转化为精神,又由精神反哺于物质,两者融合、推动,铸造了当今的公路行业文化。

公路行业文化具有凝聚、导向、激励、约束等基本功能,体现出"内聚人心,外塑形象"的作用。长期以来,公路行业文化坚持社会主义先进方向,发扬行业艰苦奋斗、不畏艰险、勇于创新、无私奉献的精神,崇尚以人为本、以车为本、爱岗敬业、文明服务宗旨,认真履行"三个服务",营造安全、通畅、便捷、和谐的公路交通环境,形成了较为完备的公路行业文化体系,为行业发展提供了强有力的支撑。公路行业文化是行业精神、制度建设和物质文明的总和,也是高速公路行业文化的核心,体现在行业价值观、发展理念以及为行业前行的原动力上。

二、高速公路行业文化的催生

"国运昌,文化兴"。改革开放给上海公路事业注入了强大动力。沪嘉高速公路以中国"零的突破"为上海高速公路的腾飞插上了翅膀,沪嘉、沪杭、沪宁三条高速公路的建成标志着上海高速公路的起步。同时,上海公路管理体制、机制从过去政事不分、事企一体、管养一家的计划经济管理模式转变为市场经济管理模式,实现了政事分开、事企分开、管养分开,高速公路建设、养护、运行与管理的模式也随之发生巨大变化。

伴随其前行的公路行业文化也发生了裂变,如何在跨越式发展和提升服务能力中进一步巩固和发挥文化引领作用,在原有基础上使行业文化成为蕴藏和不断创新行业发展的源泉,是构建高速公路行业文化建设的长远目标,也是形成行业竞争力的关键因素。在传统公路行业文化的基础上,以改革、开放、进取、发展为主要内涵的高速公路行业文化应运而生,并在业内逐步得以推广。

高速公路行业文化为公路行业文化的重要分支,它既保持着公路行业文化的传统内涵,又增添了改革形势下新的文化元素与色彩。高速公路具备一般公路普遍的服务属性,同时又具有自己特有的属性——快捷性,市域内1小时可以抵达;网络性,路路相通,信息相连;经济性,收费通行。据此,高速公路行业文化建设具有鲜明的开放性、包容性和多元性等特质。

第二节 高速公路行业文化的特点

一、公益文化的特点

高速公路所提供的是一种基础性社会公益"产品",是社会各界及人民群众随时都可享用的"社会产品"。作为公益文化的高速公路网络形态,高速公路设施的环境氛围、窗口面貌,管理的组织机构、制度建设,公路精神和高速公路人的文明形象,对内是一种无形资产,对外也是一个品牌、一种社会财富。它无时不在、无处不在,对往来于高速公路上的人们的思想意识和生产生活产生无形的影响,起着引导和教育的作用。

二、畅通文化的特点

"养好公路,保障畅通"是全国公路道班门前的一副对联,也是公路文化的灵魂和文化凝聚、价值融合、功能发散的根本。因此,上海高速公路机构把"养好公路,保障畅通"作为公路人的本职意识并贯穿于日常的建、养、管、征中,树立"人人都是公路形象,处处都是公路窗口"的思想。在构建上海"15分钟进入、30分钟互通、60分钟抵达"的高速公路网的基础上,向社会承诺:"高速公路收费道口在缴费高峰时段开足所有车道,6秒完成发卡,18秒完成出票;车辆抛锚,接报后20分钟内牵引排障队伍赶到现场处置;发现影响行车安全的坑塘,24小时内修补;在不影响前方道路畅通的情况下,收费车辆排队在主线长度超过1公里免费放行,匝道排队至主线免费放行"。同时,通过情报板、政务微博"乐行上海""路线图"以及公路服务热线12122,准确发布运行信息,及时提供信息咨询。

三、安全文化的特点

"以人为本,安全为天",公路大桥、隧道桥梁都承载着南来北往的车辆与旅客,它关系到国家财产及人民生命安全。上海高速公路信守"畅通是天职,安全是使命"的管理理念,围绕着高速公路的通行安全,在建设规划、设计、施工、养护、监理、规费征收、路网调度、事故施救等各个环节,落实安全管理措施;在高速公路的硬件设施(如安保工程、标志标线等)建设和环境氛围、管理体制、组织结构、制度建设、公路精神以及职工的文明风貌、行为举止的约束和规范中,紧扣保证安全的宗旨和理念,如上海长江隧道的立体逃生系统、上海长江隧桥的健康监测系统和养护人员上路作业"五禁""十必须"等,有效地掌控大型、特大型工程结构健康,同时确保养护作业的安全规范。

四、科技文化的特点

改革开放以来,上海的高速公路建设以前所未有的速度向前推进。在此过程中,上海高速公路围绕复杂的软土地基和建设环境,积极探索推动科技与经济紧密结合的有效途径,逐步形成了稳定、持续、长效的科技成果推广机制,不断完善以政府为引导、生产建设(施工)单位为主体、科研机构和高等院校为支撑、中介机构为纽带的科技成果推广体系,有力地助推了一批重大的高速公路建设项目建设技术水平跻身世界先进行列。上海的高速公路建设集中体现了公路科技的进步。

五、服务文化的特点

高速公路是支撑地方经济协调发展、促进生产力合理布局、沟通城乡、保障国家安全和社会稳定的基础性、先导性产业,也是重要的生产性服务业和消费性服务业。上海的高速公路机构坚持"以人为本、以路为本"的大服务理念,系统地打造"美在路上"的公路文化品牌,通过在全行业开展寻找"最美路政人"活动,开展6位行业劳模及先进典型代表调研和宣传,在上海《劳动报》等进行通讯报道和故事连载,弘扬路政人的高尚情操,以全方位满足人民群众出行时走得快、走得好、走得舒适的出行需求。长江隧桥和沪宁公司等运行服务企业,通过开展"微笑服务""三恰服务"(在最恰当的时间、最恰当的地点、提供最恰当的服务),着力提高一线文明服务水平,以微笑传递真情,以"三恰"彰显价值,使"微笑服务""三恰服务"内化为全员文明修养,外化为企业形象和竞争力,打造出享誉全国的微笑高速品牌。收费窗口的一张张笑脸、一次次恰当服务成为高速公路上的一道靓丽风景线。

六、廉洁文化的特点

为政清廉,为路清廉,是党和人民寄予公路部门的厚望和要求。近些年来,上海的高速公路管理机构把落实"两学一做"等学习教育活动与行业文化建设有机结合,立足行业实际,围绕"五个服务"和"六有"建设目标,围绕"为民务实清廉"主题,按照"照镜子、正衣冠、洗洗澡、治治病"的总要求,严格执行"八项规定"和"四条禁令",及时处理纠风办公室的投诉,组织审计整改和历史遗留工程项目销项推进工作。上海市路政局及各区(县)道路管理机构班子成员坚持带头带队开展巡路,到整治路段现场蹲点,督导工作开展,借此巩固全行业服务于民的统一目标。开展"寻找身边最美党员"等主题宣传,实现用身边党员的模范事迹教育人、感染人,指引行业广大党员"不忘初心,共同奋进"。通过常态化的思想教育和制度体系的规范,使高速公路战线的员工,尤其是党员领导干部要经得起诱惑,管得住小节,耐得住清贫,不为物累,不为名惑,不为利迷,一身正气,两袖清风,做人清白,处事清廉。"十二五"期间,上海市路政局先后被交通运输部命名为"第三批交通运输文化建设示范单位"(2012年)、"2012—2013年度全国交通运输行业文明单位"。

第三节　高速公路行业文化建设的具体实践

一、在高速公路工程建设中推进行业文化建设

1. 开展重大工程的党建工作

建设单位为加强管理,除设置业务会议制度、检查制度等方式外,同步建立党建联席会议制度,即由建设单位牵头,召集施工、监理单位党组织组建临时性党建组织,称之为"党建联席会议"(以下简称"联席会议")。联席会议商量研究工程建设中的党建工作,发挥党组织在工程建设中的核心作用,发挥党员先锋模范作用,确保工程按时、按质、按量完成。这一形式自20世纪90年代开始就在一些项目中推行,后不断注入新的内容,使其不断丰富完善。例如:2005年9月长江隧桥工程正式动工,建设单位上海长江隧桥建设发展有限公司开展了"党组织联席会议"活动,主题为:以工程建设为核心,通过签订合作协议方式,搭建党组织联席会议平台。参建单位党组织除接受所在单位上级党组织领导外,另与建设单位党组织结成联席会议机制,围绕创建精品工程、品牌工程,开展文化建设。其中以树立优质工程为核心,开展创品牌工程活动;以工程优质、干部优秀为要求,抓法制文化建设;以关爱生命、营造施工安全为内容,抓安全文化建设。通过"党组织联席

会议"平台,参建单位围绕工程建设,创立了"与长江隧桥工程同光辉"主题,开展了党建"双优"、文明工地创建、青年人才培养、凝聚力工程、综合治理等工作。

2. 开展重大工程"双优"活动

建设单位组织各参建单位普遍开展"工程优质、干部优秀"的"双优"活动,建设单位、施工企业通过与项目所在地检察机关签订廉政共建协议的形式,引入监管机制,健全合同管理和关键岗位、关键人员的管理,组织开展警示教育,预防经济犯罪行为发生。充分发挥党组织的战斗堡垒作用和党员先锋模范作用,结合党员先进性教育和主题实践活动,加强理想、信念、道德教育,以树立起"将职业当作事业干"的敬业爱岗精神。在加强干部队伍管理方面,推行项目管理干部的聘任制、竞聘制以及年轻干部一线挂职轮岗制,制定并不断完善岗位责任制、检查考核制、奖惩制等,实行动态管理与长效考察相结合的管理机制,在建设一线的艰苦环境中培养和教育干部,不断提升建设团体的整体素质。

3. 开展劳动竞赛活动

1996年上海市政府批转市重点工程实事立功竞赛领导小组发布的《上海市实事重点工程立功竞赛管理暂行规定》,标志着上海立功竞赛活动走上了规范化、常规化、制度化的轨道。高速公路建设项目以建设单位为主,会同参建单位组建赛区(属综合赛区级),加入全市的重点工程实事立功竞赛活动中。

高速公路赛区在建设时期主要为工程建设赛区。建设单位组织参建单位一起制定活动规划、规则,活动期间召开动员大会进行全员发动,安排年中、年终检查考核,或按工程节点安排检查考核,其间开展竞赛推进、小结、交流等。上海市公路管理处作为政府主管高速公路建设的执行机构,负责高速公路建设立功竞赛活动组织、协调、推进等工作。各高速公路建设单位根据赛区安排并结合建设项目实际,由党委领导,工会牵头组织,相关部门参与,组织各参建单位开展以工程质量、工程安全、文明施工、工程进度、平安双优、节能创新为主要内容的重大工程建设立功竞赛活动,行业内简称为"六面流动红旗"竞赛。

4. 开展精品工程建设活动

高速公路建设项目大多为市府重点工程、实事工程。建设单位、设计单位、施工单位、监理单位等十分重视工程质量。通过开展精品工程建设活动,形成了政府监督机制、市场竞争机制、社会舆论监督机制和业主检查、企业自检等合力管理的平台,营造了各方共同追求创建精品工程的良好氛围。在高速公路精品工程建设规程上,设定管理程序,提高质量标准,参建单位从各自的工程角度开展规范化管理,全面建章立制。建设单位牵头,重点抓规范工程劳务分包,杜绝工程转包,规范工作程序与审批程序;遵循"严查、严处、严管"的原则,对工程质量开展检查;对列入政府采购范围的材料、设备,严格按政府采购程序办理,由业主、总承包单位与供应商签订供需合同,内部管理按招标流程进行。通过不断完善管理体系,预防质量事故。建设单位编制质量管理办法,明确工程质量目标、流程、措施、办法等,涵盖工程全过程、各环节,优化施工方案与技术措施。高速公路建设工程大多有技术顾问组与专家组,建设单位组织他们开展工程跟踪施工方案的研讨、评审、现场督导,不断优化技术方案与施工方案。建设单位还委托第三方进行独立复查,确保关键部位和工程细节的质量。在原材供应和构件制作的质量控制方面,建设单位高度重视,严禁将不合格材料应用到工程中。参建单位始终保持高度负责的质量意识,遵守质量管理的一系列标准、规定。加强对管理人员和施工人员的质量意识教育,强化施工人员上岗考核和教育培训,建立健全质量管理保证体系和组织机构,明确目标,厘清职责,健全制度,规范程序,按照"以工序保分项,以分项保分部,以分部保单位,以单位保总体"的质量创优保障原则,对首件工程的各项质量指标进行综合评价,有效预防和纠正了后续生产可能发生的各类质量事故。

二、在高速公路运行管理中推进行业文化建设

1. 开展高速公路收费窗口服务竞赛活动

高速公路收费窗口竞赛活动围绕着"强素质,树形象",开展"五比五赛"活动,即比服务环境,赛整洁优美;比服务设施、赛安全便捷;比服务品质,赛仪态仪表;比服务水平,赛技术技能;比服务管理,赛常态长效。这一竞赛活动一直被认为是公路行业的一项重要工作,以提高行业服务水平,推进行业文明建设。2002年,沪杭高速公路开展了服务"窗口"技术操作赛活动,分为收费服务赛、牵引服务赛、环境保洁赛三个项目。收费服务赛要求以出票速度和售票无差错为主要内容,牵引服务赛以"二快一优"(出车快、排障快、服务优)为主要内容,环境保洁赛以清扫效率和保洁程度为主要内容。竞赛运用日登记、周统计公布、月考核的方法,并辅以定期或不定期的随机明察暗访,采取动态操作和静态管理相结合方式进行竞赛。2003年,全行业组织了收费窗口职工业务技能操作比赛,200名收费职工参加书面测试、普通话演讲、点钞识钞、车型识别和电脑操作以及队列操五个项目比赛。2004年主管部门举行收费窗口技术操作大比武(图9-1),高速公路收费窗口职工一举夺得了"队列操、普通话、点钞识钞、识别车辆、快速出票、清障牵引"五大项目比赛中92%的奖项,囊括了所有项目的第一名。2006年,各高速公路公司组织开展了高速公路收费服务窗口"四优"(优美环境、优质服务、优良形象、优化管理)立功竞赛。各公司设计创建活动载体,充实立功竞赛内涵,理顺服务与管理流程,推出便民利民措施。当年有10个窗口和20名职工分别获得2006年度公路行业"特色岗位"和"服务明星"荣誉称号。

图9-1 高速公路行业组织收费员队列操比赛

2008—2009年,高速公路收费赛区制作"让'工人先锋号'旗帜在交通窗口飘扬"腰带,张贴于高速公路收费窗口,号召市"工人先锋号"集体成员佩戴徽章,自觉接受市民监督;举行迎世博倒计时200天工作推进会,提出"全力以赴战200天,优质服务奔世博"口号,开展业务技术操作比赛;竞评"五岗十星",即特色岗位、服务明星、"十佳"好事活动。2010年,高速公路窗口服务推行岗位大练兵活动,组织职工做到每人每周肢体语言操练不少于半小时,全月不少于2小时;每人每周"双语"学习时间不少于1.5小时,全月不少于6小时,以实际行动服务世博会。同时选拔了30名收费员支援世博会门票销售与管理。迎世博期间,上海市公路管理处以"当好主力军、建功世博会、展示新风采"为主题,在上海公路168个窗口、近5300名职工中大力开展"五比五赛"活动,取得了良好效果。

2.践行"四字"(畅、洁、绿、美)养护理念

(1)公路养护质量"四字"标准的提出。1991年初,交通部在"国省干线GBM工程实施标准"中提出了"畅、洁、绿、美"的公路养护质量标准:"公路沿线要因地制宜,采取多种措施和手段,突出一个'畅'字,保持一个'洁'字,实现一个'绿'字,注重一个'美'字。基本达到路、景、物交织协调,构成流畅、安全、舒适、优美的公路环境。"

"GBM工程"即公路标准化、美化工程。"GBM工程"实施的主旨,是为满足国家经济建设日益发展和对外交往的需要,改善和提高国、省干线公路的养护和管理水平,并以此推动我国公路标准化、美化建设进程。它要求公路新、改建工程和养护工程必须符合部颁有关设计、施工和养护技术标准、规范,体现公路自身的建筑美。"GBM工程"总体上要求公路养护无差等路,年平均好路率保持在90%以上,并应具有较大抗灾能力。桥梁保障安全畅通。公路全线常年保持与中心线相适应的流畅、顺适、鲜明的分车道线、路缘石线、路肩外缘线等公路特征线形。公路养护与公路管理工作实现规范化。"GBM工程"对路面、路基、桥涵等构造物、沿线设施、绿化、管理等,都有明确要求。

(2) 公路养护质量"四字"标准的贯彻。1995 年 3 月,交通部发布了"国家干线公路文明建设样板路实施标准"。它在 GBM 工程的基础上提出了新的要求:禁止乱设站(卡)、乱收费、乱罚款(行业称之为"三乱"),包括乱设置非公路交通用标志标牌,控制公路建筑红线,制止并清理违章建筑,提出文明施工养护要求,设置收费站点要求。文明样板路建设也融合了"畅、洁、绿、美"的元素。

1998 年 6 月,上海市公路管理处下发了《上海公路 GBM 工程实施细则》,后又下发了《关于进行国省干线 GBM 工程检查评定的通知》,对 GBM 工程实施作了细化,其操作性更强。针对建设文明样板路下发了一系列文件,从施工、养护、窗口服务等各个方面围绕"畅、洁、绿、美"四字提出行业要求。上海市公路管理处在公路建设、养护、运行、收费的各个环节都提出了一系列相应规定与要求。行业管理机构与高速公路项目公司签署了年度责任书,明确"畅、洁、绿、美"养护目标。年度两次检查考核,日常不定期检查,通过简报、会议进行总结、整改。"畅、洁、绿、美"四个字,贯穿于公路建设、养护、管理各个方面。很快,这四个字为行业所接受,深深地扎根于行业中,成为行业对社会承诺与行业形象自我塑造的目标。

(3) 公路养护质量"四字"标准的成效。其一,"畅"是高速公路运行管理的首要任务。21 世纪始,上海高速公路快速发展,车流量大幅增长,收费道口拥堵时有发生,节假日、重大活动更是一堵几公里。高速公路相关部门、单位制订预案,改造部分主线收费口设施,设置双岗收费,入口排队超过 200m,快速发卡;越过 300m,采用手撕票;拥堵 1000m,免费放行。这些办法都不同程度缓解了拥堵。2009 年时,开始实施电子不停车收费系统(ETC),排堵效果较为明显。其二,"洁"是高速公路路况路貌的管理要求,包括路面平整、清洁、附属设施完好等。值得一提的是,公路"迎世博三年整治行动"活动,提升了高速公路路况水平。即 2007—2009 年通过 3 年整治,高速公路 90% 以上路段平整度达到 IRI≤2m/km,整治路面 162km,更换标志,清理非公路标志广告,整治沿线环境,优化绿化景观,使高速公路全网路容路貌有了改善。至 2014 年底,全市高速公路技术状况指数(MQI)为 94.80,路面使用性能指数(PQI)为 92.85,优良率为 88.14%。其三,"绿"是高速公路绿化常青的环境体现。公路绿化自 20 世纪 90 年代起发生了较大变化。上海市制定了《1990—2000 年上海郊区公路绿化规划意见》,提出了公路绿化的奋斗目标。之后,绿化种植位置、品种有了改变,扩大了绿化空间范围,改变了绿化断面,增加了绿化层次。沪嘉高速公路荣获上海市造林绿化"十佳道路"的称号,沪嘉高速公路管理所被评为上海市"花园单位"。2000 年后新建的高速公路种植了抗病虫害能力强,能适应公路交通环境,易于养护的绿化,形成了点成景、线成荫、片成林的绿色通道。2000 年,上海市市政工程管理局提出了以高标准实施国家绿色通道工程,对联系江、浙两省的沪宁、沪杭高速公路进行了绿化改造,品种增加,面积扩大,乔木、花灌木、草坪相间,层次丰富,体现了上海公路形象,改善了上海城市环境。其四,"美"是高速公路路况路容的整体展示,交通环境"美"。随着社会对高速公路交通环境渴望度的提高,也随着政府对交通环境投资不断增加,公路行业更加注重对公路交通环境的关爱和美化,从人、财、物加大投入,精心养护,努力营造公路交通亮丽景观。

高速公路传递着日新月异的信息和文明,它的职能本身就决定了高速公路运营管理中企业文化建设的不可替代性。"畅、洁、绿、美"四字,既是对公路标准化、美化的一种简述,又是行业管理的规范要求。多年来,公路行业已经将其融入养护管理中,作为行业追求的永恒主题,始终为之奋斗。

3. 推广实施公路预防性养护工作措施

预防性养护概念是在20世纪80年代提出的,是一种周期性的强制保养措施,旨在更好保持道路的使用性能,延长其使用寿命。从运营治理和经济技术的角度,选择适当的时机和适宜的路段,根据路况和养护标准而采取保全措施,是一种费用效益最佳的养护手段。它反映的是一种循环渐行、和谐发展的哲学思想,把事物放在周期性、全方位的角度考虑,最后赢得效益最大化。它的优点是:养护成本低,在路面寿命使用周期内,支出费用少,公路使用寿命长,确保公路通行能力。

2007年12月,上海市公路管理处下发了《上海公路预防性养护管理工作指导意见》(以下简称《指导意见》)。《指导意见》对预防性养护作了较为详尽的要求,在适用范围、指导思想、各类设施要求、预防性养护管理、效果评估等方面都作了规定。文件下发后又组织了多次宣贯,请院士专家作技术报告,上下形成了"预防为主,防治结合"的共识。于是行业内从公路建成交付使用那天起,预防性的养护即开始了,对路面、路基、边坡、桥梁、绿化、附属物等,依其属性开始日复一日的精心养护,每年定期不定期"体检",细心呵护,防微杜渐。一年两次养护检查、考核。两三年后,路面起"毛"了,有细缝了,进行贴缝、雾封层、稀浆封层、微表处、超薄层罩面等。这种日常性的"保健"维护着公路的"畅、洁、绿、美"。预防性养护工作由普通公路起步,在取得实践经验的基础上,推广运用到高速公路上。

三、通过行业精神文明建设推进行业文化建设

1. 开展公路文明工地建设

公路文明工地创建活动始于1990年初,2000年后逐步推广。上海市市政工程管理局于2001年3月转发了上海市公路管理处《上海市公路设施大中修工程创建文明养护工地的实施办法》。文件规定了文明工地创建的组织领导、创建要求、考核标准和申报程序等。2001年4月,上海市公路管理处制定了《上海市公路设施大中修工程创建文明养护

工地实施办法(试行)》。2002年6月,印发了《上海市公路设施大中修工程文明养护工地管理办法》。这三个文件都适用于高速公路养护工程,明确规定:上海公路工程创建文明养护工地从施工管理、安全管理、质量管理、环境保护、卫生防疫、宣传教育和资料管理七个方面进行考核,符合条件的单位必须申报文明工地。公路文明工地创建活动一直沿袭至今,创建率达到100%,达标率80%。

公路文明工地创建工作受到各级领导高度重视,并成立了相应组织。市、区两级公路管理部门有专门部门负责,建设单位、养护单位设立专门部门管理,形成"横向到边,竖向到底"的管理网络。各级十分重视发挥示范引领作用,抓典型、树样板,以点带面,推广先进。对存在问题的工地,开具整改单子,实行"一票否决"制。管理部门严格按照标准与规范,开展定期不定期检查。施工、养护单位自检,管理部门复检。对于未能通过复查的单位,限期整改,对于落选单位,取消其他荣誉评比资格。检查部门采取明察暗访,多方监督,被查单位丝毫不敢马虎。公路文明工地的创建活动,为上海城市环境文明作出了贡献。

2. 开展公路文明道班建设

文明道班创建活动始于20世纪80年代,先在上海市公路管理处南翔工区试点,随后全行业推广,统一完善了全优道班考评办法。1993年12月,上海市公路管理处下发了《关于开展争创"文明道班"的考评办法》,内容包含巡查制度、养护质量、计划管理、安全生产和班级建设五个方面,1994年起试行。高速公路养护管理也开展了文明道班活动,以推动养护与道班管理。

进入21世纪,文明道班创建活动深入开展。2002—2006年,推出了一星级文明道班评选活动。2006年后,推出了二星级文明道班评选活动。总分在90分以上,并在公路诚信养护、道班创新管理、班级民主管理、职工"双型"(学习型、智能型)活动中的至少一个方面创出特色、亮点和明显成果的可评为二星级文明道班。

3. 开展公路文明行业创建活动

2001年,上海公路行业按照交通部要求启动了文明行业的创建活动。上海市公路管理处成立了文明行业创建工作领导小组与工作小组,开展调研与部署。2003年,以"三学四建一创"为主要内容的全国交通系统文明行业创建活动在上海市公路行业深入开展。2003—2005年,上海公路行业曾两次荣获"全国交通系统文明行业"称号。同期,以公路为主体的市政道路收费服务窗口社会满意度指数测评,已连续两年在全市34个窗口行业中排名第三。2007年,以公路为主体的市政道路收费服务行业被市文明委命名为"上海市规范服务达标先进行业"。2009年,上海市市政道路(公路)服务行业在全市窗口行业中排名上升了2位,在迎世博600天城市服务文明指数测评中,行业文明指数为84.66,名列服务窗口的前列。1997—1998年,上海市公路管理处首次荣获了上海市市政工程管理局文明单位称号。1999—2000年,荣获了市文明单位称号,至2008年时已获市级文明单位"五连冠"。下属6个单位(派出机构)分别获得上海市"工人先锋号""市重点实事立功竞赛先进集体""迎世博服务贡献奖"等文明创建荣誉,高速公路联网收费结算中心获得"全国巾帼文明岗"称号。广大收费员工爱岗敬业,树立起良好的行业形象。

"十二五"期间,收费窗口开展了以"文明·感动上海"为主题的交通行业道路窗口"迎国检、树形象"微视频大赛,全市所有的收费窗口全员参与。通过开展窗口服务"五比五赛"活动,涌现了如G40"全国劳模吴尔愉带教示范岗""五心服务""5S服务"等一批特色服务示范岗及服务明星。唐争艳是沪杭高速枫泾站收费员,她凭着十几年工作经验,总结出了收费岗位"简易八字法",即"迎、看、输、辩、算、补、递、送",将收费服务的微笑服务表现得十分完美。

第四节　上海高速公路行业文化建设的理论创新

一、《建设纲要》主要内容

2006年1月,上海市公路管理处经历时两年的课题研究,对本行业的文化建设进行了专题总结研究,并在行业中开展深度调研和广泛讨论、听取意见的基础上,发布了《上海公路行业文化表述(第一部分)》。2009年,以此为蓝本正式颁布实施《上海公路行业文化建设纲要》(以下简称《建设纲要》)。

《建设纲要》将公路文化建设作为凝聚、引领、支撑、保障、推动公路事业发展的动力;对公路文化建设的重要性、上海公路文化定义、特征作了详尽表述;回顾总结了上海公路文化发展的历程和现状,提出了文化建设的基本纲领,它无疑为新时期上海公路文化建设奠定了基础。《建设纲要》结合公路行业的实际,提出了公路行业文化建设的基本思路:一是推进物质文化建设。就是要贯彻落实科学发展观,不断提高建管养征工作水平,并做好环境和视觉识别系统开发工作,运用形象建设手段,营造行业整体文化氛围,提升行业形象和影响力。二是完善制度文化建设。就是要建立规范完善的制度体系和科学有效的激励制约机制,加大制度文化建设力度,提高行业管理的科学化水平。三是强化精神文化建设。就是要通过全员性行业文化研究,设计、挖掘和弘扬行业精神内涵,形成公路职工共同遵守的行业核心价值观和行业理念,塑造行业"灵魂"。四是规范行为文化建设。就是要大力推进行为管理标准建设,抓好员工的行为养成规范,倡导并推进良好的行业风气建设。

二、《建设纲要》实施措施

1. 高速公路物质文化建设工作措施

公路物质文化是通过"路"和"桥"等载体所体现出的良好物质形态而向社会展示的公路行业优美形象,体现的是通过视之有物、闻之有声的具体事物而表现出的一种具有海派风貌、品格等象征概念的物质化要素。研究和实践上海公路物质文化,其目的是贯彻科学发展观。一是要研究和制定公路事业发展的科学措施。开展前瞻性规划,合理布局路网,注重功能性建设,注重生态与环保,提高路网效益,加强公路行业监管,为公路长期发展打好基础。二是要贯彻安全第一的服务理念。深入开展平安创建活动,建立完善桥梁运行监控机制和养护管理机制;加强对公路路面及特大型桥隧设施的动态监控,确保公路设施始终处于受控状态;优化设计改进高速公路引导标志和信息指示牌,杜绝行车安全隐患。三是要树立"安、畅、舒、美"的环保理念。依托文明工地、文明样板路、文明道班创建活动,加大环境建设考评力度;依托改善公路窗口服务设施等手段提高公路服务水平;依托信息技术、网格化管理实现公路交通管理、应急处置、路政受理等功能的集约化管理。四是要坚持严格至上的质量理念。在公路建设、养护作业和交通出行上,严格质量责任制,进一步做好危桥、险桥整治,分类强化公路日常养护,确保公路通行质量。

2. 高速公路制度文化建设工作措施

高速公路制度文化是上海公路在"建、管、养、征"等日常工作中建章立制及其"遵规守纪"所构成的规范化体系。加强制度文化建设,以协调公路发展诸要素关系为核心,围绕建设公平公正、规范有序的公路法制环境,力图建立起健全、规范、完善、公正的法制体系,最终达到依法管理公路的法制水平。

3. 高速公路精神文化建设工作措施

高速公路精神文化是公路行业的核心文化,包涵公路行业的核心价值观、行业使命、行业愿景和行业精神。主要做好工作:一是要进一步加强"凝聚力工程"建设。密切党群干群关系,营造政通人和、昂扬向上的良好氛围,形成精诚团结、凝神聚力、合力向前的局面。二是要不断拓宽、深化公路服务宗旨。转变政府职能,加强公路市场监管,完善行业管理,牢固树立公路人"勇于开拓、敢于争先"的进取观和"三个服务"理念,共同塑造"以国立志,以人立情,以公立德,以法立行"的公路人品格,弘扬"人在路上,路在心上"的公路人奉献精神,进一步提升上海高速公路的总体服务水平。三是要深入开展行业精神文明建设活动。推进文明单位、文明行业创建工作,继续做好"特色岗位""青年文明号""服务明星""精神文明十佳好事""文明单位"等推优评选工作,不断提升"安畅舒美的设施形象,文明规范的服务形象,公正廉洁的执法形象,服务公众的社会形象"。四是要努力实现上海高速公路发展目标,即打造优质公路精品,塑造优秀公路队伍,铸造优良公路品牌,营造优化交通环境。

4.高速公路行为文化建设工作措施

高速公路行为文化是组织运作中产生的实践文化、活动文化,是广大职工在上海公路的建设、养护、管理中所产生的文化现象,包括公路职工的生活方式、实际行为、工作态度、工作价值等。行为文化建设重点体现在:一是要组织开展各类宣贯活动。坚持开展《上海公路行业收费服务窗口职工知晓内容汇编》等各类宣贯活动。二是要推进公路窗口服务规范。梳理上海公路窗口相关服务规范,道口售票要做到"唱收唱找,准确快速",道口检票要做到"热情主动,应检不漏"。三是要不断提升路政执法水平。制定上海公路路政人员行为准则,秉公执法,纪律严明,进一步提升公路路政执法水平。四是要强化行为规范和准则。制定管理人员行为准则,大力践行爱岗敬业、诚实守信、服务群众、奉献社会的职业道德;制定养护作业人员行为准则,不断完善各类作业制度,生产检查验收制度、路况巡查等制度,提高公路养护水平;制定领导行为准则,树立领导成员"政治素质好、工作业绩好、团结协作好、作风形象好"的"四好"标准;制定团队文明规范,树立创新意识,完善服务措施,创新服务方式,拓展服务功能,提高服务能力;制定文明道班标准,提出设施养护标准、施工作业规程、服务质量要求,提升公路路况与服务水平。

三、《建设纲要》贯彻成效

通过落实《建设纲要》提出的上述四方面的文化建设要求,使上海高速公路行业文化建设呈现出开放性、创造性,实践性、制度性的特质,并以行业文化将精神文明与物质文明有机融合起来,为行业开创"内练素质,外树形象"奠定了发展基础。值得一提的是,多年来全行业开展了丰富多彩的文化建设活动,如编写礼仪读本、开展读书活动、组织摄影采风、组织大型文艺会演与体育赛事,还开展了文艺创作活动等。上海市公路管理处两次荣获"全国交通系统先进单位"和"上海市文明单位"五连冠的殊荣。2013年被交通运输部命名为"第三批交通运输文化建设示范单位"。

第五节 公路行业文化"六个一工程"建设

一、"六个一工程"主要内容

1.一本书——《上海公路行业文化建设纲要》

对全面贯彻落实科学发展观,学习实践社会主义荣辱观,推进创新型行业与和谐行业建设,实现上海公路事业又好又快发展的要求,具有提纲挈领的指导作用。该书共分8章26节,共计3.3万字。

2. 一套手册——《上海公路行业文化手册》

是面向所有上海公路行业从业人员统一行为规范和操作指南,重在实用性,以简要文字、精彩图片浓缩公路行为文化的精华,展示上海公路行业文化研究和建设成果。《手册》一套为五册,分别是《上海公路行业文化手册》和《窗口服务》《路政管理》《养护管理》《行政管理》四个单篇。《手册》分为六个部分近万字,把上海公路行业文化的精髓、行业从业人员行为规范、必须了解的基本常识以及上海公路行业旗、上海公路人之歌和公路路徽内涵诠释囊括其中。四个单篇分别对四个岗位人员的岗位规范、服务标准、服务要求、服务礼仪等作了详细的要求。

3. 一个路徽——公路路徽

公路路徽内涵诠释:路徽的视觉图形、内涵寓意、文化意义等多维视角,形象地表述了公路路徽的文化韵意、文化特质、核心精神,剖析了"大道之行,公为天下"的内涵、寓意和精神境界。

4. 一面旗帜——上海公路行业旗帜

上海公路行业旗帜设计底色为"白色","路徽"和"上海公路"字样均为红色;"Shanghai Highway"为蓝色,旗帜整幅画面由红、蓝、白三个基本色元素构成。白色:代表公路人的纯洁、质朴,甘当"铺路石"的品质和传统,表示一张"白纸",可在上面描绘最美的蓝图,象征上海公路改革发展日新月异和美好未来的发展空间;红色:代表着国家对公路的管理;蓝色:公路的标志色,寓意管理和服务,同时体现了上海海纳百川的地域文化特质。

5. 一首歌——上海公路人之歌

上海公路人之歌主题突出,立意深远,旋律激昂。集"敬业创新、和谐发展"上海公路行业精神,融"建管养征服务人民,安畅舒美奉献社会"上海公路行业宗旨,描绘上海公路行业发展目标、远景,唱出了上海公路人用热血和激情为民铺路造桥,保障城市交通的神圣职责。

6. 一个展示馆——上海公路展示馆

上海公路展示馆设有前言、上海公路历史沿革、建设与管理、科技成果及应用、党建和精神文明建设成果、领导关怀、先进代表、发展远景展望等九大版块。内有展板、实物、情景再现、多媒体影音资料等,展示上海公路行业60年发展历程。它将成为行业的爱国主义教育、公路人文历史和员工职业教育的基地。

"六个一工程"建设在全行业推广后,得到了广泛的宣传和响应,行业单位利用灵活多样的方式,让职工参与其中,形成了浓郁的上海公路行业文化建设氛围,进一步夯实了上海公路行业文化建设的基础。

二、"六个一工程"融入发展

1. 公路行业文化的有机融合

上海市路政局成立后,上海公路(包括高速公路)为其主要业务之一。上海市路政局有机融合了包括"六个一工程"在内的公路行业文化的内涵,策划出台了《市政公路行业文化建设行动实施计划》(以下简称《实施计划》),在原来公路行业文化建设的基础上,突出了市政公路行业的凝聚力和核心竞争力,以提高整个行业职工队伍素质。《实施计划》执行时间为2012—2017年。

2.《实施计划》的主要内容

坚持行业核心价值观:以人为本,服务民生,车畅其流,乐行上海。在文化建设方面提出了"一个轴心,六个配套"的重点工作。一个轴心,即把握制度设计和制度规范这个"轴",以此为基点,开展各项文化建设。六个配套:建立健全各类制度规范,着力加强学习型行业建设,深入开展群众性先进建设活动,发展符合实际的品牌服务,创设制作行业文化产品,大力开展主题实践活动和切实做好新闻宣传工作。《实施计划》出台后,在行业内各类文化建设活动蓬勃兴起。

第六节 高速公路行业文化建设的具体案例

一、高速公路行业文化品牌塑造

高速公路文化品牌是公路精神和文化价值的重要载体,是公路行业社会形象的标志和象征,也是公路行业文化发展的风向标。打造高速公路文化知名品牌形象,发挥典型引路的示范作用,激发公路职工的工作热情,从而实现社会的认同、队伍的归属、力量的整合。上海高速公路在文化建设方面进行了一系列深入研究和积极探索,取得了一定成就,有效提升了行业发展的软实力,助推和保障公路事业实现了历史性突破和跨越式发展。

二、长江隧桥企业文化品牌范例

1. 长江隧桥企业文化构建背景

(1)长江隧桥企业的运行特点。上海长江隧桥建设发展有限公司,是因承建上海长江隧桥工程而成立的项目公司。其企业运行的显著特点主要体现在:一是企业生命周期短。按照现行国家有关法规,重大工程最长运营周期为25年,这就决定了项目公司生命周期的不可延续性。二是企业阶段任务重。项目公司的职能决定了它"前紧后平"的运行势态,阶段性的任务特点决定了项目公司不可能像其他企业以满负荷的运行状态度过企业的整个生命周期。三是企业理念传承弱。项目公司不存在初始企业的沿革,项目公司人员一般也不是原有成建制团队的转制,这就决定了项目公司企业理念只有借鉴性,而缺乏传承和厚实的底蕴。

(2)长江隧桥企业文化建设特点。公司在又好又快地推进工程建设的同时,践行"以人为本、创新求实、相融共进、和谐工程"的企业文化建设,形成了"与长江隧桥工程同光辉"的价值取向,体现了长江隧桥特色的"四个特别能",即特别能吃苦、特别能创新、特别能拼搏、特别能奉献的精神。2008年11月,长江隧桥公司荣获"全国交通企业文化建设优秀单位"称号。

2. 长江隧桥企业文化建设举措

(1)突出精神文明建设引领,强化党建文化建设。重大工程建设事关国计民生,离不开党的领导,离不开发挥党组织的政治核心作用。项目公司企业文化建设更离不开所在党组织的领导。长江隧桥公司党委结合工程实际、队伍特点,积极开展"党组织联席会议",突出精神文明建设主体,强化企业文化建设,使党委处于企业文化建设的政治核心地位,同时通过重点工程立功竞赛、工人先锋号、青年突击队等活动,发挥工会、团委在工程建设中面广、人多、能量大的作用,与公司行政形成合力,在学习"洋山精神"的同时,勇于实践、善于创新,赋予了重点工程立功竞赛、青年突击队等许多新的元素,使党建文化不断出新、与时俱进,呈现出勃勃的生命力。

一是围绕中心,搭建平台。以工程建设为纽带,通过签订合作协议的方式,整合资源,搭建党组织联席会议的平台,使参建单位党组织受所在单位上级党组织和工程建设指挥部办公室党组织双重领导,以创精品、创品牌为内容,抓品牌文化建设;以关爱生命、营造安全施工环境为内容,抓安全文化建设;以工程优质、干部优秀为要求,抓廉洁文化建设,实现了以优质工程、优美环境、优良秩序、优秀文化为主要标志的企业文化理念,文明程度显著提高。

二是确立主题,目标引领。以工程建设为核心,通过大党建载体,开展"与长江隧桥工程同光辉"党建主题活动,在全面推进工程建设中,围绕"与长江隧桥工程同光辉"党建主题,公司党委坚持每季组织一次工程"党组织联席会议"活动,每次活动都紧扣工程建设实际,选定一个专题进行互相交流、探讨和学习,强化了整体发挥参建单位的党组织在长江隧桥工程建设中的政治核心作用,并有效凸显参建共产党员的旗帜引领作用,扩大党的影响,丰富了企业文化的实战。

三是规范内容,细化流程。以"大工程、大思路、大家办、大联动"来开展企业文化建设、精神文明工作。通过"党组织联席会议"的组织,开展立功竞赛、党建"双优"、文明工地创建、青年人才培养、凝聚力工程、综合治理等工作。每次党组织联席会议的组织流程可概括为"申办、确定、暗访、明展、众评、共进"六个具体步骤,即先有参建单位党组织申报活动专题,联席会议针对工程的"热点",决定活动的承办方,然后围绕专题内容进行现场摄像暗访。会上先请承办者主讲,然后播放暗访录像,组织与会者评议讨论,最终形成共识,体现了博采众长拓思路、各展特色共进步的主旨。

四是创新形式,相融共进。以工程建设为聚焦,通过紧扣工程建设的重点、难点、热点和充分展示各参建党组织精神文明建设最新成果、最优活动形式两条工作主线,寻找精神文明建设与企业文化建设的最佳结合,将党组织联席会议开到工程建设的第一线,贴近工程、贴近党员、联系群众、联系实际,以上海长江隧桥建设发展有限公司党委为主导,以各参建单位党组织为主角,以第一线党员建设者为主演,每季度定期召开一次联席会议,每一次联席会议在"与长江隧桥工程同光辉"的同一主题下,有针对性地设立不同的活动内容。如2008年3月20日,公司召开了第八次党组织联席会议暨2008年立功竞赛动员大会,紧紧抓住"必须赶在台风来临前实现大桥主体结构合龙"这个特殊的时间要素,确立上半年精神文明建设、立功竞赛的主题,明确了工程建设目标,进一步构建起以"优质安全保贯通"为纽带,上下同心抓精神文明和企业文化建设的良好运行体制。

(2)大力培育廉洁从业理念,深化廉洁文化建设。廉洁文化是以廉政为思想内涵,以文化为表现形式的一种文化形态,是廉政建设与文化建设相结合的产物,反映了先进企业文化的价值取向,是企业文化建设的重要内容。长江隧桥工程的建设目标是要打造成为世纪精品工程、上海景观工程和廉政自律、勤政高效的阳光工程。公司把党员干部作为廉洁文化建设的主要参与者,积极发挥他们对职工群众的教育、引导和影响作用,大力培育廉洁文化理念,为创建"双优工程"奠定坚实的思想基础。

一是以党员干部为对象,大力培育廉洁文化理念。开展"讲党性、重品行、作表率"主题教育活动,增强政治坚定性。利用中心组、组织生活会、报告会和专题讨论会等多种形式,组织党员干部重点学习党课材料,通过公司局域网、宣传板块、专题讲座、廉政图片展、警示教育片等形式,让党风廉政教育深入人心。深入开展党风警示教育,筑牢拒腐防变的思想道德长堤。公司以中层以上干部为重点,开展"以案说纪,以纪论理"讨论活动等多种形式,鞭策党员干部在纷繁复杂的工程建设环境中自觉筑牢拒腐防变的党纪国法防线。

二是以工程建设为重点,大力普及廉洁文化规范。公司结合工程建设实际,把普及廉洁文化规范融入"与长江隧桥工程同光辉"为主题的大党建工作内容,明确了廉洁文化规范的"四看"和"三落实"的量化要求。"四看"是:一看廉政责任书的签约情况;二看标段项管部党支部的作用发挥情况;三看加强规章制度建设情况;四看纪检监察规范运作和成果效应。"三落实"是:一要抓好标段项管部各项制度的落实。对违规现象和问题,必须查明情况、分析原因、分清责任、严肃处理。二要抓好建制堵漏措施的落实。着力构建长效管理机制,防止同类问题屡查屡犯、纠而复生。三要抓好领导干部自律和他律规定的落实。

三是以特色活动为载体,大力营造廉洁文化氛围。公司紧紧围绕"优化、净化长江隧桥工程建设环境"这个中心主题,以"七个不准"为载体,以"党务、厂务公开"为落脚点,完善民主监督,进一步构建党内外监督体制,形成了"人人思廉、人人促廉、人人保廉"的廉洁文化氛围,密切了党群、干群关系,有力地促进了公司的廉洁文化建设。结合工程建设实际情况,有针对性地堵漏建制。员工在下工地(标段)时被严格要求"三公开"和"四不准",即公开身份、公开职责、公开办事事项;不准吃请、不准拿物(钱)、不准打牌(与客户)、不准参加客户安排的娱乐活动。建设工程项目也从招标、开工、验收、评估、审定、报批等各个环节制定了严密的阳光操作程序,并严格按程序办事,取得了积极的工作成效。

(3)结合重大工程建设实际,优化管理文化建设。优化管理文化建设是推进长江隧桥工程又快又好建设的有力支撑。长江隧桥公司在管理文化建设中建立科学决策程序,强化运行管理机制,以达到价值共守、精神共通、情感共融、荣辱共担的理想境界,促使长江隧桥工程在稳步推进中凸显特有的风格,保持持续发展的动力。

一是高起点确立企业文化主题。长江隧桥工程以其重要的时代意义被交通部列为重点工程,由政府为主导,组建了由副市长任总指挥,市政府副秘书长及上海市城乡建设和交通委员会主任、上海市城市规划管理局、崇明县等有关委、局领导任副指挥或指挥部成员的工程建设指挥部,确保工程一开始就得到了各级领导的高度重视。公司认真贯彻上海市委、市政府及交通部给工程建设的定位,确立了"以人为本、创新求实、相融共进、和谐工程"的企业文化建设目标,把企业文化作为促进工程建设与管理的重要内容之一,并快速渗透到工程建设的全过程。

二是高标准夯实企业文化基础。2004年12月28日长江隧桥工程正式启动后,公司就把企业文化建设同施工组织、建设管理一起列为策划重点,聘请15位著名专家组成长江隧桥工程专家顾问组,对企业文化建设给予理论支持、技术指导和咨询服务,提出了"与长江隧桥工程同光辉"的实践目标,并按照这一策划理念,成立了企业文化建设推进小组,明确总经理为第一责任人,建立了党政工团齐抓共管、各参建单位协作配合、职责明晰的责任落实机制。同时,本着"整体规划、全面展示、分步实施"的原则,策划开放了"长江隧桥建设陈列馆"这一浓缩企业文化精神的爱国主义教育基地。

三是高效能快速形成文化氛围。围绕"安全第一、质量创优、稳步推进、好上加好"的整体工作要求和"与长江隧桥工程同光辉"的思想,公司与参建单位两级企业文化部门到现场蹲点,对企业文化建设分阶段、分重点进行细部策划,将先进的社区文化、时尚的场馆文化引入工地,场地建设体现规范化和园林化。在劳务工生活区建立了民工学校、阅览室、活动室、电视房、洗浴房、洗衣房等生活设施,食堂、生活区、草坪、卫生间都设置漫画或温馨提示语,潜移默化地培养员工生活情操,提高全员素质。

（4）弘扬敢为人先创业精神,强化创新文化建设。上海长江隧桥工程是当时世界上最大的隧桥结合工程,也是一项科技含量高、施工工艺要求高和工程施工风险高的"三高"工程。公司成立以来,坚持将创新型企业文化作为企业和工程建设的核心与灵魂和始终不渝执着追求的目标与信念。

一是抓住重点,突破瓶颈。确定重点项目和重点课题,建立 QC 小组,组织专门力量进行攻关,实施技术突破。长江隧桥工程 B4 标项经部承担了长江大桥主通航孔两侧等 4 个多亿的艰巨施工任务,是大桥水上施工的聚焦点和攻坚点。通过科研攻关战胜了工期紧、技术含量高、体系转换复杂、运架风险大等严峻的挑战,实现了我国桥梁建设史上"百米长梁"的新跨越。

二是凝练成果,及时申报。在工程建设期间,长江隧桥公司出版了一本英文工程论文集并申请发明专利,完成市级工法等,体现了科技创新对推进工程建设、提高施工效率、完善设施功能的实际作用。长江隧桥工程建设的技术、经验和科技创新的亮点,成了国际业界关注的焦点。

三是持续推进,科技引领。围绕国家 863 科技攻关项目"超大特长越江盾构隧道关键技术研究"的各研究子题的调研、基本理论分析、试验和现场测试及应用工作,立足工程建设和行业领先,聚焦高素质人才队伍,以工程建设、课题研究为平台,打造一支年龄、职称、学历等结构合理,具有创新思想和创新精神,充满活力、团结合作的学术梯队。

（5）倡导和谐互助优良传统,美化家园文化建设。员工是企业的主体,是参与工程建设活动、决定工程建设成效最直接、最根本、最活跃的因素。建设精品工程,首先要建设好一流的员工队伍。这是开展企业文化建设的要求和基础。公司针对长江隧桥工程地处乡村孤岛、远离都市、员工生活单调的实际,通过工地家园文化建设,把温暖带给每位建设者,不断用健康向上的文体活动充实和丰富建设者的文化体育娱乐活动,增强企业的凝聚力。

一是开办建设者夜校,关爱员工助发展。公司为提升外来务工人员的素质,使之成为讲文明、守纪律、懂技术、有理想的新一代市政工人,公司统一部署各标段开办了务工人员夜校,根据"外来务工人员缺什么就补什么"的原则,请相关专业人员系统地讲授法制、安全、技术等知识课等。同时,各标段都与外来务工人员签署《维权承诺书》,确保外来务工人员的合法权益不受侵犯。投入大量资金,推进外来务工人员"住宿公寓化、洗澡淋浴化、饮食餐厅化"系列工程,外来务工人员的宿舍管理普遍推行"五个一"标准,即：一盆花、一幅画、一条线（洗漱用品）、一张（鞋）柜、一块（值日）牌等。

二是热心社会公益,唱响和谐发展主旋律。汶川发生强烈地震后,公司开展了"情系灾区重建家园,立足隧桥创建新功"活动,广大职工包括参与工程建设的外籍专家积极响应。2007年8月,公司援建了云南省广南县那洒镇法门坎希望小学。

三是开展文体竞赛活动,建人文和谐型企业。根据长江隧桥工程文体资源比较稀缺的实际,公司开展了"全力奋战一百天,优质安全保贯通"百日竞赛文体系列活动,用健康向上的文体活动不断充实和丰富员工的文化体育娱乐活动。和谐发展已成为一种无形的凝聚力,使公司领导班子把全体员工紧密地团结在一起,在工程建设的各项工作中争创一流。

3. 长江隧桥企业文化建设品牌

(1)长江隧桥企业文化建设的主要实质。长江隧桥公司的企业文化建设,是项目公司开展企业文化建设的探述,是集现有高速公路行业若干种企业文化建设模式的组合,是高速公路行业文化的延续和创新。主要实质体现在以业主(政府)的最高要求为目标,统领项目的建设宗旨,满足社会和人民的需求。

(2)长江隧桥企业文化建设的主要内涵。用优秀的文化创建团队,在建设者中昭示以荣为荣、以耻为耻的价值判断标准,形成推动工程建设的强大合力;突出精神文明建设主体,强化企业文化建设,发挥好参建单位各级党组织在企业文化建设的政治核心作用。

(3)长江隧桥企业文化建设的构建体制。以工程建设为纽带,通过签订合作协议的方式,整合资源,搭建"党组织联席会议"的平台,加大企业文化建设力度,掌控企业文化建设。重大工程具有重要而广泛的社会影响,在建造地就是一座精神丰碑,是一部弘扬社会新风的精彩教材。重大工程建设项目公司的企业文化建设,不仅是建设过程中不可或缺的思想政治教育的任务,也是在推进工程建设过程中必须解决好的重大政治课题。

附录一

上海高速公路建设大事记

1984 年

12月21日,沪嘉高速公路工程开工,1988年10月31日建成通车,全长15.9km,是首先建成的中国第一条高速公路。1991年12月8日,沪嘉高速公路(东延伸段)工程开工,1993年12月28日工程建成,全长2.7km。

1985 年

5月23日,莘松高速公路工程开工,1990年12月22日建成通车,全长20.6km。
10月,上海市公路管理处高速公路管理所成立。

1986 年

2月26日,中日双方技术合作项目——"沪宁高速公路可行性研究"日方调查团和作业监理组共11人,来沪开展工作。

1989 年

12月,"粉煤灰填筑高等级公路路堤项目"获得"上海市科技进步一等奖"。

1990 年

3月,上海市公路管理处沪嘉高速公路管理所、莘松高速公路管理所成立。

1991 年

5月,上海市公路管理处编制完成《上海市公路建设"八五"计划和十年规划设想》。

1992 年

5月,上海市公路管理处编制完成《"三环十射"快速干道规划》。
7月2日,上海市建设委员会组建的市公路网规划编制工作小组编制完成《1991—2020年上海市公路网规划》。

1993 年

1月18日,沪宁高速公路(上海段)工程开工,1996年9月15日建成通车,全长

26.04km。

1994 年

3月18日,奉浦大桥工程开工,1995年10月26日建成通车,全长2201.8m,主桥宽18.6m,引桥宽18.1m。

4月1日,徐浦大桥工程开工,1997年6月24日建成通车。桥长6017m,宽35.95m,主塔高217m。

9月,上海市公路管理处编制完成《上海市公路交通"九五"计划和2010年长远规划》。

12月,嘉浏公路(一期)工程开工,1999年8月中旬建成,全长17.3km。

1995 年

6月,同三国道(上海段)新卫公路工程开工,1996年11月15日建成通车,全长20.9km。

7月12日,莘奉公路中段(肖金公路—亭大公路)工程开工,1996年12月中旬建成,全长7.74km。

10月17日,上海市政府颁布《上海市奉浦大桥经营管理办法》。

11月27日,上海市公路管理处沪宁高速公路管理所成立。

1996 年

1月20日,沪杭高速公路(上海段)松江至金山枫泾工程开工,1998年12月29日与浙江段同步建成。沪杭高速公路全长150.7km,上海段(松江—金山枫泾)长27.6km。

5月20日,大亭公路工程开工,1997年8月29日建成通车,全长46.33km。

5月20日,上海市政府颁布《上海市沪嘉高速公路专营管理办法》。

7月15日,城市外环线(一期)东引桥收费处至杨高路工程(徐浦大桥东段配套道路工程)开工,1997年6月中旬建成,全长5.44km。

9月18日,城市外环线(一期)朱梅路至龙吴路工程(徐浦大桥西段配套道路工程)开工,1997年6月中旬建成,全长2.27km。

9月20日,上海市政府颁布《上海市徐浦大桥专营管理办法》。

10月15日,上海市公路路政管理大队成立。

11月23日,上海市公路管理处与同济大学合作研究的"上海市公路路面、桥梁管理系统"以及上海市公路管理处与上海市政工程研究所合作研究院的"加筋粉煤灰挡墙的研究"荣获"上海市科学技术进步二等奖"。

12月18日,上海市政府颁布《沪宁高速公路(上海段)专营管理办法》。

12月,"上海市公路路面桥梁管理系统"荣获"上海市科技进步二等奖"。

1997年

2月20日,莘奉公路南段(大亭公路—奉拓公路)工程开工,12月30日建成,全长7.34km。

3月中旬,莘庄立交桥工程开工,1998年11月3日建成。立交桥南北长1700m,东西宽1600m,共设置20条匝道。

4月8日,上海市公路管理处外环线公路管理所成立。

4月15日,迎宾大道(一期)工程开工,1998年6月建成,全长2.49km。

7月和12月,奉浦大桥分别荣获"中国建设学会鲁班奖"和"中国市政工程金杯奖"。

10月9日—11日,交通部赴沪组织干线公路养护与管理工作大检查。

12月,交通部经汇总通报全国干线公路养护与管理工作大检查情况,上海市位列全国第一。

12月,莘奉公路北段(外环线—奉浦大桥)工程开工,1998年12月24日建成,全长11.20km。

12月,沪宁高速公路(上海段)入城段被评为"上海市市政工程金奖"。

1998年

4月,城市外环线(一期)工程南干线环南一大道(杨高南路—环东二大道)工程开工,1999年9月13日建成,全长10.61km。

5月12日,上海市公路管理处沪杭高速公路管理所成立,同时撤销上海市公路管理处莘松高速公路管理所。

5月23日,迎宾大道(二期)工程开工,1999年9月14日建成,全长9.49km。

6月,上海市公路管理处编制完成《1991—2020年上海市公路网规划》。

6月,莘奉公路西延伸段(新卫公路—杭金公路)工程开工,12月下旬建成,全长3.01km。

8月,城市外环线(一期)浦东段工程荣获"上海市市政工程金奖"。

12月,沪杭高速公路上海段(松江—枫泾)工程获得"上海市道路示范工程""上海市市政工程金奖"。

1999年

1月18日,上海市市政工程管理局、上海市公路管理处编制完成《"153060"高速公路网规划》。

5月1日,外环高速公路蕰川路立交开工,2001年9月24日建成通车。立交桥东西长2km,南北长1.8km。

7月28日,《上海市高速公路网规划(1999—2010年)》由上海市市政工程管理局和上海市城市规划管理局联合上报上海市政府办公厅。该"规划"在上海市委七届四次全会上被列为重点实施的"三大战役"(高速公路、轨道交通、环保)之一。

9月1日,外环高速公路(二期)浦西段(沪嘉高速公路以北0.2km界河桥—外环隧道)开工,2001年12月20日建成通车,全长18.03km。

9月,上海沪嘉高速公路实业有限公司、上海沪宁实业有限公司、上海沪杭高速公路实业有限公司成立。

9月,同三国道(上海段)北段33km、港新段14km工程开工。

11月2日,上海市公路管理处与上海市市政工程院合作研究的"对旧桥承载力快速检测、评价和加固技术"获得"上海市科技进步三等奖"。

11月6日,上海市人大常委会第十四次会议表决通过《上海市公路管理条例》,标志着上海公路管理有了执法依据。

11月,上海沪嘉高速公路实业有限公司、上海沪宁高速公路实业有限公司、上海沪杭高速公路实业有限公司整建制划归上海市政养护管理有限公司。

12月,同三国道(上海段)码头段工程开工,2000年12月中旬建成,全长2.88km。

12月,上海市公路管理处、上海市政工程研究院合作的沪宁拓宽改建"公路改造路基路面关键技术研究"科研项目获得"上海市科技进步二等奖"。

12月,"旧桥承载力快速检测评价和加固技术研究"获得"上海市科技进步三等奖"。

12月,沪杭高速公路上海段(松江—枫泾)工程被评为"上海解放五十年十佳市政工程"。

12月,外环高速公路莘庄立交桥工程获得"中国市政工程金奖""上海市优秀设计一等奖"。

12月,"钢质波纹板通道的研究"获得《国家知识产权局实用新型专利证书》。

2000年

1月2日,上海市市政工程管理局编制完成《上海市公路建设"十五"计划和2015年远景目标》。

1月18日,嘉浏高速公路二期(嘉西立交—新浏河大桥北桥台)开工,2001年12月20日建成通车,全长10.34km。

1月25日,沪嘉浏高速公路(二期)项目招商,由上海城建(集团)公司和上海茂盛企业发展有限公司中标,并获得沪嘉浏高速公路(二期)的建设和25年运营、收费权。

1月下旬,嘉浏一级公路(一期)工程获得"上海市市政工程金奖"。

3月31日,上海市计划委员会、上海市建设委员会和上海市市政工程管理局在锦沧文华大酒店联合召开上海市高速公路网项目招商信息发布会,公布上海市政府9条招商优惠政策。

4月7日,上海市公路管理处高速公路管理署成立。

4月29日,上海市公路路政管理大队高速公路路政中队成立。

4月,沪青平高速公路东段(沪青平外环立交—中春路)工程开工,2001年4月建成通车,全长4.2km。

7月26日,上海市市政工程管理局颁布《上海市高速公路招商项目监管暂行规定》。

10月10日—13日,交通运输部全国干线公路养护管理检查组对上海市干线公路养护与管理工作进行检查。

11月,沪金高速公路(莘庄立交—山阳立交)工程开工,2002年12月27日建成通车,全长56.43km。

12月,外环高速公路莘庄立交桥工程获得"建设部优秀设计一等奖""全国第九届优秀工程设计银奖"。

12月,迎宾大道工程、环南一大道工程、浦东国际机场主进场路工程、嘉浏公路一期工程获得"上海市第六届市政工程金奖"。

2001年

1月1日,同三高速公路立交匝道工程开工,2002年11月22日建成。引道长573.22m,连接同三高速公路立交桥共长1194.78m。

1月20日,沪青平高速公路同三立交工程开工,2002年10月30日建成。

1月,交通部办公厅印发《关于2000年度全国干线公路养护与管理工作检查情况的通报》,上海公路养护与管理工作总评分位列全国第一名。

3月15日,上海市地方标准《高速公路监控、通讯、收费、供电、照明工程质量检验评定标准》(DB31/T 257—2001)发布。

4月8日,外环线二期浦东段(外环隧道—徐浦大桥)工程开工,2002年10月26日建成通车,全长31.1km。

4月,上海绕城高速公路(同三段)大港立交工程开工,2002年12月27日建成。其中新建的同三国道(上海段)主线长2km,沪杭高速公路(上海段)改建拓宽段东西长1.5km。

10月11日,交通部发布《公路沥青路面养护技术规范》(JTJ 073.2—2001)。

11月12日—13日,交通部组织华东区专家组对上海市高速公路养护管理工作进行检查。

11月24日,沪青平高速公路中段(朱枫立交—中春路高架)工程开工,2002年12月18日建成通车,全长27.96km。同日,上海市高速公路实现联网收费。

12月7日,上海绕城高速公路北环段(郊区环线西段—同济路高架)工程开工,2004年12月31日建成通车,全长38.78km。

12月,外环线市政配套绿化(环南段、迎宾大道)工程获得"上海市市政工程金奖"。

12月,"体外预应力在水泥混凝土预应力连续箱梁上的应用研究""拉、压双作用预应力混凝土梁的研究"获得"上海市科技进步三等奖"。

12月,"大城市周边区域高速公路网规划方法与应用研究"获得"上海市科技进步三等奖"。

12月,交通部、公安部和国务院纠正不正之风办公室公布,经过7年时间的治理,上海率先在全国实现所有公路基本无"三乱"。

2002年

1月,交通部下发《2001年度全国高速公路养护管理工作检查情况的通知》,上海高速公路养护管理位列直辖市第一名,全国第十名。

3月18日,上海市市政工程管理局与上海路桥发展股份有限公司签订了《沪杭高速公路上海段特许经营合同》。

3月,沪芦高速公路北段(外环线环东二大道立交桥—南果公路)工程开工,2004年12月建成通车,全长34.72km。

6月,上海市市政设施养护维修网上交易中心正式挂牌成立。

12月19日,上海市高速公路交通监控中心、联网收费结算中心和应急指挥中心建成开通。

12月26日,新卫高速公路(新农镇—金山卫镇)工程开工,2005年12月建成通车,全长21.35km。

12月26日,上海绕城高速公路南环段(新农立交—莘奉金高速公路)工程开工,2005年12月建成通车,全长28.12km。

12月,亭枫高速公路(沪杭高速公路枫泾立交—新农立交)工程开工,2005年12月建成通车,全长12.32km。2006年7月28日亭枫高速公路改线段(新农立交—江苏省界)建成通车,全长7.65km。

12月31日,上海市市政工程管理局颁布《上海市公路桥梁养护管理暂行规定》。

12月,沪青平高速公路(入城段)外环线立交工程获得"中国市政金杯奖示范工程"。

12月,沪青平高速公路(入城段)外环线立交工程、入城段高架路工程获得"上海市市政工程金奖"。

12月,外环线同济路立交及北延伸段工程、外环线同济路立交高架路工程、外环线蕰川路立交工程、外环线丰翔路立交工程、嘉浏高速公路新柳河大桥工程被评为"上海市市政工程金奖"。

12月,"大型沉管隧道混凝土管段制作工法"被评为"国家级工法"。

12月,"大型沉管隧道混凝土管段裂缝控制研究"获得"上海市科技进步二等奖"。

12月,"大型沉管隧道干坞施工技术与稳定性研究"获得"上海市科技进步三等奖"。

12月,迎宾大道至远东大道立交工程获得"上海市科技进步三等奖"。

12月,"嘉浏高速新柳河大桥节段地面预制、机上悬挂拼装工艺"获得"上海市科技进步三等奖"。

2003 年

1月27日,"高等级道路桥头引道沉降处理辅助决策研究"获得"上海市科技进步三等奖"。

1月,上海绕城高速公路东南环段(沪金高速公路—南汇区与浦东新区交界处)工程开工,2005年12月建成通车,全长50.70km。

4月23日,嘉金高速公路一期(嘉定—北青公路)工程开工,2004年9月4日建成,全长12km。

4月24日,上海公路网站正式开通。

5月,沪芦高速公路南段(南芦公路沪芦高速公路主线跨线桥—东海大桥)工程开工,2005年12月建成通车,全长7.59km。

6月21日,采用沉管法施工的外环隧道(浦东三岔港—浦西吴淞公园附近)建成通车,全长2.88km,其中隧道段长1.88km。

9月25日,嘉浏高速公路(上海绕城高速公路北环段立交—市界浏河大桥)拓宽改建工程开工,2004年9月26日建成,全长12.21km。

10月10日,上海市十二届人大常委会七次会议公布《关于修改〈上海市公路管理条例〉的决定》。

10月,沪青平高速公路西段(朱枫公路立交—江苏省界)工程开工,2007年12月建成通车,全长16.65km。即时沪青平高速公路全线建成通车,全长27.96km。

12月31日,嘉金高速公路二期(北青公路—莘奉金高速公路)工程开工,2007年2月19日建成通车,全长53km。

12月31日,"上海浦东国际机场主进场路及航站区道路工程设计技术研究"获得"上海市科技进步三等奖"。

12月,上海市城市外环线(浦东段)二期工程获得"中国市政金杯示范工程""上海市市政工程金奖"。

12月,上海市外环线同济路立交及高架道路工程获得"中国市政金杯示范工程"。

12月,嘉浏高速公路二期工程获得"上海市市政工程金奖"。

12月,"大型沉管隧道工程技术研究"获得"上海市科技进步一等奖"。

2004年

6月11日,交通部发布《公路养护安全作业规程》(JTG H30—2004)。

6月,上海绕城高速公路东环段(南汇区界河—长江隧桥)工程开工,2009年10月30日建成通车,全长24.6km,标志着全长190km的上海绕城高速公路全线贯通。

12月28日,上海长江隧桥(浦东新区五号沟—崇明县陈家镇)工程开工,2009年10月31日建成通车,全长25.5km。

12月,外环高速公路(环东大道)被命名为"上海市文明样板路"。

12月,同三国道上海段(青浦—金山)、莘奉金高速公路西段、莘奉金高速公路南段连续跨线桥工程获得"上海市市政工程金奖"。

12月,沪青平高速公路同三国道立交桥工程、沪青平高速公路跨沪杭铁路立交桥工程获得"上海市市政工程金奖"。

2005年

2月16日,上海茂盛企业发展有限公司召开股东大会,通过股权变更决议,上海公路建设总公司被引入。上海绕城高速公路(南环段)被上海市政府收回收费经营权。

3月1日,上海市公路路政管理大队更名为"上海市公路路政管理总队"。

7月30日,上海市公路管理处成立高速公路路政管理大队。

9月1日,闵浦大桥工程开工,2009年12月31日建成通车,全长4km。

9月14日,上海市城乡建设和交通委员会发布上海市工程建设规范《公路工程施工质量验收规范》(DGJ08-119—2005)。

10月28日—11月2日,交通部全国干线公路养护管理检查组对上海市干线公路养护与管理工作进行检查。

12月,"公路改造路基路面关键技术研究"获得"上海市科技进步奖二等奖"。

12月,"城市出入口和高速公路交通信息化研究与应用"获得"上海市科技进步三等奖"。

12月,沪芦高速公路(北段)工程、上海绕城高速公路(东南环段)工程、嘉金高速公路一期工程获得"上海市市政工程金奖"。

2006年

4月20日,交通部发布《关于"十五"全国干线公路养护管理工作检查情况的通报》,

上海市干线公路养护管理工作获得直辖市第二名和高速公路第二名。

8月8日,上海市政府办公厅转发上海市市政工程管理局《关于市政道路设施迎世博三年整治行动计划实施意见的通知》。

10月28日,沪宁高速公路上海段(同三国道跨线桥—江桥收费站)拓宽改建工程开工,2008年12月建成,全长21.5km。

10月,上海外环线、沪青平高速公路、延安高架西段联动诱导试点工程建成投入运行。

12月,上海市公路管理处编制完成《上海公路"十一五"(2006—2010年)发展规划》《上海公路"十一五"养护管理发展规划》《上海公路"十一五"交通信息化发展规划》。

12月,沪芦高速公路(南段)工程获得"上海市市政工程金奖"。

2007年

1月,上海实业集团接管沪杭高速公路(上海段),上海城市建设投资开发总公司接管嘉金高速公路,由经营性高速公路转为政府还贷高速公路。

3月15日,长三角三省一市高速公路联席会议在上海召开,建立了"长三角区域联网ETC示范工程"省市联席会议制度。

3月30日,外环线噪声治理(一期)工程浦西段全线施工,同年9月30日建成,声屏障全长11.88km。

9月18日,交通部批准《长三角区域(苏、浙、沪、皖)高速公路联网电子不停车收费实施方案》。

9月28日,申嘉湖高速公路上海段(浦东机场南进场路—浙江省界)工程开工。南进场路段和出省段分别于2008年3月26日和2009年3月1日建成通车。2009年12月31日全线建成通车,全长83.5km。

9月28日,沪常高速公路上海段(上海绕城高速公路同三段—省境淀山湖收费站)工程开工,2010年3月13日建成通车,全长7.81km。

9月,上海市政府原则通过由上海市公路管理处制定的《上海市高速公路命名和编号调整工作实施方案》。

12月,上海市公路管理处编制完成《上海市干线公路网规划修编》。

12月,"公路沥青路面预防性养护技术"获得"上海市科技进步三等奖"。

2008年

7月31日,上海市公路管理处召开"上海公路迎世博加强市容环境建设和管理600天行动责任书签约大会"。

7月,上海市市政工程管理局作出《关于收回上海沪青平高速公路建设发展有限公司沪青平高速公路收费经营权的决定》。

10月12日,上海市市政工程管理局印发《上海市公路整治暂行规范》。

12月20日,上海公共交通卡公司开通ETC客户服务中心。

12月25日,沪杭高速公路上海段(松江立交东侧—莘庄立交西侧主线收费口)拓宽改建工程开工。2009年12月31日主线收费站建成通车。2010年3月附属工程完工,全长18.07km。

12月26日,沪陕高速公路(上海段)重要工程节点的崇启通道(上海段)工程开工,2011年12月24日建成通车,全长30.74km。

12月31日,上海市高速公路电子不停车收费系统正式开通运行,并在沪青平高速公路汾湖收费站开通与江苏不停车收费试联网。

12月,"长三角区域高速公路交通信息互通项目"完成并投入运行,实现跨省市高速公路网运行信息互通和联动诱导。

12月,上海市公路管理处编制的《公路技术状况评定标准》获得"中国公路学会科学技术奖二等奖"。

12月,"上海长江大桥通航孔布置关键技术"获得"上海市科技进步三等奖"。

12月,上海市公路管理处会同上海市政规划设计研究院编制完成《上海市省界连接道路规划》。

12月,《上海长江隧道工程(大直径长距离盾构隧道即同步施工工法)》被评为"国家二级工法"和"上海市市级工法"。

12月,《上海长江隧道工程(高水位下大直径盾构出洞段施工工法)》被评为"国家二级工法和上海市市级工法"。

12月,《上海长江隧道工程(超大直径盾构推进施工工法)》被评为"国家二级工法"和"上海市市级工法"。

12月,《上海长江隧道工程(隧道连接通道施工工法)》被评为"国家二级工法"和"上海市市级工法"。

2009年

1月12日,上海市政府办公厅颁布《上海市政府办公厅转发市建设交通委关于加强本市高速公路管理意见的通知》。

5月11日,上海市城乡建设和交通委员会颁布《关于贯彻落实〈上海市政府办公厅转发市建设交通委关于加强本市高速公路管理意见的通知〉的通知》。

9月,上海公路服务热线"12122"开通投入运行。

11月28日,上海市高速公路与安徽省高速公路实现ETC联网。

11月,上海实业集团收购申渝高速公路建设发展有限公司股权。

11月,上海市城乡建设和交通委员会印发《上海市高速公路命名编号调整及相关标志更换实施意见》。

12月17日,上海市公路路政管理总队高速公路东区路政管理大队成立。

12月,上海市公路管理处编制完成《上海市骨干道路网规划深化研究》。

12月,上海长江隧桥工程获得"上海市科技进步一等奖""上海市建设工程白玉兰奖"。

12月,上海长江隧桥工程被评为"建国60周年公路交通勘察设计经典工程"。

12月,"电子不停车收费标准体系及成套检测技术"获得"中国公路学会科学技术奖特等奖"。

12月,"高速公路运营服务质量指标体系研究"获得"中国公路学会科学技术三等奖"。

12月,沪宁高速公路(上海段)拓宽改建工程、外环线二期噪声治理工程获得"上海市市政工程金奖"。

12月,"长江口细砂路堤设计与施工关键技术"获得"上海市科技进步三等奖"。

12月,上海长江隧桥工程被评为"上海市科技进步一等奖"。

12月,"高速公路运营服务质量指标体系研究"获得"中国公路学会科技进步三等奖"。

2010年

1月,上海市城乡建设和交通委员会下发《关于同意本市高速公路收费站及服务区统一更名及命名的批复》。

2月,上海市公路管理处完成上海市国家高速公路命名编号调整及标志更换工程。

3月,完成上海市省级高速公路命名编号调整及标志更换工程。

6月11日,上海市城乡建设和交通委员会印发《上海市公路养护管理规定》。

6月28日,上海市公路路政管理总队高速公路北区路政管理大队成立,同时撤销沪宁、沪青平、沪嘉、嘉金、同三、北环等高速公路路政管理中队。

7月7日,上海市城乡建设和交通委员会发布上海市地方标准《公路路面养护技术规范》(DB31/T 489—2010)。

7月28日,上海市、江苏省、安徽省和江西省举行三省一市高速公路电子不停车收费系统联网签字仪式。

7月29日,上海市城乡建设和交通委员会颁布《上海市公路桥梁养护管理暂行规定》。

10月25日,上海市城乡建设和交通委员会印发《上海市公路设施管理综合评价体系》。

12月1日,上海市城乡建设和交通委员会颁布《上海市收费高速公路运行管理规定(试行)》。

12月,"长三角高速公路运行信息互通技术研究和工程示范项目"获得"中国公路学会科学技术三等奖"。

12月,上海公路网管理中心声讯服务电话"12122"被评为"上海市2010年最获社会公众好评的窗口行业十大服务举措"。

12月,"盾构法隧道施工测控关键技术""江海长大桥梁设计关键技术""长大隧道降温技术及应用"获得"上海市科技进步一等奖"。

12月,上海崇明越江通道(长江隧桥)工程、沪杭高速公路(莘庄—松江)拓宽改建工程、闵浦大桥主桥工程获得"上海市市政工程金奖"。

2011年

3月25日,上海市公路管理处政务微博"路线·途"正式开通。该微博第一时间发布公路运行和突发事件信息以及重大活动和公路行业相关知识。

5月12日—17日,交通运输部全国干线公路养护管理检查组对上海市国省干线公路养护管理工作进行检查。上海干线公路养护管理工作在此次国检中位列全国第十四名。

12月,上海公路服务热线"12122"被上海市总工会评为"市工人先锋号"。

12月,上海城建路桥(集团)公司首次在崇启通道(上海段)主线30.74km、108.8万m²路面运用橡胶沥青混凝土工艺,为抗变形、降噪声的橡胶沥青首次在上海高速公路成功应用。

12月,上海市公路管理处编制完成《上海市公路"十二五"行业发展规划》《上海市公路"十二五"养护管理发展规划》《上海市公路"十二五"交通信息化发展规划》。

2012年

1月1日,经上海市政府批准,沪嘉高速公路取消收费,为上海第一条取消收费的政府还贷高速公路。

3月,上海市城乡建设和交通委员会批准《公路技术状况评定规程》为上海市工程建设规范,自同年4月1日起实施。该规程由上海市公路管理处主编,上海沪杭路桥实业有限公司等单位参编。

4月27日,上海市路政局正式成立。上海市路政局在整合归并上海市市政工程管理处、上海市公路管理处和上海市道路管线监察办公室的基础上成立,将统一组织实施上海市城市道路、公路管理、路政执法和道路管线监察。

4月30日,沪嘉高速公路大修一期工程(S5嘉定城区南门收费站至S5—G1501互通立交)建成通车,工程长1.5km。

4月,"大跨度双层公路斜拉桥设计关键技术研究"通过上海市城乡建设和交通委员会验收。

8月2日,浙江省高速公路ETC系统与上海正式联网运行。至此,江苏、安徽、江西、福建、浙江、上海华东五省一市高速公路网实现ETC电子不停车收费系统的互联互通。

9月30日—10月7日,首个重大节假日高速公路免收小型客车通行费政策顺利实施。

10月31日,上海市路政服务热线"12122"统一接听市民关于高速公路、城市快速路等的路况咨询、道路救援及受理路政行业的相关投诉等。

12月,"上海长江隧桥工程建设关键技术"获得"上海市科技进步一等奖"。

12月,上海长江隧桥(崇明越江通道)工程荣获"国际隧道大奖""中国优质工程奖""中国詹天佑奖""国家科技进步二等奖"。

12月,崇启长江公路通道(上海段)工程、同三国道闵浦大桥引桥工程(10-1标)、同三国道跨横潦泾大桥改造工程获得"上海市市政工程金奖"。

2013年

1月,"高速公路视频信息互联网发布技术应用研究课题"通过验收。

4月15日,沪嘉高速公路大修工程(二期)开工,全长16.06km。起点为中环真北路分离式立交(沪嘉起点)至S5—G1501互通立交(K27+140)。2015年2月16日建成交付使用。

6月30日,沪翔高速公路工程G15立交及沪翔西辅道建成通车。

9月,"泛长三角区域高速公路应急保障体系研究"相关成果通过验收。

12月,上海市路政局被交通运输部命名为"第三批交通运输文化建设示范单位""2012—2013年度全国交通运输行业文明单位"。

2014年

2月,上海市委、市政府决定,撤销上海市城乡建设和交通委员会,组建上海市城乡建设和管理委员会、上海市交通委员会。

3月26日,上海市城乡建设和交通工作党委宣布上海市建设交通机构职能调整,上海市城乡建设和交通委员会更名为上海市城乡建设和管理委员会,上海市交通运输和港口管理局组建为上海市交通委员会。上海市路政局划入上海市交通委员会。

3月,上海市城乡建设和管理委员会颁发《公路机电系统维护质量评定标准》。

8月1日,上海市城乡建设和管理委员会颁发《公路养护工程质量检验评定标准(土建工程)》(DG/TJ08-2144—2014)。

10月17日,中共上海市交通委员会党组和上海市交通委员会联合发文,上海市路政总队从上海市路政局划入上海市交通委员会执法总队,2015年1月起按照新的管理体制运行。

10月30日,上海长江隧桥建成通车五周年之际,交通运输部部长杨传堂考察长江隧桥管控中心工程建设和运营情况,赞扬长江隧桥实时健康监控为工程和运行提供了安全保障。

11月1日,上海市城乡建设和管理委员会颁发《桥梁结构检测技术规程》(DG/TJ08-2149—2014)。

11月20日,上海市交通委员会发布《上海市收费高速公路运行管理规定》(沪交设〔2014〕805号),原《上海市收费高速公路运行管理规定(试行)》同时废止。

11月24日,上海市路政局道路(含高速公路)交通服务系统被新华社上海分社授予"十大人气应用奖"。该系统以车检器和视频等方式采集道路交通状况,通过可变信息标志、微博、网站、电视、电台及手机终端等手段,为驾驶员发布实时交通状况信息。

12月4日,"路网多元化交通数据集成及评价应用体系研究"通过验收。

12月26日,交通运输部召开电视会议,宣布北京、天津、河北、山西、辽宁、上海、江苏、浙江、安徽、江西、湖南、福建、山东、陕西14省市高速公路电子不停车收费(ETC)正式联网运行。

12月26日,"上海高速公路网交通诱导体系完善研究"获得"上海市市政工程金奖"。

12月,沪渝高速公路嘉松公路收费站综合改建大修工程获得"上海市市政工程金奖"。

2015年

7月,上海市城乡建设和管理委员会发布《隧道养护技术规程》(DG/TJ08-2175—2015)。

9月17日,交通运输部第五考核小组现场核查候选百佳示范服务区(G60枫泾服务区)及达标服务区(G40长兴岛服务区)。

10月25日—11月2日,交通运输部检查组对上海市国省干线公路养护管理工作进行检查。上海公路取得全国综合排名第三名、高速公路第三名的成绩。上海市交通委员会被评为"'十二五'全国干线公路养护管理检查优秀单位"。

12月,上海高速公路网开通运行的ETC车道达到286条,实现ETC系统路网全覆盖目标。全市ETC用户已超过58万户。

12月,上海市路政局完成《上海市道路"十三五"行业发展规划》,规划主要包括城市道路和公路五年建设规划以及道路养护运行发展规划。

2016 年

7月,交通运输部调研上海公路桥梁隧道养护管理工作。

12月,"滨海地区粉细砂路基修筑与长期性能保障技术"荣获"中国公路学会科学技术奖特等奖""国家科技进步二等奖"。

附录二

上海高速公路管理相关文件目录

一、规范性文件目录

1. 建设类文件目录（附表 2-1）

建设类文件目录　　　　　　　　　　　　　　　　　附表 2-1

序号	规范性文件名称	发布单位	发布时间
1	关于实行建设工程安全监理制度的通知	上海市建设和管理委员会	2003.08
2	上海市建筑施工企业安全生产许可证管理实施细则	上海市城乡建设和交通委员会	2006.03
3	上海市建设工程安全生产动态考核管理试行办法	上海市城乡建设和交通委员会	2009.11
4	上海市实施建设工程施工监理报告制度的若干规定	上海市城乡建设和交通委员会	2011.07
5	关于实施上海市建筑施工企业负责人及项目负责人施工现场带班制度的通知	上海市城乡建设和交通委员会	2011.09
6	上海市公路工程竣（交）工验收办法实施意见	上海市城乡建设和交通委员会	2011.11
7	上海市建设工程监督检测管理办法	上海市城乡建设和交通委员会	2013.03
8	上海市公路工程竣交工合并验收工作实施办法	上海市城乡建设和交通委员会	2013.07
9	上海市建设工程质量安全巡查实施方案（试行）	上海市城乡建设和交通委员会	2013.11
10	上海市交通行业安全生产暗访督查工作办法（试行）	上海市交通委员会	2014.10
11	上海市房屋建筑和市政工程施工招标评标办法	上海市建设和管理委员会	2015.05

2. 养护类文件目录(附表2-2)

养护类文件目录　　　　　　　　　　　　　　　　　　　　　　附表2-2

序号	规范性文件名称	发布单位	发布时间
1	上海市公路养护管理规定	上海市城乡建设和交通委员会	2010.06
2	上海市公路桥梁养护管理工作制度	上海市城乡建设和交通委员会	2010.07
3	关于发布《上海市普通公路设施养护维修预算定额(2010)》《上海市高速公路设施养护维修预算定额(2010)》《上海市普通公路设施养护维修年度经费定额(2010)》《上海市高速公路设施养护维修年度经费定额(2010)》的通知	上海市城乡建设和交通委员会	2010.12
4	上海市收费高速公路运行管理规定	上海市交通委员会	2014.11

3. 运行类文件目录(附表2-3)

运行类文件目录　　　　　　　　　　　　　　　　　　　　　　附表2-3

序号	规范性文件名称	发布单位	发布时间
1	关于对A30(郊环)集装箱车辆实行弹性收费的通知	上海市市政工程管理局、上海市物价局	2006.03
2	上海市中心城快速路、高速公路所属可变信息标志信息发布管理暂行规定	上海市市政工程管理局	2006.06
3	上海市高速公路电子不停车收费管理规定	上海市城乡建设和交通委员会	2010.08
4	关于调整本市高速公路车辆通行费计价办法的通知	上海市城乡建设和交通委员会、上海市物价局、上海市财政局	2011.12

二、专项类文件目录

1. 建设类文件目录(附表2-4)

建设类文件目录　　　　　　　　　　　　　　　　　　　　　　附表2-4

序号	管理文件名称	发布单位	发布时间
1	关于印发《上海市交通建设工程"打非治违"专项行动实施方案》的通知	上海市交通委员会	2014.09
2	上海市交通建设工程安全生产约谈实施办法	上海市交通建设工程安全质量监督站	2014.12
3	上海市交通建设工程生产安全重大隐患排查治理挂牌督办实施办法	上海市交通建设工程安全质量监督站	2014.12

附录二
上海高速公路管理相关文件目录

续上表

序号	管理文件名称	发布单位	发布时间
4	关于实施交通运输部交通运输行业建设工程生产安全事故统计报表等制度的通知	上海市交通委员会	2015.03
5	关于开展交通建设工程落实施工方案专项行动的通知	上海市交通委员会	2015.06
6	关于加强本市交通建设工程防汛防台防暑降温工作的通知	上海市交通委员会	2015.06
7	关于开展交通建设工程安全生产隐患排查治理行动和"打非治违"工作的通知	上海市交通委员会	2015.09
8	关于印发《上海市交通委员会处置本市交通建设工程突发事件应急预案》的通知	上海市交通委员会	2016.09
9	关于印发《上海市公路水运工程施工企业主要负责人和安全生产管理人员考核管理实施细则》的通知	上海市交通委员会	2016.10
10	关于印发上海市公路水运工程建设重大事故隐患清单管理制度的通知	上海市交通委员会	2016.10
11	关于2016年度上海公路水运工程"平安工地"创建及考核评价工作的报告	上海市交通委员会	2017.02

2. 养护类文件目录(附表2-5)

养护类文件目录　　　　附表2-5

序号	管理文件名称	发布单位	发布时间
1	上海市处置高速公路运行事故应急预案	上海市市政工程管理局	2008.04
2	关于本市建立公路桥梁养护工程师制度的通知	上海市市政工程管理局	2008.09
3	上海市政府办公厅关于转发《市建设交通委修订的上海市处置桥梁隧道运行事故应急预案》的通知	上海市政府	2009.09
4	上海市处置建设工程事故应急预案	上海市城乡建设和交通委员会	2009.09
5	上海市公路路况信息报告与发布制度	上海市公路管理处	2009.12
6	上海市公路桥梁四、五类桥评定程序	上海市公路管理处	2010.04
7	上海市公路长大桥梁、隧道养护管理制度	上海市公路管理处	2010.04
8	上海市公路桥梁安全事故责任追究制度	上海市公路管理处	2010.06
9	上海公路标志养护管理规定	上海市公路管理处	2010.11
10	上海市建设交通系统突发事件应急预案管理指导意见	上海市城乡建设和交通委员会	2012
11	上海市干线公路日常巡查制度	上海市路政局	2012.05

续上表

序号	管理文件名称	发 布 单 位	发布时间
12	上海市公路大中修工程管理办法	上海市路政局	2012.10
13	关于在干线公路养护道班增设便民服务设施的通知	上海市路政局	2012.12
14	上海市公路预防性养护管理工作指导意见	上海市路政局	2012.12
15	上海市路政行业道路设施突发事件信息报送制度（试行）	上海市路政局	2012.12
16	关于进一步加强公路桥梁养护管理的若干意见	上海市路政局	2013.12
17	上海市道路养护维修安全诚信考核办法（试行）	上海市路政局	2014.04
18	上海市路政局道路突发事件应急管理预案	上海市路政局	2014.06
19	上海市国省干线"畅安舒美"示范公路创建实施标准（试行）	上海市路政局	2014.07
20	上海市路政局防汛防台专项应急预案	上海市路政局	2014.11
21	上海市路政局冰雪灾害专项应急预案	上海市路政局	2014.11
22	上海市公路小修保养工程管理办法	上海市路政局	2014.12
23	现有公路实施安全生命防护工程方案	上海市路政局	2015.05

3. 运行类文件目录（附表2-6）

运行类文件目录　　　　　　　　　　　　　　　附表2-6

序号	管理文件名称	发 布 单 位	发布时间
1	关于施行上海市市政道路收费窗口规范化服务标准的通知	上海市市政工程管理局	2003.06
2	上海市高速公路联网收费结算管理暂行规定	上海市公路管理处	2003.12
3	上海市公路出行信息服务系统总体方案	上海市公路管理处	2008.12
4	上海市公路路况信息报告与发布制度	上海市公路管理处	2009
5	关于进一步规范上海高速公路收费站窗口形象的通知	上海市公路管理处	2009.05
6	上海市政府关于同意本市高速公路收费站点设置及收费信息公开的批复	上海市政府	2012.02
7	关于联合开展打击冲闯高速公路收费站等违法行为的通知	上海市路政局、上海市交警总队	2012.12
8	上海市路政行业道路交通阻断信息报送与发布制度（试行）	上海市公路管理处	2014.08
9	关于进一步加强高速公路行业服务热线市民诉求受理处置工作的通知	上海市路政局	2014.12
10	上海市高速公路服务区管理制度	上海市路政局	2014.12

附录二

上海高速公路管理相关文件目录

续上表

序号	管理文件名称	发 布 单 位	发 布 时 间
11	上海市交通委员会关于本市贯彻《交通运输部关于进一步提升高速公路服务区服务质量的意见》的实施意见	上海市交通委员会	2015.01
12	上海市交通委员会转发交通运输部《关于开展全国高速公路服务区文明服务创建工作的通知》的通知	上海市交通委员会	2015.03
13	上海市高速公路服务区服务质量等级评定办法	上海市交通委员会	2015.05
14	高速公路服务区进一步提升服务质量和开展文明服务创建工作方案	上海市路政局	2015.06
15	上海高速公路服务区文明服务标准	上海市路政局	2015.06
16	上海市高速公路服务区应急管理制度	上海市路政局	2015.06
17	上海市高速公路服务区安全管理制度	上海市路政局	2015.06
18	上海市高速公路服务区卫生管理制度	上海市路政局	2015.06

附录三 上海高速公路建设获奖工程一览表

上海高速公路建设获奖工程见附表3-1。

附表3-1 上海高速公路建设获奖工程一览表

序号	获奖工程名称	奖项	获奖时间
1	沪宁高速公路入城段高架道路	上海市市政工程金奖	1997年
2	沪杭高速公路上海段(松江—枫泾)	上海市道路示范工程、上海市市政工程金奖	1998年
3	外环高速公路莘庄立交桥	上海解放五十年十佳市政工程	1999年
3	外环高速公路莘庄立交桥	上海市优秀设计一等奖、中国市政工程金奖	1999年
3	外环高速公路莘庄立交桥	建设部优秀设计一等奖、全国第九届优秀工程设计银奖	2000年
4	迎宾大道工程、环南一大道工程、浦东国际机场主进场路工程、嘉浏公路一期工程	上海市市政工程金奖	2000年
5	上海浦东国际机场	中国市政金杯奖示范工程	2001年
6	外环线市政配套绿化工程(环南段、迎宾大道)	上海市市政工程金奖	2001年
7	沪青平高速公路(入城段)外环线立交工程	中国市政金杯奖示范工程、上海市市政工程金奖	2002年
8	沪青平高速公路(入城段)高架路工程	上海市市政工程金奖	2002年
9	外环线同济路立交及北延伸段工程、外环线同济路立交高架路工程、外环线蕰川路立交工程、外环线丰翔路立交工程、嘉浏高速公路新浏河大桥工程	上海市市政工程金奖	2002年

附录三 上海高速公路建设获奖工程一览表

续上表

序号	获奖工程名称	奖项	获奖时间
10	外环高速公路二期工程浦东段	上海市市政工程金奖、中国市政金杯奖示范工程	2003年
11	上海市外环线同济路立交及高架道路工程	中国市政金杯奖示范工程	2003年
12	嘉浏高速公路二期	上海市市政工程金奖	2003年
13	同三国道上海段（青浦—金山）、莘奉金高速公路西段、莘奉金高速公路南段连续跨线桥	上海市市政工程金奖	2004年
14	沪青平同三国道立交桥工程、沪杭铁路立交桥工程	上海市市政工程金奖	2004年
15	沪青平高速公路（北段）、A30东南郊环高速公路、A5嘉金高速公路一期工程	上海市市政工程金奖	2005年
16	沪芦高速公路南段工程	上海市市政工程金奖	2006年
17	沪青平高速公路西段（2标）、外环线噪声治理（一期）工程	上海市市政工程金奖	2008年
18	外环线噪声治理（二期）工程	上海市市政工程金奖	2009年
19	上海长江隧桥工程	建国60年公路交通勘察设计经典工程、上海市建设工程白玉兰奖	2009年
20	上海崇明越江通道（长江隧桥）工程、G60沪杭高速公路（莘庄—松江）拓宽改建工程、闵浦大桥主桥工程	上海市市政工程金奖	2010年
21	上海绕城高速同三国道跨跨漴泾大桥改造工程	国家市政公用与建筑工程科技示范工程	2012年
22	G40崇启长江公路通道（上海段）工程、同三国道闵浦大桥引桥工程（10-1标）、同三国道跨漴泾大桥改造工程	上海市市政工程金奖	2012年
23	嘉金高速公路大修工程（一期）	上海市市政工程金奖	2013年
24	G50嘉松收费站综合改建大修工程	上海市市政工程金奖	2014年
25	S26沪常高速公路东延伸段（G1501—G15）新建工程2标	上海市市政工程金奖	2015年
26	沪嘉高速公路大修工程（二期）	上海市市政工程金奖	2015年
27	G40崇启长江公路通道（上海段）工程	交通运输部"李春奖"	2016年

附录四

上海高速公路设计获奖工程一览表

上海高速公路设计获奖工程见附表4-1。

上海高速公路设计获奖工程一览表

附表4-1

序号	获奖工程名称	奖项名称	等级	获奖时间
1	沪宁高速公路(上海段)人城段高架道路暨真北路立交工程	上海市优秀设计奖	二等奖	1997年
2	沪杭高速公路(上海段)工程枫泾经立交	上海市优秀工程设计奖	二等奖	1999年
3	沪杭高速公路(上海段)工程	上海市优秀工程设计奖	一等奖	1999年
4	沪杭高速公路(上海段)工程	部级城乡建设优秀勘察设计奖	二等奖	2000年
5		改革开放三十年上海城市建设发展成果展示奖	优秀奖	2008年
6		部级优秀勘察设计奖	二等奖	2003年
7	同三国道上海段(沪宁—沪杭)工程	上海市优秀工程设计奖	一等奖	2003年
8		国家优秀工程设计奖	银奖	2004年
9	A2沪芦高速公路南段工程	上海市优秀设计奖	一等奖	2007年
10	沪青平高速公路(中段)工程	上海市优秀设计奖	二等奖	2007年
11	沪芦高速公路南段工程	全国优秀工程勘察设计行业奖	二等奖	2008年
12	A15公路(南汇段)工程	第三届上海市建筑学会建筑创作奖	佳作奖	2009年

附录四
上海高速公路设计获奖工程一览表

续上表

序号	获奖工程名称	奖项名称	等级	获奖时间
13	A15公路（浦东段）南进场路段工程	上海市优秀工程设计奖	一等奖	2009年
14	A11公路拓宽工程	上海市优秀工程设计奖	一等奖	2009年
15	上海A8公路拓宽改造工程	上海市优秀工程设计奖	二等奖	2011年
16	上海S32（A15）公路（浦东段）工程	上海市优秀工程设计奖	二等奖	2011年
17	上海A15高速公路（浦西段）工程	上海市优秀工程设计奖	一等奖	2011年
18	上海闵浦大桥工程	上海市优秀工程设计奖	一等奖	2011年
19	上海崇明越江通道工程	全国工程建设项目优秀设计成果奖	一等奖	2012年
20	崇明至启东长江公路通道工程（上海段）	全国优秀工程勘察设计行业奖	一等奖	2013年

附录五

上海高速公路建设科技成果一览表

上海高速公路建设科技成果见附表5-1。

上海高速公路建设科技成果一览表

附表5-1

序号	获奖课题名称	奖　项	获奖时间
1	粉煤灰填筑高等级公路路堤项目	上海市市政工程管理局科技进步一等奖	1988年
2	应用加筋粉煤灰高路堤	上海市科技进步一等奖	1989年
3	上海市公路路面—桥梁管理系统	上海市市政工程管理局科技进步一等奖	1996年
4	高路堤软基粉喷桩加固技术研究	上海市科技进步二等奖	1996年
5	体外预应力在水泥混凝土预应力连续箱梁上的应用研究	国家一级工法、上海市市政工程管理局科技进步三等奖	1997年
6	堆载预压结合竖向排水通道（砂井、塑料排水板）处理方法	上海市市政工程管理局科技进步三等奖	1999年
7	测定公路路堤填料CBR值及应用研究	上海市科技进步三等奖	2001年
8	拉、压双作用预应力混凝土梁的研究	上海市市政工程管理局科技进步三等奖	1999年
9	钢质波纹板通道的研究	上海市市政工程管理局科技进步一等奖	1999年
10	旧桥承载力快速检测、评价和加固技术研究	上海市市政工程管理局科技进步三等奖	1999年
		上海市市政工程管理局科技进步三等奖	2001年
		上海市市政工程管理局科技进步三等奖、国家知识产权局实用新型专利证书	1999年
		上海市市政工程管理局科技进步三等奖、上海市科技进步三等奖	1999年

附录五

上海高速公路建设科技成果一览表

续上表

序号	获奖课题名称	奖项	获奖时间
11	复合式路面性能的研究及应用	上海市市政工程管理局科技进步一等奖	2000年
12	上海市公路设施管理系统	上海市市政工程管理局科技进步二等奖	2000年
13	上海市公路设施管理地理信息系统	上海市市政工程管理局科技进步二等奖	2001年
14	大城市周边区域高速公路网规划方法与应用研究	上海市科技进步三等奖	2001年
15	管段浮运沉放实时监控软件	软件著作权（专利号2002SR1239）	2002年
16	大型沉管隧道混凝土管段制作工法	国家级工法	2002年
17	大型沉管隧道混凝土管段裂缝控制研究	上海市科技进步二等奖	2002年
18	大型沉管隧道干坞施工技术与稳定性研究	上海市科技进步三等奖	2002年
19	远东大道—迎宾大道立交工程	上海市科技进步三等奖	2002年
20	嘉浏高速公路新浏河大桥工程（目前国内首次使用的节段地面预制、机上悬挂拼装新工艺）	填补国内空白，获上海市科技进步三等奖	2002年
21	大型沉管隧道工程技术研究	上海市科技进步一等奖	2003年
22	上海浦东国际机场主进场及航站区道路工程设计技术研究	上海市科技进步三等奖	2003年
23	大型沉管隧道工程技术研究	国家科技进步二等奖	2004年
24	公路改造路基路面关键技术研究	上海市科技进步二等奖	2005年
25	城市出入口与高速公路交通信息化和应用研究	上海市科技进步三等奖	2005年
26	公路沥青路面预防性养护技术	上海市科技进步三等奖	2007年
27	上海长江大桥工程（封底混凝土施工中央集料斗自动化开关装置，具有抽尿牛腿的钢护筒，索塔混凝土定时喷淋养护及防风装置，一种防震钢支座）	已授权的实用新型专利4项（另有11项发明专利，3项实用新型专利已申请）	2008年
28	上海长江大桥工程（大跨度钢—混凝土组合结构连续箱梁运输、架设及体系转换施工工法）	交通部二级工法	2008年
29	上海长江大桥工程（大跨度钢—混凝土组合结构连续箱梁预制施工工法）	交通部二级工法	2008年

续上表

序号	获奖课题名称	奖项	获奖时间
30	上海长江大桥工程（特大与大跨度公轨合建桥梁关键技术）	上海市科技进步二等奖（公示）	2008年
31	上海长江大桥工程（新型特大跨度斜拉桥设计理论与关键技术）	上海市科技进步二等奖（公示）	2008年
32	上海长江大桥工程（大跨度连续组合箱梁设计理论与创新技术）	上海市科技进步二等奖（公示）	2008年
33	上海长江隧道工程	已授权实用新型专利7项（另有12项发明专利，1项实用新型专利已申请）	2008年
34	上海长江隧道工程（大直径长距离盾构隧道即时同步施工工法）	国家二级工法和2007年上海市市级工法	2008年
35	上海长江隧道工程（高水位下大直径盾构出洞段施工工法）	国家二级工法和2007年上海市市级工法	2008年
36	上海长江隧道工程（高水位下大直径盾构进洞段施工工法）	国家二级工法和上海市市级工法（2008年初审通过）	2008年
37	上海长江隧道工程（超大直径盾构推进施工工法）	国家二级工法和上海市市级工法（2008年初审通过）	2008年
38	上海长江隧道工程（隧道连接通道施工工法）	国家二级工法和上海市市级工法（2008年初审通过）	2008年
39	上海长江隧道工程（隧道盾构圆心偏差检测系统等）	6项软件著作权已登记，测试通过	2008年
40	超大直径、超长距离盾构推进技术	上海市科技进步二等奖（公示）	2008年
41	隧道工程施工风险管理及预警技术、城市特长大隧道环控与防灾及节能综合技术研究与应用	上海市科技进步二等奖（公示）	2008年
42	公路技术状况评定标准	中国公路学会科学技术奖二等奖	2008年
43	上海长江大桥通航孔布置关键技术	上海市科技进步三等奖	2008年
44	长江口细砂路堤设计与施工关键技术	上海市科技进步三等奖	2009年
45	上海长江隧桥工程	上海市科技进步一等奖	2009年
46	电子不停车收费标准体系及成套检测技术	中国公路学会特等奖	2009年
47	高速公路运营服务质量指标体系研究	中国公路学会科学技术奖三等奖	2009年
48	滨海地区粉细砂路基修筑与长期性能保障技术	中国公路学会科学技术奖特等奖	2015年
49	高速公路电子不停车收费（ETC）成套技术研究及应用	课题成果获得国家13项专利，上海市科技进步三等奖	2015年
50	上海崇启通道工程建设关键技术	上海市科技进步二等奖	2015年